普通高等学校"十四五"规划数字素养与
创新型复合人才培养数字经济专业精品教材

编 委 会

主　任　张建华

副主任　钱雪松　刘雅然

委　员（以姓氏拼音为序）

陈　斌　范红忠　方壮志　韩民春

孔东民　刘雯雯　龙　妍　欧阳红兵

易　鸣　姚　遂　周记顺　钟熙维

左月华

普通高等学校"十四五"规划数字素养与
创新型复合人才培养数字经济专业精品教材

WTO规则与案例精讲

WTO Rules and Cases: In-depth Explanations

主　编◎钟熙维

华中科技大学出版社
http://press.hust.edu.cn
中国·武汉

图书在版编目（CIP）数据

WTO 规则与案例精讲/钟熙维主编 . -- 武汉：华中科技大学出版社，2025.3. --（普通高等学校"十四五"规划数字素养与创新型复合人才培养数字经济专业精品教材）. -- ISBN 978-7-5680-9716-1

Ⅰ.F743

中国国家版本馆 CIP 数据核字第 2025G0J072 号

WTO 规则与案例精讲

WTO Guize yu Anli Jingjiang

钟熙维　主编

策划编辑：周晓方　陈培斌　宋　焱

责任编辑：陈　孜

封面设计：原色设计

责任校对：余晓亮

责任监印：曾　婷

出版发行：华中科技大学出版社（中国·武汉）　　电话：（027）81321913
　　　　　武汉市东湖新技术开发区华工科技园　　　邮编：430223

录　　排：华中科技大学出版社美编室

印　　刷：武汉市洪林印务有限公司

开　　本：787mm×1092mm　1/16

印　　张：16.25

字　　数：361 千字

版　　次：2025 年 3 月第 1 版第 1 次印刷

定　　价：59.8 元

本书若有印装质量问题，请向出版社营销中心调换

全国免费服务热线：400-6679-118　竭诚为您服务

版权所有　侵权必究

内容简介

在经济全球化的背景下，世界贸易组织（WTO）扮演着至关重要的角色，其规则是国际贸易体系的基石。理解和掌握WTO的规则对于参与国际市场的国家、企业和个人至关重要。本书构建了一个全方位、深层次的学习框架，旨在引领读者深入探索WTO的复杂规则体系。本书不仅系统阐述了WTO的各项规则，更通过丰富的拓展素材和案例，展示了这些规则在国际贸易实践中的具体应用与影响，以期为读者搭建起一座理论与实践相融合的桥梁。

本书共分为十一章，每章针对WTO规则体系中的一个重要组成部分进行详细解读。第一章回顾了从关贸总协定（GATT）到WTO的历史演变，为理解WTO的现代角色奠定基础。第二章至第十章分别深入探讨了WTO的基本原则和农产品贸易、卫生与植物检疫措施、技术性贸易壁垒、反倾销、补贴与反补贴、保障措施、服务贸易、与贸易有关的知识产权等关键领域的规则，每一章均通过具体案例展示了规则的实际运用。最后一章则聚焦于数字贸易这一新兴领域，分析了数字经济时代的贸易规则及其发展趋势。

本书既可作为国际贸易、国际商务专业教学用书，又可供所有对国际贸易规则和实践感兴趣的读者使用。本书采用案例分析和知识阐述相结合的方式编写，旨在深化读者对WTO规则的掌握，提升其在实际商业环境中运用这些规则的能力。书中每章都设置了专栏拓展内容以及启发性的课后思考题，以促进读者学习和思考，帮助读者灵活把握并紧跟国际贸易领域的规则变迁与实践发展。

总序

2016年5月17日，习近平总书记主持召开哲学社会科学工作座谈会，指出我国哲学社会科学学科体系、学术体系、话语体系建设水平总体不高。2022年4月25日，习近平总书记在中国人民大学考察时强调，"加快构建中国特色哲学社会科学，归根结底是建构中国自主的知识体系"。党的二十大报告指出，新时代新征程中国共产党的使命任务就是"以中国式现代化全面推进中华民族伟大复兴"，教育、科技、人才是全面建设社会主义现代化国家的基础性、战略性支撑。实现高水平科技自立自强，归根结底要靠高水平创新型人才。根据党中央要求，育人的根本在于立德。为了落实立德树人的根本任务，必须深化教育领域综合改革，加强教材建设和管理。因此，坚持思政教材体系建设与哲学社会科学教材体系建设相统一，是推动和落实习近平新时代中国特色社会主义思想进教材、进课堂、进头脑的重要基础和前提。同时，如何在哲学社会科学教材建设中充分体现"中国特色""中国理论""中国实践"，是构建中国自主的知识体系和发展中国特色哲学社会科学的关键。

聚焦经济学科，在大数据、信息化和人工智能为代表的新科技革命背景下，经济业态、市场结构与交易模式发生了巨大变革，"数字经济"应运而生。华中科技大学经济学院结合创新型人才培养新趋势、新要求，贯彻"一流教学，一流人才"的理念，制定了数字素养与创新型复合人才培养现代经济学专业课程"十四五"规划系列教材编写计划，不断推进教学改革和教材建设，逐步构建我们自己的中国化高水平经济学教材体系，着力培养具备良好政治思想素质和职业道德素养，掌握坚实的经济学理论知识，熟悉前沿经济运行规律与改革实践，既有本土意识又有国际视野的数字经济复合型人才。

那么，如何做好数字素养与创新型复合人才培养现代经济学专业课程"十四五"规划系列教材的编写工作呢？根据习近平总书记重要讲话精神，一是要着眼于中国特色数字经济理论体系构建目标，在指导思想、学科体系、学术体系、话语体系等方面充分体现中国特色和实践基础。张培刚先生开创的发展经济学植根于现代化伟大实践，是华中科技大学经济学院学科优势所在。我们秉承将经济学研究植根于中国建设与发展的伟大实践这一优良传统，在积极探索具有中国特色的数据治理体系的建设路径上下功夫。二是要体现数字技术与经济学教育的有机结合，加快推进数字经济的理论探讨与社会实践的深度融合。我们借助华中科技大学在经济学和工程科学上的厚实底蕴，充分利用大数据科学与技术、人工智能等在金融、产业、贸易、财政等领域的前沿研究与发展实践，在教材编写与课堂教学中突出经济学与新技术学科的交叉融合。

本系列教材的编写主要体现如下几点思路。其一，体现"立德树人"的根本宗旨，坚持贯彻"课程思政进教材、进课堂、进头脑"的理念。其二，集中反映数字经济前沿进展，汇聚创新的教学材料和方法，建立先进的课程体系和培养方案，培养具有创新能力的数字经济复合型人才。其三，推进教学内容与方式的改革，体现国际前沿的理论，包含中国现实问题和具备中国特色的研究元素，助力中国自主的经济学知识体系构建。其四，加强数字经济师资队伍建设，向教学一线集中一流师资，起到示范和带动作用，培育数字经济课程教学团队。

本系列教材编写主要遵循如下几点原则。一是出精品原则。确立"以质量为主"的理念，坚持科学性与思想性相结合，致力于培育国家级和省级精品教材，出版高质量、具有特色的系列教材，坚持贯彻科学的价值观和发展理念，以正确的观点、方法揭示事物的本质规律，建立科学的知识体系。二是重创新原则。吸收国内外最新理论研究与实践成果，特别是我国经济学领域的理论研究与实践的经验教训，力求在内容和方法上实现突破、形成特色。三是求实用原则。教材编写坚持理论联系实际，注重联系学生的生活经验及已有的知识、能力、志趣、品德的实际，联系理论知识在工作和社会生活中的实际，联系本学科最新学术成果的实际。通过理论知识的学习和专题研究，培养学生独立分析问题和解决问题的能力。编写的教材既要具有较高学术价值，又要具有推广和广泛应用的空间，能为更多高校所采用。

本系列教材力争体现如下几点特色。一是精准思政。基于现代经济学专业核心课程"十三五"规划系列教材的经验，此次重点编写的数字经济系列教材，坚持以习近平新时代中国特色社会主义思想贯穿于教材建设的全过程。二是交叉创新。充分发挥学校交叉学科优势，让经济学"走出去"，为"技术"补充"内涵"，打破学科壁垒。结合学科最新进展，内容上力求突破与创新。三是本土特色。以中国改革发展为参照，将实践经验上升为创新理论，通过引入丰富的、具有中国元素的案例分析和专栏研讨，向世界介绍中国经验、讲述中国故事、贡献中国方案。四是国际前沿。将国际上先进的经济学理论和教学体系与国内富有特色的经济实践充分结合，并集中体现在教材框架设计和内容写作中。五是应用导向。注重教学上的衔接与配套，与华中科技大学经济学院专业课程教学大纲及考核内容配套，成为学生学习经济学核心专业课程必备的教学参考书。

本系列教材已入选华中科技大学"十四五"本科规划教材。根据总体部署，围绕"完善经济学专业核心教材建设，突出数字经济前沿"的主线，本系列教材按照数字化和经济学基础两大板块进行谋划。数字化板块包括数字经济概论、数字经济发展与治理、数据要素市场（原理与实践）、数字经济微观导论、数字金融、金融科技与应用、大数据与机器学习、数理宏观经济学导论（模型与计算）等。经济学基础板块包括经济学思维与观察、行为金融学、经济思想史导论、中国经济、WTO规则与案例精讲、国际直接投资与跨国公司、国际金融学等。当然，在实际执行中，我们可能会根据实际需要适当进行调整。

本系列教材建设是一项探索性的系统工程。无论是总体构架的设计、具体课程的挑选，还是内容取舍和体例安排，都需要不断总结并积累经验。衷心期待广大师生提出宝贵的意见和建议。

华中科技大学经济学院院长、张培刚发展研究院院长，教授
2023年12月

前言

随着经济全球化的不断深入,国际贸易已成为推动全球经济增长的关键动力。WTO通过制定一系列国际公认的规则和协议,为全球贸易提供了一个稳定且可预测的框架,旨在促进贸易自由化、减少贸易壁垒,并确保贸易关系的公平性。理解和掌握这些规则对于任何希望在国际市场上竞争的国家、企业和个人来说都是至关重要的。这不仅有助于降低贸易成本,增加市场准入机会,还能够促进全球资源的有效配置和经济的均衡发展。

中国作为世界上最大的发展中国家,一直积极参与全球贸易治理,推动贸易自由化和经济全球化。中国政府高度重视外贸的高质量发展,出台了一系列政策文件,如《"十四五"对外贸易高质量发展规划》等,以推动贸易结构的优化和贸易效益的提升,加快构建新发展格局。这些政策文件强调了推进贸易和投资自由化的重要性,并提出了改革和政策重点,以适应全球贸易的新趋势和挑战。中国正通过这些措施,积极融入全球经济体系,推动形成全面开放新格局,同时也在为全球贸易治理体系的完善贡献中国智慧和中国方案。通过这些政策的实施,中国进一步降低关税,减少非关税壁垒,提高技术性贸易措施的透明度,提升贸易投资便利化水平,同时积极参与多边贸易规则的谈判,维护多边贸易体制的权威性和有效性。

本书的编写内容,与中国政府推动贸易高质量发展的战略相契合,助力读者深入理解WTO规则及其在国际贸易中的运用。本书内容涉及WTO的历史、基本原则、农产品贸易、卫生与植物检疫措施、技术性贸易壁垒、反倾销、补贴与反补贴、保障措施、服务贸易、与贸易有关的知识产权、数字贸易等WTO关键领域。本书具有以下特点:首先,本书融合了WTO规则阐释与案例精解,精选了十余个具有代表性的争端案例，从繁杂的WTO文献中提炼判例要点，进行细致的解读与分析，直观地展现了WTO规则在实际案例中的应用；其次，书中汇集了丰富的与现实紧密相连的专栏和具体分析，这些内容并非只限于WTO规则相关的知识解读和运用，还涵盖了WTO成员，特别是中国在WTO体系中的实践，彰显了中国在全球贸易治理中的积极参与和责任担当，增强了本书的实践指导价值；最后，紧跟全球贸易发展趋势，书中特别增加了数字贸易领域的最新规则解读，以确保内容的前沿性，全面反映WTO规则与贸易实践的最新动态。

本书由华中科技大学经济学院钟熙维担任主编，负责全书写作大纲、各章节的编写和全书统稿。各章节的资料收集和整理撰写得益于以下成员的工作：第一章至第十章WTO规则介绍部分由纪璇负责；第二、五、九、十章案例精解部分由刘锐可负责，第三、四、六、七和八章案例精解部分由丁紫璐负责；第一章至第五章专栏部分由师明威负责，第六章至第十一章专栏部分由杨晨负责。

国际贸易是一个动态发展的领域，新的挑战和问题层出不穷。随着经济全球化的不断深入，WTO规则也在不断地演变和适应新的经济现实。书中难免存在疏漏和不足之处，诚挚欢迎各位读者提出宝贵的意见和建议，以便于我们日后改进和完善。

钟熙维

华中科技大学经济学院
2024年9月

目录

第一章 从 GATT 到 WTO /001
 第一节　1947 年关贸总协定　/002
 第二节　GATT 1994　/006
 第三节　世界贸易组织　/007

第二章 WTO 的基本原则及案例 /023
 第一节　WTO 的基本原则解读　/024
 第二节　WTO 的例外与免责规定　/037
 第三节　当前国际贸易争端发展现状　/043
 第四节　案例精解一：中国香港诉美国原产地标识要求（DS597）　/046
 第五节　案例精解二：欧盟诉印度尼西亚与原材料有关的措施（DS592）　/050

第三章 WTO 农产品贸易规则及案例 /057
 第一节　农产品贸易规则解读　/058
 第二节　农产品贸易规则与中国　/066
 第三节　案例精解：美国诉中国国内对农业生产者的支持（DS511）　/068

第四章 WTO 卫生与植物检疫措施适用规则及案例 /072
 第一节　《实施卫生与植物检疫措施协议》规则解读　/073
 第二节　《实施卫生与植物检疫措施协议》与中国　/079
 第三节　案例精解：日本诉韩国放射性核素的进口禁令以及测试和认证要求
     （DS495）　/082

第五章 WTO 技术性贸易壁垒适用规则及案例 /088
 第一节　《技术性贸易壁垒协议》规则解读　/089
 第二节　《技术性贸易壁垒协议》与中国　/097
 第三节　案例精解：印度尼西亚诉美国有关丁香烟的生产和销售措施
     （DS406）　/101

第六章　WTO 反倾销规则及案例　/ 113

第一节　反倾销规则解读　/ 114

第二节　反倾销规则与中国　/ 120

第三节　案例精解：印度尼西亚诉澳大利亚关于 A4 复印纸的反倾销措施（DS529）　/ 126

第七章　WTO 补贴与反补贴规则与案例　/ 133

第一节　《补贴与反补贴措施协议》规则解读　/ 134

第二节　补贴反补贴规则与中国　/ 143

第三节　案例精解：加拿大诉美国对软木木材的反补贴措施（DS533）　/ 147

第八章　WTO 保障措施规则及案例　/ 153

第一节　保障措施规则解读　/ 154

第二节　保障措施规则与中国　/ 163

第三节　案例精解：土耳其诉欧盟钢铁保障措施（DS595）　/ 165

第九章　WTO 服务贸易规则及案例　/ 171

第一节　WTO 服务贸易规则解读　/ 172

第二节　GATS 与中国　/ 181

第三节　案例精解一：巴拿马诉阿根廷与货物和服务贸易有关的措施（DS453）　/ 183

第四节　案例精解二：俄罗斯诉欧盟与能源部门有关的措施（DS476）　/ 189

第十章　WTO 与贸易有关的知识产权规则及案例　/ 201

第一节　WTO 与贸易有关的知识产权规则解读　/ 202

第二节　TRIPS 协议与中国　/ 214

第三节　案例精解一：美国诉中国影响知识产权保护和执行的措施（DS362）　/ 218

第四节　案例精解二：卡塔尔诉沙特阿拉伯有关知识产权保护的某些措施（DS567）　/ 222

第十一章　数字贸易规则及其发展动态　/ 231

第一节　WTO 数字贸易规则的发展　/ 232

第二节　CPTPP 数字贸易规则的发展　/ 236

第三节　USMCA 数字贸易规则的发展　/ 238

参考文献　/243

第一章

从 GATT 到 WTO

从关税与贸易总协定（GATT）到世界贸易组织（WTO），全球贸易规则经历了深刻的变革和演进。这一过程背后是各国在全球经济中的合作与竞争，以及对自由贸易的追求和期望。本章将深入解析这一历史进程，分析GATT和WTO的成立背景、主要内容、历史作用以及局限性。通过了解这些贸易规则的发展，我们可以更好地理解当今全球贸易体系的运作机制和未来发展趋势。

专栏 1-1

章首案例：中国加入世界贸易组织

中国加入WTO的历程可以追溯到1986年，当时中国正式提出恢复关税与贸易总协定（GATT）缔约方地位的申请。这一阶段的谈判主要围绕中国的经济体制、贸易政策以及与GATT缔约方之间的贸易壁垒展开。中国在这一过程中展示了其改革开放的决心，逐步放宽市场准入，降低关税壁垒，以适应国际贸易规则。

20世纪90年代初，随着苏联解体和东欧剧变，国际政治经济格局发生了重大变化，中国加入GATT的谈判也进入了一个新的阶段。1992年，中国进一步深化改革，明确提出了建立社会主义市场经济体制的目标，这为加入GATT提供了更为坚实的基础。1994年，GATT转变为WTO，中国随即开始了加入WTO的谈判。进入20世纪90年代中期，中国加入WTO的谈判进入了深入阶段。这一时期，中国与WTO成员之间的谈判主要集中在市场准入、知识产权保护、农业政策等方面。中国在这一过程中不断调整自身的经济政策，以满足WTO的要求。

1999年，中美就中国加入WTO达成了双边协议，这是中国加入WTO过程中的一个重大突破。随后，中国与欧盟等其他主要经济体也相继达成了协议。2001年11月10日，经过长达15年的艰苦谈判，中国终于在卡塔尔多哈举行的WTO部长级会议上被正式接纳为成员。

中国加入WTO后，不仅进一步开放了市场，还积极参与国际贸易规则的制定，成为全球贸易体系中的重要一员。加入WTO对中国的经济改革和对外开放产生了深远的影响，促进了中国经济的快速增长，并在全球化进程中发挥了重要作用。

第一节　1947年关贸总协定

关税与贸易总协定（GATT）简称关贸总协定，总部在瑞士的日内瓦。关贸总协定的主要活动是组织缔约方进行多边贸易谈判，也称"回合"（round），从1947年到1994年，共组织了八轮多边贸易谈判。除组织多边贸易谈判外，关贸总协定还组织有关国家对商业政策方面出现的问题进行磋商，解决争端；协助个别国家解决其贸易中的问题；帮助有关国家加强地区性贸易合作；执行培训国际贸易专业人员的计划等。

一、关贸总协定成立的背景

20世纪30年代至40年代，世界贸易保护主义盛行，尤其在第二次世界大战之后，国际经济严重萧条，国际贸易秩序混乱。1944年7月在美国的布雷顿森林召开的国际货币与金融会议建议成立国际货币基金组织（IMF）、国际复兴开发银行（世界银行前身），作为支撑全球经济的支柱来调节世界经贸关系，推动全球经济的复苏和发展。

1946年2月，联合国经济及社会理事会成立国际贸易组织筹备委员会，同年10月在伦敦召开第一次筹备委员会会议。1947年4月在日内瓦召开第二次筹备委员会会议，就具体产品的关税减让进行谈判，即第一轮多边贸易谈判，也称"日内瓦回合"，并达成了关于关税减让的一般协定，现被称为《关税与贸易总协定》（GATT 1947）。1947年10月30日，23个国家签署了《关贸总协定临时适用议定书》，形成了23个关贸总协定创始缔约方，规定GATT 1947于1948年1月1日临时生效。

1947年10月，在古巴哈瓦那举行的联合国贸易和就业会议上，审议并通过了《国际贸易组织宪章》（又称《哈瓦那宪章》）。但《国际贸易组织宪章》未被美国等有关国家的政府、议会批准，成立国际贸易组织的计划未能实现。GATT 1947一直以临时适用的形式存在，并在其基础上形成了国际组织，逐渐成为各缔约方调整对外贸易政策和措施、处理国际经济贸易关系的法律准则。截至1994年，关贸总协定有128个缔约方。

中国是关贸总协定的创始缔约方之一。中华人民共和国成立后，中国台湾当局长期占据中国席位，并于1950年3月宣布退出关贸总协定，但以观察员身份列席总协定会议。1971年10月，中华人民共和国恢复在联合国的合法席位。1971年11月，台湾当局被终止关贸总协定观察员资格。1982年11月，中华人民共和国取得关贸总协定观察员资格，并于1986年7月正式提出恢复关贸总协定缔约方地位的申请，但由于国际和国内的历史原因，"复关"谈判一直未取得成功。

二、GATT 1947的主要内容

GATT 1947除了本身条款及附件外，还包括前七轮多边贸易谈判达成的协议、决定、关税减让表以及各缔约方加入议定书等。参加关贸总协定的国家和地区（单独关税区）被称为缔约方（contracting parties），各缔约方进行集体活动时采用英文大写字母（CONTRACTING PARTIES）的"缔约方全体"来表示，以区别于个别缔约方。

1. GATT 1947的条款

GATT 1947经过几次修改，由序言和四大部分38条组成，并有若干附件。

GATT 1947的序言主要阐述缔结关贸总协定的宗旨，即提高生活水平，保证充分就业、保证实际收入和有效需求的巨大持续增长，扩大世界资源的充分利用以及发展产品的生产与交换。

GATT 1947的第一部分（第1～2条）包括第1条"一般最惠国待遇"和第2条"减让表"。GATT 1947的第二部分（第3～23条）共21条，主要内容是规定缔约方关税以外的各种贸易政策，其中大部分属于对非关税措施的约束。GATT 1947的第三部分（第24～35条）共12条，主要内容是规定总协定的具体手续和有关程序。GATT 1947的第四部分（第36～38条）以"贸易和发展"为题，为后续增补的内容，包括原则和目的、承诺的义务和联合行动。

2. GATT 1947达成并已实施的协议

关贸总协定的前七轮谈判，达成并实施了10项贸易政策方面和个别产品方面的协议，包括《海关估价协议》《技术性贸易壁垒协议》《进口许可程序协议》《反倾销协议》《补贴与反补贴措施协议》《政府采购协议》《国际奶制品协议》《国际牛肉协议》《民用航空器贸易协议》《纺织品与服装协议》等。其中，《国际奶制品协议》和《国际牛肉协议》已于1997年底终止，《纺织品与服装协议》于2005年1月1日终止。

GATT 1947第二部分的主要条款在上述协议生效后，变得更加具体和详细，成为关贸总协定部分缔约方权利、义务和执行程序方面的规则。这些协议大部分可供缔约方选择参加，仅对签字方有效，被称为诸边贸易协议，如《国际奶制品协议》

《国际牛肉协议》《民用航空器贸易协议》等。个别协议还对关贸总协定缔约方以外的国家开放，被称为展边贸易协议，如《纺织品与服装协议》。

3. 《关于通知、磋商、争端解决和监督的谅解》

1979年11月，关贸总协定东京回合谈判达成了《关于通知、磋商、争端解决和监督的谅解》。该谅解涉及了促进关贸总协定运行机制的通知、协商、争端解决及监督等事项。它对争端解决的一整套机制进行了规定，使关贸总协定的争端解决机制初步具备了"国际法院"的模式，特别是谅解规定最后的裁决具有强制执行的效力，为WTO的争端解决机制奠定了基础。

4. 有关国际贸易的三项重要决定

1979年11月，在关贸总协定召集的全体缔约方年会上，讨论通过了三项重要决定，并付诸实施，具体内容如下。

第一，关于向发展中国家提供普遍优惠制的决定。这是对发展中国家的差别给予更优惠的待遇、互惠和更全面的参与问题的决定。

第二，关于以解决国际收支平衡为目的而采取贸易措施的决定。它是根据关贸总协定保障本国财政和对外收支平衡可以采取贸易限制措施这一原则而制定的。

第三，关于以发展为目的而采取保障措施的决定。这项决定给予发展中国家以更大的灵活性，允许其为维持基本需求和谋求优先发展而采取贸易措施。

5. 关税减让表

关税减让表是各缔约方关税减让谈判结果的具体体现，作为附件列入GATT 1947第2条"减让表"的附表中，是GATT 1947的组成部分，对关贸总协定各缔约方都有约束力。根据GATT 1947，一缔约方对其他缔约方贸易所给的待遇，不得低于本协定所附这一缔约方的有关减让表中相关部分所列的待遇；如一缔约方确定与它谈判减让的另一方政府未成为协定的缔约方，或已中止为本协定的缔约方，则这一缔约方可以随时全部或部分地停止或撤销本协定有关减让表内规定的任何减让。

三、关贸总协定的历史作用与局限性

1. 关贸总协定的历史作用

一是，形成了一套国际贸易的法律规范。关贸总协定通过制定并确立了一套国际贸易的基本原则和规则，为各缔约方在国际贸易中提供了明确的行动准则。这些准则不仅为处理各缔约方之间的贸易关系提供了依据，而且对于完善当代国际贸易法律体系、推动国际贸易的规范化发展产生了深远的影响。

二是，缓和并调解了各缔约方之间的矛盾。关贸总协定不仅为各缔约方提供了一个解决贸易争端的场所和规则，还通过其规定的争端解决机制，成功地调解了许多缔约方之间的贸易争端。这有助于维护国际多边贸易体制的稳定，加强了各缔约方之间的贸易合作，为国际贸易的顺利进行创造了有利条件。

三是，促进战后国际贸易的发展。经过关贸总协定的八轮多边贸易谈判，各缔约方不断削减关税，推动世界贸易自由化。这大大降低了产品跨国交易的成本，扩大了各缔约方之间的贸易往来，为世界经济的复苏和发展作出了重要贡献。

四是，重视并保障发展中国家的利益。随着关贸总协定中发展中国家缔约方的增多，发展中国家的利益和地位逐渐受到重视。关贸总协定采取了一系列有利于发展中国家对外贸易发展的措施，如提供贸易优惠、加强技术援助等，为发展中国家分享国际贸易利益创造了有利条件。

五是，推动国际经贸信息资料的交流和人才培训。关贸总协定要求各缔约方公开和提供贸易法律、法规和政策信息，促进了国际经贸信息资料的交流。此外，关贸总协定还与国际组织合作，开展人才培训活动，提高了各缔约方在国际贸易领域的专业水平和竞争力。

2. 关贸总协定的局限性

关贸总协定存在以下局限性：其一，关贸总协定不是正式的国际组织，缺乏足够的权威性；其二，关贸总协定的条文存在多处漏洞，特别是"灰色区域"措施，即缔约方为规避关贸总协定的规定而采取的歧视性贸易政策，使许多规则难以有效执行；其三，关贸总协定的管辖范围仅限于货物贸易，未包含服务贸易、技术贸易和国际投资等日益重要的领域；其四，关贸总协定某些规则缺乏明确的法律约束，也没有必要的检查与监督手段，如定义倾销的"正常价值"和"实质性损害"难以量化和界定，容易被歪曲以征收反倾销税；其五，关贸总协定的争端解决主要依赖调解，缺乏强制性，难以迅速有效地解决贸易争端。

由于上述局限性，关贸总协定（GATT）这一临时性国际组织最终被更具权威性和全面性的世界贸易组织（WTO）取代。GATT到WTO的历轮谈判如表1-1所示。

表1-1 **GATT到WTO的历轮谈判**

回合编号		回合名称	谈判持续时间	参与谈判的成员数量	平均关税减让幅度（%）
GATT	1	日内瓦	1947年4—10月	23	35
	2	安纳西	1949年4—10月	33	35
	3	托奎	1950年9月—1951年4月	38	26
	4	日内瓦	1956年1—5月	26	15

续表

回合编号		回合名称	谈判持续时间	参与谈判的成员数量	平均关税减让幅度（%）
GATT	5	迪龙	1960年9—1962年7月	45	20
	6	肯尼迪	1964年5—1967年6月	54	35
	7	东京	1973年9—1979年7月	99	30
	8	乌拉圭	1986年9—1994年4月	123	40
WTO		多哈	2001年11月—2005年1月（原定）		

第二节　GATT 1994

1986—1994年在乌拉圭举行的关贸总协定第八轮多边贸易谈判，也是关贸总协定的最后一轮谈判，被称为"乌拉圭回合"。在乌拉圭回合中，各缔约方就大幅度削减关税和非关税壁垒问题达成了一致意见，并首次明确提出了取消非关税壁垒的目标，即"零关税"目标。此外，还达成了关于服务贸易、知识产权保护和投资等方面的协议。这些成果形成了《建立世界贸易组织的协议》，为世界贸易组织的建立奠定了基础。乌拉圭回合关税削减完成前后加权平均关税水平的变化，如表1-2所示。

表1-2　乌拉圭回合关税削减完成前后加权平均关税水平的变化（%）

项目	WTO所有成员	发达国家成员	发展中国家成员	经济转轨国家成员
乌拉圭回合前	9.9	6.2	20.5	8.6
乌拉圭回合后	6.5	3.7	14.4	6.0
降低幅度	34.3	40.3	29.8	30.2

资料来源：刘力，刘光溪.世界贸易组织规则读本[M].北京：中共中央党校出版社，2000.

乌拉圭回合对GATT 1947进行了较大修改与补充，并添加了修正说明，最终形成了《1994年关税与贸易总协定》（GATT 1994）。值得一提的是，GATT 1994也包含在《建立世界贸易组织的协议》附件一中。GATT 1994包括如下内容。

（1）GATT 1994的各项条款及9个附件；《建立世界贸易组织的协议》生效之日以前已经有效的正式文件规定批准、修改或修订的规定；联合国贸易和就业会议筹备委员会第二届会议闭幕时通过的最后文件附页，但不包括《关贸总协定临时适用议定书》。

（2）在《建立世界贸易组织的协议》生效之日以前，根据GATT 1947生效的下列法律文件：与关税减让有关的议定书或证明书；加入议定书（失效的部分除外）；在《建立世界贸易组织的协议》生效之日继续有效的根据GATT 1947授予的豁免义务的决定；GATT 1947缔约方全体作出的其他决定。

（3）有关解释关贸总协定条款的6项谅解，作为对GATT 1947有关条款内容的重要补充、修改、解释和更新。

（4）《1994年关税与贸易总协定马拉喀什议定书》及5个附件。该议定书共9项，主要是关于GATT 1994关税减让表的规定。5个附件包括农产品和工业品关税、优惠关税、非关税措施以及削减农产品国内支持和出口补贴等具体承诺。

此外，GATT 1994在文字上也做了修改，如"缔约方"改为"成员"；"欠发达缔约方"和"发达缔约方"分别改为"发展中国家成员"和"发达国家成员"；"执行秘书"改为"世界贸易组织总干事"。

第三节　世界贸易组织

世界贸易组织（WTO）简称世贸组织，是一个独立于联合国的永久性国际组织，总部位于瑞士的日内瓦，官方语言为英语、法语和西班牙语。它是世界贸易体制的组织基础和法律基础，也是众多贸易协定的管理者、各成员贸易立法的监督者，以及为贸易提供解决争端和进行谈判的场所。因此，世界贸易组织也被称为"经济联合国"。

一、世界贸易组织成立的背景

乌拉圭回合的多边贸易谈判不仅涉及货物贸易问题，还包含了服务贸易、知识产权保护、投资措施及环境保护等新议题，凸显了关贸总协定在组织结构和协调职能上的局限性。为有效协调、监督和执行谈判成果，有必要在关贸总协定的基础上建立一个正式、明确、合理且强有力的国际贸易组织——世界贸易组织。

早在1990年初，欧共体提出建立一个多边贸易组织的倡议；同年12月，布鲁塞尔贸易部长级会议同意就建立多边贸易组织进行协商和谈判；1991年12月形成《建立多边贸易组织的协议》的草案，后经过修改完善，"多边贸易组织"更名为"世界贸易组织"。《建立世界贸易组织的协议》于1994年4月15日在摩洛哥的马拉喀什城部长级会议上获得通过，与其他各项附件协议和部长级会议宣言及决定共同构成了乌拉圭回合多边贸易谈判的一揽子成果。

1995年1月1日，根据《建立世界贸易组织的协议》，世界贸易组织在关贸总协定的基础上正式成立。1995年，关贸总协定和世界贸易组织共存一年。1996年1月1日，世界贸易组织取代关贸总协定成为国际多边贸易体制得以运转的基础和法律载体，监督、协调和管理新多边贸易与法律体系。服务贸易和知识产权贸易被纳入多边贸易体制范围内，世界贸易组织对世界经济贸易的影响和作用越来越大。

世界贸易组织在全球经济中发挥着关键作用，它通过降低关税和其他贸易壁垒，推动了全球贸易的增长，同时制定了一系列的国际贸易规则和标准，确保了贸易的公平性和透明性。世界贸易组织还设有争端解决机制，帮助各成员解决贸易争端，维护国际贸易秩序。此外，世界贸易组织为发展中国家成员和最不发达国家成员提供技术援助和培训，帮助它们更好地融入全球经济体系。

然而，世界贸易组织在运行过程中也面临着一些挑战。决策效率问题是它的一个主要的局限性，因为一些重大决策过程需要所有成员的一致同意，这使得一些重要的贸易改革难以快速实施。此外，不同成员在贸易政策上的立场差异可能导致世界贸易组织内部的分歧和争议。随着全球经济形势的不断变化，世界贸易组织需要不断调整和更新其规则，以适应新的经济现实。

世界贸易组织还面临着保护主义的抬头，一些国家为了保护本国产业而采取保护主义措施，这与世界贸易组织推动贸易自由化的目标相悖。区域贸易协定的兴起可能会削弱世界贸易组织作为全球贸易规则制定者的作用。随着数字经济和电子商务的快速发展，世界贸易组织需要制定新的规则来应对这些领域的挑战。环境保护和可持续发展问题也是世界贸易组织需要考虑的重要方面，它需要在促进贸易的同时，寻求经济增长与环境保护之间的平衡。

二、《建立世界贸易组织的协议》的结构

《建立世界贸易组织的马拉喀什协议》简称《建立世界贸易组织的协议》，由序言、正文16条和4个附件组成。其法律文件结构如图1-1所示。

1. 协议的主要内容

（1）阐述了世界贸易组织的宗旨。
（2）规定了世界贸易组织的多边贸易规则范围、职能。
（3）规定了世界贸易组织的机构、地位及与其他国际组织的关系。
（4）规定了世界贸易组织的预算和会费原则。
（5）规定了世界贸易组织的决策程序和要求。
（6）规定了对《建立世界贸易组织的协议》及其附件的修订原则和程序。
（7）对成员资格、加入、特定成员之间互不适用多边贸易协议，以及接受、生效和保存、退出等作出了程序性规定。

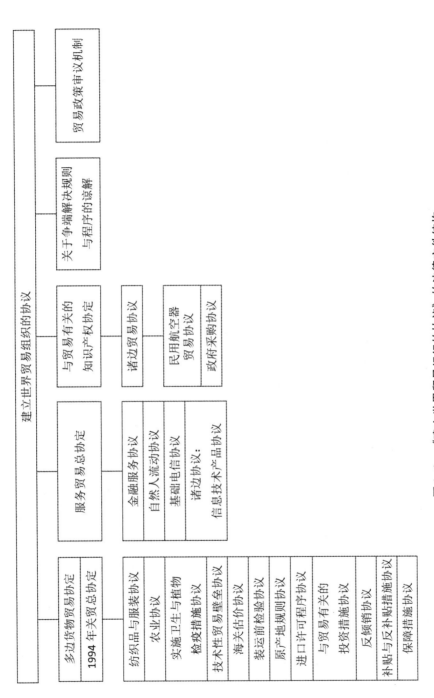

图1-1 《建立世界贸易组织的协议》的法律文件结构

2. 协议的附件

附件一包括《多边货物贸易协定》《服务贸易总协定》《与贸易有关的知识产权协定》及其各附件。其中，《多边货物贸易协定》包含 GATT 1994 及其 12 个配套协议：《纺织品与服装协议》《农业协议》《实施卫生与植物检疫措施协议》《技术性贸易壁垒协议》《海关估价协议》《装运前检验协议》《原产地规则协议》《进口许可程序协议》《与贸易有关的投资措施协议》《反倾销协议》《补贴与反补贴措施协议》《保障措施协议》。

附件二是《关于争端解决规则与程序的谅解》。

附件三是《贸易政策审议机制》。

附件四是 4 个诸边贸易协议，即《民用航空器贸易协议》《政府采购协议》《国际奶制品协议》《国际牛肉协议》。其中，《国际奶制品协议》和《国际牛肉协议》已于 1997 年 12 月 31 日终止。

三、世界贸易组织的基本概念

1. 世界贸易组织的宗旨

《建立世界贸易组织的协议》的序言阐述了世界贸易组织的宗旨：提高生活水平，保证充分就业和大幅度稳步提高实际收入和有效需求，扩大货物与服务的生产和贸易，为持续发展之目的扩大对世界资源的充分利用，保护和维护环境，并以符合不同经济发展水平下各自需要的方式，加强采取各种相应的措施；进一步承认有必要作出积极的努力，以确保发展中国家成员，尤其是最不发达国家成员，在国际贸易增长中获得与其经济发展相应的份额；期望通过达成互惠互利的安排，切实降低关税和其他贸易壁垒，在国际贸易关系中消除歧视待遇，为实现上述目标作出贡献；从而决心建立一个完整的、更有活力的和持久的多边贸易体系，以包括关税与贸易总协定、以往贸易自由化努力的成果和乌拉圭回合多边贸易谈判的所有成果；决心保持该多边贸易体制的基本原则和加强该体制的目标。

专栏 1-2

积极履行降税承诺 促进经济高质量发展

自 2002 年 1 月 1 日起，我国开始履行入世关税减让义务，并于 2005 年实现大部分产品的降税承诺，关税总水平从 2001 年的 15.3% 下降至 9.9%。此后，我国继续保持稳定的降税步伐，2010 年 1 月 1 日，我国入世降税承诺全部履行完毕，关税总水平降至 9.8%。

随着关税总水平的下调，我国关税结构逐步形成"两头小、中间大"的分布格局。2010年，我国税率水平5%~10%的税目数占总税目数的45%，税率水平低于5%和10%~20%的税目数分别占25%，税率水平高于20%的税目数只占5%。同时，我国原材料、中间品、制成品进口税率形成了由低至高的阶梯型关税结构，基本实现了从"高税率、窄税基"向"低税率、宽税基"的转变。

关税水平的下降和关税结构的优化，为我国融入全球经济一体化进程、深度参与全球价值链分工奠定了扎实基础，促进了国内制造业的发展，尤其是高附加值产业的成长。作为拥有巨大国内市场的重要经济体，我国对入世承诺不折不扣地履行，在彰显负责任大国形象的同时，也赢得了世界各经济体的认可，并提高了对中国融入经济全球化的预期。

资料来源：李忠峰.积极履行降税承诺 促进经济高质量发展[EB/OL].[2024-09-18].http：//www.mof.gov.cn/zhengwuxinxi/caijingshidian/zgcjb/202112/t20211209_3773311.htm，部分节选，有改动。

2. 世界贸易组织的职能

（1）促进《建立世界贸易组织的协议》和多边贸易协议的执行、管理、运作以及进一步实现各协议的目标，并对诸边贸易协议的执行、管理和运作提供框架。

（2）为各成员处理与《建立世界贸易组织的协议》各附件有关的多边贸易关系提供谈判场所。如果部长级会议作出决定，世界贸易组织还可为各成员的多边贸易关系的进一步谈判提供场所，并为执行该谈判的结果提供框架。

（3）管理实施《建立世界贸易组织的协议》附件二《关于争端解决规则与程序的谅解》。

（4）管理实施《建立世界贸易组织的协议》附件三《贸易政策审议机制》，和国际货币基金组织、世界银行及其附属机构进行适当的合作，以更好地协调制定全球经济政策。

WTO与IMF、WB的合作

世界贸易组织（WTO）、国际货币基金组织（IMF）和世界银行（WB）通过协同合作，在推动全球发展项目方面发挥了重要作用。WTO作为全球贸易规则的制定者和监督者，通过降低贸易壁垒和促进市场准入，为基础设施建设和农业发展项目创造了有利的国际贸易环境。

在非洲，WTO的作用体现在其推动的贸易便利化协议上，这些协议简化了跨境贸易流程，降低了交易成本，从而激励了对基础设施项目的投资。例如，WTO成员通过的《贸易便利化协定》直接支持了非洲国家的贸易效率提升，进而吸引了包括中国在内的国际承包商参与到铁路、公路、桥梁和港口的建设中。在农业发展领域，WTO通过《农业协议》减少了农产品的贸易壁垒，促进了公平竞争的市场环境，这为非洲和亚洲国家提升农业生产力提供了动力。同时，WTO与联合国粮食及农业组织（FAO）等合作伙伴一起，支持技术转移和人员培训，帮助这些国家提高农业生产效率和可持续性。

此外，WTO、IMF和WB通过支持包括中非合作论坛在内的多边合作机制，加强了与非洲在基础设施建设方面的合作。这些合作不仅提升了非洲的自给自足能力，也为当地社区带来了实质性的经济和社会效益，彰显了国际合作在实现全球发展目标中的关键角色。

通过这些举措，WTO、IMF和WB展现了其在全球发展中的领导力和影响力，为非洲和亚洲等地区的可持续发展目标提供了坚实的支持。

3. 世界贸易组织的机构

1）部长级会议

部长级会议（ministerial conference）是世界贸易组织的最高权力机构，应当包括所有成员的代表，至少每两年召开一次会议。其职责是履行世界贸易组织的职能，并为此采取必要的措施。部长级会议有权对各多边贸易协议中的任何事项作出决定。

专栏 1-4

世界贸易组织第13届部长级会议

世界贸易组织第13届部长级会议2024年3月2日在阿联酋首都阿布扎比闭幕。经过密集磋商，此次部长级会议达成"1+10"务实成果。会议期间，中方发挥了积极建设性作用并赢得各方广泛赞誉。

当天的闭幕式上，世贸组织成员通过了《阿布扎比部长宣言》，承诺加强多边贸易体制，继续推进世贸组织改革。该宣言还强调了发展维度在世贸组织工作中的中心地位，同时认可多边贸易体制在促进实现联合国2030年可持续发展议程等方面的作用。

此次部长级会议的成果还包括达成《促进发展的投资便利化协定》，回应了广大发展中国家成员吸引外资和发展经济的强烈诉求；通过《争端解决机制改革部长决定》，力争年内恢复争端解决机制正常运行；通过《电子商务工作计划》，将电子传输暂免关税延长至下一届部长级会议，为全球数字贸易发展提供稳定规则环境；实现服务贸易国内规制谈判结果生效，不断降低全球服务贸易成本；批准科摩罗和东帝汶加入世贸组织，继续提升多边贸易体制代表性。此外，会议还在监管合作、小经济体、非违反之诉和情势之诉等议题方面取得了成果。

资料来源：苏小坡.综述 | 世贸组织第13届部长级会议取得务实成果中方积极建设性作用赢得赞誉[EB/OL].[2024-08-11].https://baijiahao.baidu.com/s?id=1792427587893664231&wfr=spider&for=pc，部分节选，有改动。

2）总理事会

总理事会（general council）是世界贸易组织的常设机构，包括所有成员代表，在适当时候召开会议。在部长级会议休会期间，总理事会执行部长级会议的各项职能。总理事会还执行《建立世界贸易组织的协议》指定的各项职能，制定自己的程序规则，审批各委员会的程序规则。总理事会还有两个具体职能，即作为争端解决机构（DSB）与贸易政策审议机构（TPRB）召开会议。

3）争端解决机构

总理事会会议作为争端解决机构（DSB），负责世界贸易组织争端解决机制的运行，有关争端的仲裁与处理。争端解决机构下设上诉机构及应争端当事方要求随时成立的争端解决评审组。

WTO的争端解决机制是其核心功能之一，旨在为成员提供一个公正、透明、高效的平台，用以解决贸易争端。WTO争端解决机制适用于所有成员之间的贸易争端，包括但不限于对WTO协议的解释、应用和违反情况的争议。该机制覆盖了从产品贸易到服务贸易、从知识产权到贸易政策评审等广泛的领域。成员可以通过这一机制解决与贸易壁垒、关税减让、补贴、反倾销措施等相关的争端。

专栏 1-5

中美反倾销和反补贴案

中国与美国之间的"中国取向电工钢反补贴和反倾销案"（DS414案）是一个具有重要意义的WTO争端解决案例。该案件始于2012年5月，当时中国针对美国对中国油井管等产品实施的反补贴措施提起诉讼，认为这些措施违反了WTO规则。

经过WTO专家组和上诉机构的审理，2015年1月16日，DSB通过了该案的上诉机构和专家组报告，裁定中国在公共专向性、补贴计算外部基准等核心问题上胜诉。美国对华产品采取的反补贴措施被认定违反了WTO规则,并要求美方纠正其违规措施。

然而,美国在执行"中国诉美国反补贴案"(DS437案)裁决过程中进展缓慢,并对部分涉案产品继续维持反补贴措施。因此,2016年4月29日,中方再次诉诸WTO,正式启动执行专家组程序。经过审理,专家组和上诉机构再次认定美方执行措施违反WTO规则。2022年1月26日,WTO仲裁庭发布裁决,认定中方每年可在货物贸易领域对美方实施6.45亿美元的贸易报复。这一裁决是WTO争端解决机构史上第六大贸易报复额裁定,体现了中方在维护自身合法权益、捍卫多边贸易体制方面的决心和能力。

DS414案和DS437案的胜诉不仅对中国企业合法贸易利益的保护具有重要意义,而且对于纠正美方违规反补贴做法、维护多边贸易体制的权威性和有效性也起到了积极作用。它展示了中国政府利用WTO争端解决机制维护国家主权和利益的能力,同时也为其他国家提供了如何通过法律途径解决贸易争端的范例。

4)贸易政策审议机构

总理事会会议作为贸易政策审议机构(trade policy review body,TPRB),负责审查各成员的贸易政策,实施贸易政策审议的安排。TPRB的审议机制是WTO对成员贸易政策和实践进行定期审查的过程。这一机制允许成员分享其贸易政策的变化,同时为其他成员提供了一个提问和讨论的平台。通过这种方式,TPRB有助于监督成员对WTO规则的遵守情况,并鼓励成员采取与多边贸易体系一致的政策。

专栏 1-6

TPRB的审议程序和通报制度

一、TPRB的审议程序

(1)定期审查:TPRB按照预定的时间表对各成员进行定期审查,频率根据成员的经济规模和贸易量而定,主要成员可能每两年就会接受一次审查。

(2)成员报告:被审查的成员需要提交详细的政策报告,说明自上一次审查以来其贸易政策和实践的变化。

(3)秘书处报告:WTO秘书处也会准备一份事实报告,提供对成员政策的客观分析。

（4）讨论和提问：在 TPRB 会议上，其他成员可以对被审查成员的贸易政策提出问题和评论，被审查成员需要对这些问题进行回应。

（5）最终报告：审议结束后，TPRB 会编写一份总结报告，反映讨论的主要内容和成员的主要关切。

二、通报制度

（1）主动通报：成员被鼓励主动向 WTO 通报其可能影响贸易的政策变化，包括关税调整、补贴政策、贸易壁垒等。

（2）定期通报：除了主动通报外，成员还需要定期向 TPRB 通报其整体贸易政策和经济环境的更新。

（3）透明度要求：通报制度要求成员提供充分、准确的信息，以确保其他成员能够及时了解可能影响贸易的政策变动。

TPRB 的审议机制是 WTO 体系中不可或缺的一部分，它不仅增强了成员之间的信任，还有助于预防和解决可能的贸易争端。通过这一机制，WTO 成员能够在一个开放和透明的环境中共同发展，推动构建一个更加稳定和可预测的全球贸易体系。

贸易政策审查有关的文件

一般说来，贸易政策审查涉及以下文件。

（1）世界贸易组织（WTO）秘书处报告。该报告由目录与概述、经济环境、贸易与投资体制、贸易政策和措施、分部门贸易政策及附表组成。

（2）被审查成员提交的政府工作报告。

（3）主席总结报告。

（4）会议记录。该文件在审查会议结束后大约六周发布。

（5）世界贸易组织（WTO）成员问与答的文件。这份文件也是在审查会议结束后大约六周发布。

5）理事会

理事会（council）是总理事会的第一组下属机构，在总理事会的指导下进行工作。总理事会下设三个理事会，即货物贸易理事会、服务贸易理事会、知识产权理事会，分别负责《多边货物贸易协定》《服务贸易总协定》《与贸易有关的知识产权协定》的运作。各理事会行使各自有关协议和总理事会赋予的职责，并经总理事会批准制定各自相应的程序规则。各理事会的成员从所有成员代表中产生，在必要时召开会议，以行使其职责。

货物贸易理事会下设市场准入委员会、农业委员会、实施卫生与植物检疫措施委员会、技术性贸易壁垒委员会、补贴与反补贴措施委员会、反倾销措施委员会、海关估价委员会、原产地规则委员会、进口许可程序委员会、与贸易有关的投资措施委员会、保障措施委员会,以及扩大信息技术产品贸易参加方委员会等。

服务贸易理事会下设有金融服务贸易委员会、具体承诺委员会等机构。

知识产权理事会简称TRIPS理事会,主要负责《与贸易有关的知识产权协定》以及总理事会所赋予的职责。

6) 委员会

委员会(committee)是总理事会的第二组下属机构,行使《建立世界贸易组织的协议》和多边贸易协议所赋予的各种职责,以及总理事会所赋予的其他职责。在部长级会议认为合适的情况下,还可以设立具有此类职责的其他委员会。各委员会的成员由所有成员的代表组成。他们负责处理跨部门的广泛的事务,包括负责处理三个理事会的共性事务以及三个理事会管辖范围以外的事务。各委员会向总理事会直接负责。现有五个委员会:一是预算、财务和行政管理委员会(简称预算委员会),负责审议世界贸易组织秘书处提交的年度预算草案和财政报告,并就此向总理事会提出建议,就如何在成员之间分摊世界贸易组织开支和对欠款采取措施等问题向总理事会提出建议,起草世界贸易组织财务条例;二是贸易与发展委员会(committee on trade and development,CTD)负责审议发展中国家成员的特殊条款的实施情况;三是国际收支限制委员会(committee on balance of payments restrictions,BOP)负责审议成员因国际收支原因而采取的贸易限制措施;四是贸易与环境委员会(committee on trade and environment,CTE)负责审议贸易与环境的关系及其影响;五是区域贸易协定委员会(committee on regional trade agreements,CRTA)负责审议区域集团与世界贸易组织的关系及其影响;以后根据需要,还可能设立其他委员会。所有成员均可参加上述委员会。在各委员会下,根据需要还设立各种专门机构以处理各种事务,如贸易与发展委员会还要定期审议多边贸易协议中有利于最不发达国家成员的特殊条款,为此设立了"最不发达国家小组委员会"。这些常设的委员会对所有成员开放。

7) 诸边贸易协议下设立的各种机构

诸边贸易协议下设立的各种机构是总理事会的第三组下属机构,行使这些协议所赋予的职责,并在世界贸易组织机构框架内运作。这些机构包括诸边贸易协议设置的委员会与工作组,应向总理事会通知其活动。

委员会现有政府采购委员会(committee on government procurement)、民用航空器贸易委员会(committee on trade in civil aircraft)等,国际奶制品委员会、国际肉类委员会因这两项内容的协议于1997年底终止,其职能转给农业委员会和实施卫生与植物检疫措施委员会承担。设立工作组是为了研究和报告出现的事务,并最终要求理事会或总理事会作出决定,一些工作组承担有关谈判的组织工作。例如,贸易与投资关系工作组,贸易与竞争政策相互关系工作组,政府采购透明度工作组,贸易、债务与财政工作组,贸易与技术转让工作组,加入世界贸易组织工作组,以及货物贸易理事会下属的国营贸易企业工作组，服务贸易理事会下属的国内法规工作组、《服务贸易总协定》规则工作组等。

8）秘书处和总干事

部长级会议任命一名总干事（director-general）领导秘书处，并制定有关规则以确定总干事的权力、责任、任职条件和任期。总干事任命秘书处的职员，并根据部长级会议通过的规则确定他们的责任和任职条件。总干事和秘书处的职员纯属国际性质，在履行其职责方面，总干事和秘书处职员不应当寻求和接受世界贸易组织之外的任何政府或其他当局的指示，应避免任何有损其国际官员身份的行为，世界贸易组织的成员应当尊重总干事和秘书处职员在其职责方面的国际性质，不应对他们行使职权施加影响。秘书处的机构设置及其主要职能如表1-3所示。

表1-3 秘书处的机构设置

机构名称	主要职能
加入司	加入WTO的谈判
行政与总务司	为秘书处与成员服务，包括预算、财务、差旅、采购、膳宿管理
农业与商品司	负责农产品的谈判及相关协议的履行等
理事会与贸易谈判委员会司	部长级会议、总理事会、争端解决机构、贸易谈判委员会等
发展司	贸易和发展
经济研究与统计司	为WTO提供经济分析与研究
人力资源司	负责WTO秘书处职员的人事管理
信息司	为WTO秘书处和成员提供信息技术服务
信息与对外关系司	为各类受众提供信息，负责网站、出版物与非政府组织的联系
培训与技术合作学院	为发展中国家成员与最不发达国家成员提供技术与能力建设
知识产权司	知识产权，竞争，政府采购
语言、文件和信息管理司	翻译、文件和信息资料管理等
法律事务司	为WTO和发展中国家成员提供法律支持、争端解决等
市场准入司	为货物贸易理事会、市场准入、海关估价、原产地规则、进口许可程序、信息技术产品委员会提供服务
规则司	反倾销与反补贴措施，保障措施，投资措施，国内贸易，民用航空器贸易等
技术合作审计司	技术合作与审计，为贸易与发展委员会提供报告

续表

机构名称	主要职能
贸易与环境司	贸易与环境，技术性贸易壁垒
服务贸易司	为成员履行《服务贸易总协定》提供建议等
贸易政策审议司	贸易政策审议、区域贸易协定审议

4. 世界贸易组织的地位

（1）世界贸易组织具有法人资格，各成员应赋予世界贸易组织享有执行其职责所需要的法律资格。

（2）世界贸易组织各成员应赋予世界贸易组织为履行其职责所需要的特权和豁免。

（3）世界贸易组织各成员应同样给予世界贸易组织官员和各成员代表在其独立行使世界贸易组织有关职责时必要的特权和豁免权。

（4）世界贸易组织各成员所赋予世界贸易组织及其官员的特权和豁免权，应当和1947年11月21日联合国大会通过的《联合国专门机构特权和豁免公约》之规定相似。

（5）世界贸易组织可以缔结总部所在地协议。

专栏 1-8

世界贸易组织或官员享有的特权和豁免权

世界贸易组织是一个独立于联合国的永久性国际组织，在法律上与联合国等国际组织是平等的，并享有法人地位及特权和豁免权。这些特权和豁免权是为了确保WTO能够独立、有效地履行其职责而设立的。它们在WTO的协定中规定，如《关于世界贸易组织特权和豁免的协定》，并在其与成员之间的总部协议中进一步明确。

这些特权和豁免权主要包括如下内容。

（1）财产和资金的保护，WTO的财产和资金免受搜查、征用、没收或任何形式的干扰。

（2）档案的保密性，WTO的档案和文件不受侵犯，确保其决策过程的独立性和完整性。

（3）官员的外交豁免，WTO官员在履行其职责时享有外交豁免权，包括司法管辖的豁免和不受逮捕或拘留的保护。

（4）通信的特权，WTO的官方通信不受干扰，确保其与成员之间的通信畅通无阻。

（5）税收的免除，WTO及其官员可能被免除某些税收，以减轻其行政负担，确保其运作的效率。

（6）成员间的互惠原则，WTO成员之间相互提供必要的便利，以支持WTO的工作和官员的活动。

通过这些特权和豁免权，WTO能够维护其独立性，有效地执行其职责，为全球贸易提供稳定的框架和公正的争端解决机制。

5. 世界贸易组织的决策

1）协商一致决策

世界贸易组织继续遵循GATT 1947奉行的协商一致决策，也叫合意决策。有关机构就所提交的事项作出决定时，如在场的成员未正式提出异议，则视为经协商一致作出了决定，也称协商一致决策或合意决策。此外，世界贸易组织的争端解决规则采取"反向协商一致"决策，关于成立评审组的申请、通过评审组审议报告或上诉机构审议的报告，除非全体协商一致反对，否则该申请或报告通过。

2）投票决策

除另有规定外，若某一决定无法取得一致意见时，则由投票决定。在部长级会议和总理事会上，世界贸易组织的各成员均有一票投票权。特定条款的修订需要全体成员的一致同意；对于协议解释和豁免义务的申请，需要3/4成员的同意；新成员的加入和某些条款的修正需要2/3以上成员的同意；日常决定和有关知识产权协定中的某些修正需要半数以上成员的同意。其中，对于部长级会议经3/4成员同意通过的修正，任何成员在部长级会议确定的时限（90天）内不接受修正，应退出世界贸易组织，或经部长级会议同意仍为成员。这种决策方式体现了世界贸易组织决策的民主性和灵活性。

6. 世界贸易组织的成员

1）创始成员

凡是在《建立世界贸易组织的协议》生效之日已是GATT 1947的缔约方和欧洲共同体一员，接受《建立世界贸易组织的协议》和多边贸易协议，并在GATT 1994中附有承诺和减让表以及在《服务贸易总协定》中附有具体承诺单者，都是世界贸易组织创始成员。联合国所承认的最不发达国家成员，只需在它们各自发展、财政和贸易需要的范围内以及其行政管理的能力内作出承诺和减让。

2）加入

任何国家或地区在对外贸易关系以及《建立世界贸易组织的协议》和多边贸易协议所规定的事务方面享有充分自治的单独关税地区，可以在它和世界贸易组织议定的条件下，加入《建立世界贸易组织的协议》。这种加入适用于《建立世界贸易组织的协议》及所附的多边贸易协议。加入应经世界贸易组织2/3成员同意后，由部长级会议作出决定。加入某个诸边贸易协议，应遵从该协议规定。

3）特定成员之间互不适用多边贸易协议

由于政治或其他原因，某些成员可能不希望世界贸易组织的规则在它们之间适用。《建立世界贸易组织的协议》中的多边贸易协议在有关成员之间将互不适用（如果它们中任何一方在另一方成为成员时不同意互相适用）。

4）接收、生效和保存

《建立世界贸易组织的协议》生效后接受该协议的成员，对于那些自协议生效时起尚需要一定时期才履行的多边贸易协议中的减让和义务，应如同该成员在协议生效时接受协议一样，履行这些减让和义务。

5）退出

任何成员可退出《建立世界贸易组织的协议》。这种退出适用于《建立世界贸易组织的协议》和多边贸易协议，并自世界贸易组织总干事收到书面退出通知之日起6个月期满时生效。在退出生效前的6个月内，该成员仍然需要继续履行其在世界贸易组织中的义务和享受相应的权利。同时，该成员还需要与其他成员进行谈判，以解决因退出而产生的任何贸易和其他问题。如果该成员在退出前存在未解决的争端或违约行为，世界贸易组织可以对其进行调查和处罚。在退出生效后，该成员将不再享受世界贸易组织提供的任何待遇和保护，并需要承担因退出而产生的任何责任和后果。

四、多哈发展议程

2001年11月在卡塔尔的首都多哈召开的世界贸易组织第四届部长级会议上，正式启动了多哈回合谈判，也称多哈发展议程。由于议题广泛、参与成员众多，利益博弈十分激烈，多哈回合谈判多次陷入僵局，2006年7月在世界贸易组织总理事会的批准下正式中止，2007年1月恢复谈判，2008年7月由世界贸易组织总干事宣布失败，2009年9月再次重启。2013年12月，在印度尼西亚的巴厘岛召开的世界贸易组织第九届部长级会议上，达成了"巴厘一揽子协议"，这是多哈回合取得的第一份成果。尽管困难重重，世界贸易组织所有成员仍然坚定地致力于推进关于剩余多哈问题的谈判。

多哈回合的宗旨是促进世界贸易组织成员削减贸易壁垒，通过更公平的贸易环境来促进全球，特别是较贫穷国家的经济发展。多哈回合主要议题有八项：农业、非农产品市场准入、服务业、知识产权、贸易与发展、贸易与环境、贸易规则、争端解决。其中农业和非农产品市场准入是较为关键、分歧较为集中的两个议题，也是多哈回合陷入僵局的主要原因之一。

1. 农业议题

多哈回合把农业作为既定议题纳入谈判，目标是通过根本性的改革计划，建立公平、以市场为导向的农产品贸易体制，纠正并防止世界农产品市场的限制和扭曲。农业谈判主要涉及大幅度增加市场准入机会，减少并逐步取消所有形式的出口补贴，大幅度削减扭曲贸易的国内支持，对发展中国家实施特殊差别待遇，环境保护、粮食安全、农村发展等非贸易问题。

多哈回合农业谈判最大的特点就是出现了美国、凯恩斯集团、欧盟、G20等多个国家利益集团的谈判格局，谈判中各方立场相距甚远。美国和凯恩斯集团的农产品竞争力较强，试图通过谈判进一步推进农产品贸易的自由化，其主张是大幅度提高市场准入机会，实质性削减农业关税，加快取消农业补贴。欧盟农业缺乏比较优势，其谈判的主要目标是尽可能维持对农业的高度保护，同时强调在市场准入方面的灵活性，以便通过产品间的调整保护重点产品。G20主要由发展中国家组成，强调发展中国家发展的需要以及国内支持和出口竞争方面的严重不平衡，强烈要求发达国家成员实质性开发农业市场，要求给予发展中国家成员特殊差别待遇。各方在谈判中固守立场、互不相让，美国和欧盟的分歧尤为严重。

2. 非农产品市场准入议题

非农产品市场准入谈判涉及所有非农产品的关税和非关税壁垒。谈判旨在减少或酌情取消关税，包括关税高峰、高关税和关税升级以及非关税壁垒，特别是对发展中国家成员有出口利益的产品。谈判充分考虑到发展中国家成员和最不发达国家成员的特殊需要和利益，并承认这些国家成员不需要与其他成员在充分削减关税的承诺方面相匹配或对等。

其中，关税高峰是指在关税水平普遍较低的情况下，对"敏感"产品征收相对较高的关税。对工业化国家来说，15%及以上的关税通常被视为关税高峰。关税升级是指对半加工产品征收的进口关税高于原材料，对制成品征收的进口关税更高，关税升级保护了国内加工业，但阻碍了原材料原产国家或地区的加工活动。

多哈回合非农产品市场准入谈判的分歧主要存在于欧美等发达国家成员与巴西等发展中国家成员之间。在谈判范围上，欧美等发达国家成员主张将环境产品纳入非农产品市场准入谈判，而发展中国家成员则认为将高环境标准施加于发展中国家成员将导致其成本增加、竞争力下降，阻碍其产品进入发达国家成员市场。在谈判内容上，发达国家成员要求发展中国家成员将约束税率削减，以便创造切实的市场准入机会。发展中国家成员则要求特殊待遇，认为近些年发展中国家成员的工业品关税已大幅度削减，如果继续削减工业产品关税将使大部分发展中国家成员的工业部门难以生存。同时，发展中国家成员将非农产品谈判和农业谈判紧密结合，指责发达国家成员在农业中削减国内支持和出口补贴中存在水分。

专业词汇

- GATT 1947
- 多边贸易谈判
- 日内瓦回合
- 缔约方
- 诸边贸易协议
- 关税减让表
- GATT 1994
- 乌拉圭回合
- 世界贸易组织
- 建立世界贸易组织的马拉喀什协议
- 协商一致
- 反向协商一致
- 多哈回合
- 关税高峰
- 关税升级

思考题

1. GATT 1947、GATT 1994 和世界贸易组织如何一步步推动世界贸易自由化？
2. 世界贸易组织应如何应对世界贸易的新变化，打破多哈发展议程僵局？
3. 中国与关贸总协定和世界贸易组织的关系经历了怎样的变化？这对中国与世界带来了哪些影响？

第二章

WTO的基本原则及案例

世界贸易组织（WTO）的基本原则在维护全球贸易秩序中发挥着至关重要的作用。这些原则包括非歧视原则、开放市场原则、透明度原则和公平竞争原则等，是多边贸易体制的基础，为国际贸易秩序提供了坚实的支撑。它们共同确保全球贸易的公平、开放和透明，为世界经济贸易的可持续发展注入了稳定性和可预见性。本章将深入探讨WTO的基本原则及相关案例，帮助读者更全面地理解这些原则，从而更好地应对全球贸易的复杂性和多样性。

章首案例：日本限制中国紫菜进口案

日本是全球最大的紫菜消费市场，年需求量约为100亿张。中国是世界最大的紫菜生产国，紫菜生产主要集中在江苏省，其产量占中国总产量的95%以上，但长期以来，由于日本政府实施的进口配额制度及原产地限制措施，中国紫菜一直未能进入日本市场。

2004年4月22日，应江苏省紫菜协会的申请，中国商务部对日本紫菜进口管理措施启动贸易壁垒调查。调查期间，商务部与日本政府进行了三轮磋商，并在2004年10月21日发布第65号公告，中止了调查，以便双方通过磋商达成解决方案。2005年2月21日，日本经济产业省公布了新的紫菜进口配额方案，取消了对中国生产的干紫菜和调味紫菜的歧视性限制，将进口配额总量设为4亿张，不再限定原产国家或地区。此举标志着中国紫菜首次成功出口至日本，结束了日本对中国紫菜多年的进口限制。

此案被视为中国运用WTO规则维护国内产业利益的典范。它不仅为中国紫菜产业开拓了新市场，也为中国企业在国际贸易中维护自身权益提供了宝贵经验。

资料来源：中华人民共和国农业农村部.回眸中国紫菜取胜"反贸易壁垒第一案"[EB/OL].[2024-11-24].http：//www.yyj.moa.gov.cn/yqxx/201904/t20190428_6213696.htm，部分节选，有改动。

第一节 WTO的基本原则解读

一、非歧视原则

非歧视原则要求在WTO管辖的领域内，各成员应当公平、公正、平等地对待其他成员的贸易主体和客体，包括货物、服务、服务提供者、企业和知识产权所有者。非歧视原则是避免贸易歧视和摩擦的重要手段，是实现WTO各成员间公平贸易的重要保证。WTO的非歧视原则主要通过最惠国待遇和国民待遇来实现。最惠国待遇保证了国际贸易的普遍性和公平性；国民待遇则确保了外国产品和服务在进口国市场的公平竞争。

1. 最惠国待遇

最惠国待遇为WTO成员必须普遍遵守的一般义务，它要求一成员在货物贸易、服务贸易和与贸易有关的知识产权保护领域给予任何其他国家（不论是否是WTO成员）的优惠待遇（包括利益、特权、豁免等），应立即和无条件地给予其他成员。最惠国待遇在《关税与贸易总协定》《服务贸易总协定》《与贸易有关的知识产权协定》中均有规定，涵盖了货物贸易、服务贸易和与贸易有关的知识产权保护三大领域。

最惠国待遇包含如下四个要点。

一是自动性。这是最惠国待遇的内在机制，体现在"立即和无条件"的要求上。当一成员给予其他国家的优惠超过其他成员享有的优惠时，这种机制就启动了，其他成员便自动地享有了这种优惠。

二是同一性。当一成员给予其他国家的某种优惠，自动转给其他成员时，受惠标的必须相同。

三是相互性。任何一成员既是给惠方又是受惠方，即在承担最惠国待遇义务的同时，也享受最惠国待遇权利。

四是普遍性。这是指最惠国待遇适用于全部进出口产品、服务贸易的各个部门及所有种类的知识产权所有者和持有者。

WTO在货物贸易领域适用的是无条件的、永久的、普遍的、多边的最惠国待遇。《关税与贸易总协定》规定，一成员对来自或运往其他国家的产品所给予的利益、优待、特权或豁免，应当立即无条件地给予来自或运往所有其他成员的相同产品。WTO在货物贸易方面适用的是无条件的、永久的、普遍的、多边的最惠国待遇。这意味着，每当一成员降低贸易壁垒或开放某一市场，它必须给予来自其他所有成员的同类产品以同等待遇，无论这些成员是贫还是富、是强还是弱。

在货物贸易方面，最惠国待遇不仅适用于关税，还适用于：一切与进出口有关的任何其他费用；关税和其他费用的征收办法；与进出口有关的规章与手续；国内税和其他国内费用；有关影响产品销售、购买、运输、分销和使用的规则与要求等。

专栏 2-2

美国对中国禽肉进口限制措施

美国曾对中国禽肉产品实施了一系列进口限制措施，包括加强检验和检疫要求，这些措施对中国禽肉产品出口美国造成了严重影响。中国认为这些措施违反了WTO的相关规则，包括最惠国待遇原则。

中国在WTO争端解决机构提出申诉，主张美国的措施不仅缺乏科学依据，且未对所有WTO成员一视同仁，违反了WTO的最惠国待遇原则、《技术性贸易壁垒协议》（TBT协议）和《实施卫生与植物检疫措施协议》（SPS协议）。WTO专家组和上诉机构对此案件进行了详尽审理。中国方面提交了充分的证据，证明美国的限制措施不符合WTO规则，并构成了对中国禽肉产品的不公平对待。

经过审理，WTO专家组和上诉机构裁定美国的相关措施违反了WTO规则，要求美国调整其对中国禽肉产品的进口限制措施，以符合WTO的相关要求。

这一案例不仅为中国禽肉产品重新进入美国市场铺平了道路，也体现了中国在国际贸易争端中积极维权的决心和能力。中国在WTO争端解决机制中的成功经验，不仅为自身合法权益的维护提供了有力支持，也为其他WTO成员提供了解决贸易争端的范例。这一案例再次证明了WTO争端解决机制在全球贸易治理中的重要作用，以及最惠国待遇原则在确保国际贸易公平性方面的核心地位。

资料来源：杨国华.法的盛宴——中国参与WTO争端解决机制经典案例综述[EB/OL].[2024-11-24].http://chinawto.mofcom.gov.cn/article/dh/cyjieshao/201504/20150400953962.shtml，部分节选，有改动。

《服务贸易总协定》规定,最惠国待遇要求一成员对于任何其他成员的服务和服务提供者,应立即和无条件地给予不低于其给予任何其他国家同类服务和服务提供者的待遇。最惠国待遇普遍适用于所有的服务部门,如果一成员在某个服务部门允许外国竞争,那么该部门应给予所有WTO成员的服务及服务提供者相同的待遇。

《与贸易有关的知识产权协定》规定,对于知识产权保护,一成员对任何其他国家国民给予的任何利益、优惠、特权或豁免,应立即无条件地给予所有其他成员的国民。各成员的国民应当享受同等的待遇,而不能对某一成员的国民实行歧视。

从经济理论的角度看,最惠国待遇能够切实保证一成员能以最有效的供应来源满足本身的进口需求,从而使比较成本(或称比较优势)原则充分发挥作用。从贸易政策角度来看,最惠国待遇可以确保双边的关税或非关税壁垒减让谈判的成果在全体成员的多边范围内加以实施,进而促进全球贸易自由化。从国际角度来看,承诺实行最惠国待遇可以通过较大成员的实力帮助较小成员的利益和要求的实现,使之获得平等的竞争机会与待遇。对于多边贸易体制来说,它是使市场的新来者顺利进入市场的保证。

2. 国民待遇

国民待遇又称平等待遇,是最惠国待遇的重要补充,它要求WTO一成员对其他成员的货物、服务、服务提供者、企业和知识产权所有者所提供的待遇,不低于本成员境内同类货物、服务、服务提供者、企业和知识产权所有者所享有的待遇。值得注意的是,国民待遇只有在产品、服务或与贸易有关的知识产权产品进入市场后才适用,因此,即使不向本成员境内生产的产品征收同等税费,对进口产品征收关税也不违反国民待遇。此外,实施国民待遇必须是对等的,不得损害对方国家的主权,并只限制在一定的范围之内。国民待遇在《关税与贸易总协定》《服务贸易总协定》《与贸易有关的知识产权协定》中均有规定,但在《服务贸易总协定》中仅适用于一成员作出具体承诺的服务部门。

国民待遇包含三个要点:一是国民待遇适用的对象是货物、服务、服务提供者、企业和知识产权所有者,但因货物、服务和知识产权领域的具体受惠对象不同,所以国民待遇的适用范围、具体规则和重要性有所不同;二是国民待遇只涉及其他成员的货物、服务、服务提供者、企业和知识产权所有者在进口成员境内所享有的待遇;三是国民待遇定义中的"不低于"意味着,进口成员给予出口成员的待遇高于本成员境内待遇的情况并不违背国民待遇。这种情况叫作"超国民待遇",在发展中国家成员中比较普遍,特别是在国际投资等领域中。

《关税与贸易总协定》规定,一成员领土的产品输入另一成员领土时,不应对其直接或间接征收高于对相同的境内产品所直接或间接征收的境内税或其他境内费用;一成员领土的产品输入另一成员领土时,在关于产品的境内销售、推销、购买、运输、分配或使用的全部法令、条例和规定方面,所享受的待遇应不低于相同的境内产品所享受的待遇；成员不得建立或维持某种对产品的混合、加工或使用须符合特定数量或比例的境内数量限制条例，直接或间接要求某一特定比例的条例对象产品必须由境内来源供应；成员不得用境内税、其他境内费用或定量规定等方式，从某种意义上为境内工业提供保护。

韩国烧酒案

韩国烧酒案是一起涉及WTO争端解决机制的案件，主要争议焦点是韩国对本国烧酒和进口蒸馏酒（如威士忌、伏特加、朗姆酒等）征收不同税率的问题。根据韩国酒税法，国内烧酒的税率为35%，而进口蒸馏酒的税率则高达100%。欧共体（今欧盟）和美国认为这种做法违反了《关税与贸易总协定》第3条第2款的规定。

该案的关键在于确定威士忌、伏特加等进口蒸馏酒与韩国传统烧酒是否属于"相同产品"。根据《关税与贸易总协定》第3条第2款，只有当对相同产品征税高于境内产品时，才可以援引此款。如果两种酒不是相同产品，则对它们征收不同的税率是合理的。

韩国在应对此案时，特意向日本咨询了有关专家选择的建议，并考虑到酒类产品的特性，认为专家应当是饮酒者，以便能够品尝并区分威士忌和烧酒的不同。韩国还计划通过价格差异来证明烧酒和威士忌不是相同产品，因为威士忌的价格比烧酒贵12倍，按照反垄断法的一般规则，存在这样巨大价格差距的两种产品不构成竞争性和替代性，因而不是相同产品。

韩国律师团队还从多个角度积极准备应诉材料，包括在欧共体（今欧盟）出版的《向韩国出口食品导读》中找到了有关烧酒和威士忌等酒差异的证据。尽管韩国在此案中败诉，但通过此案积累了大量实战经验，为以后处理国际贸易纠纷提供了帮助。

资料来源：WTO官网案例整理。

《服务贸易总协定》规定，对于列入减让表的部门，在遵守其中所列任何条件和资格的前提下，各成员在影响服务提供的所有措施方面给予任何其他成员的服务和服务提供者的待遇，不得低于其给予本成员境内同类服务和服务提供者的待遇。

《与贸易有关的知识产权协定》规定，在知识产权保护方面，一成员给予其他成员国民的待遇不得低于给予本成员国民的待遇，除非其他有关国际知识产权公约另有规定。

二、开放市场原则

开放市场原则要求WTO成员通过多边贸易谈判，实质性降低关税和减少非关税措施，扩大成员之间的货物、服务和知识产权贸易，提高市场准入水平，为货物、服务和知识产权在国际流动提供便利。其中市场准入描述了境外货物供应者或服务提供者参与进口成员境内市场的程度及条件。在WTO体制下，各成员承诺不提高贸易壁垒与降低贸易壁垒一样重要，因为这种承诺让企业更清晰地看到未来的机会，带来的稳定性和可预测性会鼓励投资，创造就业机会，使消费者充分享受到竞争的好处。开放市场原则在货物贸易中主要表现为关税减让与约束原则、禁止使用除关税以外的保护措施原则，即关税减让与削减非关税壁垒，在服务贸易中主要是开放成员的服务贸易市场。

开放市场原则包含如下五个要点。

一是以共同规则为基础。成员根据WTO的协议，有规则地实行贸易自由化。

二是以多边谈判为手段。成员通过参加多边贸易谈判，并根据在谈判中作出的承诺，逐步推进贸易自由化。这在货物贸易方面体现为逐步进行关税减让和削减非关税壁垒，在服务贸易方面则更多地体现为不断增加开放的服务部门，减少对服务提供方式的限制。

三是以争端解决为保障。WTO的争端解决机制具有强制性，如某成员被诉违反承诺，并经争端解决机制裁决败诉，该成员就应执行有关裁决，否则WTO可以授权申诉方采取贸易报复措施。

四是以贸易救济措施为"安全阀"。成员可通过援用有关例外条款或采取保障措施等贸易救济措施，消除或减轻贸易自由化带来的负面影响。

五是以过渡期方式体现差别待遇。WTO承认不同成员之间经济发展水平的差异，通常允许发展中国家成员有更长的过渡期来履行义务。

1. 关税减让

开放市场原则体现在货物贸易规则中是只能采用关税一种方式来保护境内市场和民族工业，但关税必须通过关税减让谈判不断削减，关税税率在约束的关税减让表水平上不能随意提高，以不断推动贸易自由化进程。与数量限制相比，关税保护能够更清晰地反映一成员对境内工业的保护程度，并且允许自由竞争，具有非歧视性、透明性、公开性、稳定性等优点。因此开放市场多边贸易体制要求WTO各成员运用关税措施来调节进口和保护境内产业，而不是采用非关税壁垒。

关税减让有四个方面的含义：一是降低关税并约束降低后的关税税率水平；二是对现行税率加以约束；三是对单项产品关税或某几项产品的平均关税承担不超过一个规定水平的义务，即"最高限约束"；四是对低关税或免税待遇加以约束。

一项产品的关税税率经关税减让谈判确定并被纳入关税减让表后就要受到"约束",WTO各成员须承诺或保证不对关税减让表中的产品征收超过减让表上规定税率的关税或其他税费,这种税率被称为"约束税率",它仅约束关税税率的上限,并不反对关税税率下调。而各成员公布的法定适用税率是实施税率,实施税率不得高于约束税率,WTO鼓励成员按较低的实施税率对进口货物征收关税,以使产品出口更加畅通无阻。值得注意的是,在对一组产品的平均关税税率加以"最高限约束"时,允许其中某项产品的关税税率超过最高限,只要该组产品的平均关税税率不超过即可。发达国家成员的关税税率在3年内不能随意变动,而发展中国家成员在3年内可以变动部分关税税率,但总体关税水平仍应控制在关税减让水平上,不能高于变动前的关税水平。

专栏 2-4

关税减让水平的测算

WTO各成员对关税减让水平要进行测算,以衡量减让的效果,测算的方式主要有三种。

1. 关税约束水平可以使贸易具有稳定性和可预见性

乌拉圭回合以前的关税约束水平很低。在乌拉圭回合谈判中,所有WTO组织成员全面约束了农产品的关税;对于非农产品,WTO成员关税约束的比例有很大的提高,其中发达国家成员的约束比例从78%上升到99%,发展中成员的约束比例从21%上升到73%,过渡经济成员的约束比例从73%上升到98%。承诺100%约束关税的发展中国家有智利、哥斯达黎加、萨尔瓦多、墨西哥、委内瑞拉、阿根廷、巴西、哥伦比亚、牙买加、秘鲁和乌拉圭以及WTO成立以后加入的蒙古、厄瓜多尔等。

2. 零关税所占的比例

零关税所占的比例包括零关税的税目在总税则税目中的比例以及零关税产品的进口值在总进口值中的比例。在乌拉圭回合谈判后,这两个比例都有很大的提高。

3. 关税水平和减让幅度

关税水平包括简单平均法和加权平均法计算出来的两种水平。简单平均法单纯根据一国的税则中的法定税率来计算。不管每个税目实际的进口量,只按税则中的税目数来求出税率的平均值。因为高税率税目是禁止性的,实际进口量很少,所以无法反映实际的税率水平。计算公式为:简单平均关税水平=税则中所有税目的税率之和/税则的税目数。加权平均法是用进口产品的金额作权数进行平均,即每一个税号项下的进口额乘以该税号的税率之和除以总进口额。计算公式：加权平均关税水平=（每一税号进口额×该税号的税率之和）÷总进口额。减让幅度被用来测量关税减让的水平，减让幅度大说明成员作出了较大的让步。

资料来源：余乐芬，唐静.国际商务与关税减让[M].北京：人民出版社，2005，部分节选，有改动。

2. 削减非关税壁垒

开放市场原则还体现在削减非关税壁垒上。《关税与贸易总协定》规定，任何成员除征收税捐或其他费用以外，不得设立或维持配额、进出口许可证或其他措施以限制或禁止其他成员领土的产品的输入，或向其他成员领土输出或销售出口产品。《关税与贸易总协定》中与数量限制有关的条款有多条。其中第11条和第13条是核心条款，强调一般禁止数量限制和非歧视实行数量限制。

《关税与贸易总协定》第11条第1款规定，任何成员除征税或其他费用以外，不得设立或维持配额、进出口许可证或其他措施以限制或禁止其他成员领土的产品输入，或向其他成员领土输出或销售出口产品。

在《关税与贸易总协定》一般禁止数量限制原则的基础上，对于按照《关税与贸易总协定》的规定，确实需要实行数量限制的，各成员在实施有关行政管理措施时，也必须遵循非歧视性原则。《关税与贸易总协定》第13条第1款规定，除非对所有第三方的相同产品的输入或对相同产品向所有第三方的输出同样予以禁止或限制以外，任何成员不得限制或禁止另一成员领土的产品的输入，也不得禁止或限制产品向另一成员领土输出。《关税与贸易总协定》还就一些可能限制贸易的措施制定了专门协议，以减少非关税措施，规范成员的相关贸易行为，为境外货物进入本成员境内而开放市场，不断推动世界贸易自由化进程。

非关税壁垒

非关税壁垒（non-tariff barriers，NTBs）是指关税以外的各种直接或间接限制产品进口或出口的法律和行政措施的总称。例如，进口许可证、产品技术标准、特许产地等。如果说关税限制是采用的经济手段，则非关税壁垒就是采取法律手段或政治手段。因此，非关税壁垒，比关税壁垒更加严厉。

关税壁垒和非关税壁垒都有限制进口的作用。但是，非关税壁垒具有以下特点。

1. 非关税壁垒比关税壁垒具有更大的灵活性和针对性

关税税率的制定必须通过立法程序，要求具有相对的稳定性。这在需要紧急限制进口时往往难以适应。而非关税壁垒措施的制定则通常采取行政程序，比较便捷，能随时针对某国的某种产品采取相应的措施，能较快地达到限制进口的目的。

2. 非关税壁垒比关税壁垒能更有效地限制进口

关税壁垒是通过征收高额关税，提高进口产品的成本和价格，削弱其竞争能力，从而间接地达到限制进口的目的。但如果出口国采用出口补贴、产品倾销等办法来降低出口产品的成本和价格，关税往往难以起到限制产品进口的作用。但一些非关税壁垒措施，如进口配额等预先规定进口的数量和金额，超过限额就直接禁止进口，这样就能有效地起到限制进口的作用。

3. 非关税壁垒比关税壁垒更具有隐蔽性和歧视性

关税税率确定以后，要依法执行，任何国家的出口商都可以了解。但一些非关税壁垒措施往往并不公开，而且经常变化，使境外出口商难以对付和适应。此外，一些国家往往针对某个国家采取相应的限制性的非关税壁垒措施，这就大大增加了非关税壁垒的差别性和歧视性。

3. 服务贸易市场开放

各国在服务贸易领域同样存在种种限制外国服务和服务提供者进入本国的措施，影响服务业的公平竞争、服务质量的提高和服务领域的资源配置。《服务贸易总协定》要求各成员为其他成员的服务和服务提供者创造更多的投资与经营机会，分阶段逐步开放服务贸易领域。在乌拉圭回合谈判中，各成员就服务贸易领域市场开放作出了承诺，并将服务贸易领域的市场准入承诺列入其服务贸易自由化承诺表中加以"约束"。这种承诺把服务贸易纳入WTO体制下，为商人、投资者、消费者提供稳定的、可预见的商业环境和市场准入机会。

《服务贸易总协定》规定，对于通过已确认的服务提供方式实现的市场准入，WTO各成员对任何其他成员的服务和服务提供者给予的待遇，不得低于其在具体承诺减让表中同意和列明的条款、限制和条件。各成员应针对减少或取消各种措施对服务贸易的不利影响定期进行连续回合的谈判，以此作为提供有效市场准入的手段，以期逐步实现更高的贸易自由化水平。此进程的进行应在互利基础上维护所有参与方的利益，并保证权利和义务的总体平衡，还应适当尊重各成员的政策目标及其总体和各部门的发展水平。个别发展中国家成员应有适当的灵活性，可开放较少的部门，放开较少类型的交易，以符合其发展状况的方式逐步扩大市场准入，并在允许境外服务提供者进入其市场时，对此类准入附加旨在实现允许的目标的条件。

三、透明度原则

透明度原则要求 WTO 成员公开披露其制定和实施的各项贸易措施（包括法律、法规、规章、政策及司法判决和行政裁决等）的签署、修改、增补或废除等情况，与其他成员签订的与 WTO 各协定、协议内容有关的双边和多边国际经济贸易条约或协定，应通知 WTO，并接受检查、监督。透明度原则贯穿于 WTO 的所有协定、协议之中，特别体现在《贸易政策审议机制》中，WTO 通过贸易政策审议机制定期审议各成员的贸易政策，以确保各成员政府和贸易商及时知晓相关政策。

1. 贸易措施的公布

公布有关贸易措施是 WTO 成员基本的义务。各项协定和协议要求 WTO 成员迅速公布有效实施的有关管理货物和服务贸易、保护知识产权等方面的法律、法规、行政规章、司法判决和政策措施等。而且，最迟应在生效前公布或公开，以确保其他成员和贸易商及时知晓，未公布则不得实施，未公布前也不得提前采取行动。此外，成员有义务应其他成员的要求提供相关信息和咨询。

《关税与贸易总协定》规定，WTO 成员有效实施的贸易条例都应迅速公布，以使各成员及贸易商知晓。成员政府或政府机构之间缔结的影响国际贸易政策的现行规定也必须公布。但不必公开那些妨碍法令贯彻执行，在其他方面有损于公共利益，对某些具体企业正当商业利益会造成损害的机密资料。

《服务贸易总协定》规定，除紧急情况外，世界贸易组织各成员都应迅速公布有关或影响本协定运用的所有普遍适用的措施，最迟在此类措施生效时必须公布。各成员签署的有关或影响服务贸易的国际协定也应予以公布。

《与贸易有关的知识产权协定》规定，WTO 成员有效实施的、有关本协定主题（知识产权的效力、范围、取得、实施和防止滥用）的法律和法规及普遍适用的司法终局裁决和行政裁定应以其官方语言公布，或以其他可公开获取的方式公布，以确保政府和权利持有人知晓。成员政府或政府机构之间实施的有关本协定主题的协定也应予以公布。

《技术性贸易壁垒协议》和《实施卫生与植物检疫措施协议》等协议还要求，WTO 成员在制定相关技术法规和合格评定程序时，如果这些法规和程序与现行的国际标准不一致，或者没有现行的国际标准，且会对国际贸易产生重大影响，则该成员应给予其他成员一段合理时间，以便其他成员就这些法规和程序草案提出意见。

2. 贸易措施的通知

乌拉圭回合《关于通知程序的部长级决定》规定了进行通知的一般性义务，要求 WTO 各成员必须定期或随时通知其相关法律法规的任何变化情况，并提供这些变化实施的详细情况。各成员应在最大限度内通报自己所采取的有关影响《关税与贸易总协定》实施的贸易措施，无论这种通知是否是WTO某一特定协议所要求的。WTO还允许成员将某些成员理应通知而没有通知的措施通知世界贸易组织，监督有关成员履行其通知义务，即"反向通知"。

《服务贸易总协定》规定，WTO各成员应迅速或至少每年一次向服务贸易理事会通报对本协定项下具体承诺所涵盖的服务贸易有重大影响的任何新的法律、法规、行政准则或现有法律、法规、行政准则的任何变更。

《与贸易有关的知识产权协定》规定，WTO各成员应将有效实施的、有关本协定主题的法律和法规通知与贸易有关的知识产权理事会，以便在理事会审议本协定运用情况时提供帮助。理事会应努力尝试将各成员履行这一义务的负担减少到最低程度，且如果与世界知识产权组织（WIPO）就建立法律和法规的共同登记处的磋商获得成功，则可决定豁免直接向理事会通知此类法律和法规的义务。

四、公平竞争原则

公平竞争原则要求WTO成员不得采取扭曲市场竞争的措施。WTO的许多协议旨在支持公平竞争，对于不公平的贸易行为，WTO允许使用关税，在少数情况下还允许使用其他保护措施，以创造和维护公开、公平、公正的市场环境。但反对滥用反倾销、反补贴和知识产权保护等行为。

公平竞争原则包含三个要点：一是公平竞争原则体现在货物贸易领域、服务贸易领域和与贸易有关的知识产权领域；二是公平竞争原则既涉及成员的政府行为，又涉及成员的企业行为；三是公平竞争原则要求成员维护产品、服务或服务提供者在本成员境内市场的公平竞争，不论其来自本成员领土或其他任何成员方。

《关税与贸易总协定》规定，WTO各成员应对其他成员输入货物的贸易给予公平合理的待遇。国营贸易企业在购买或销售时除适当注意本协定的其他规定外，应只以商业上的考虑（包括价格、质量、资源多少、推销难易、运输和其他购销条件）作为依据，并按照商业上的惯例为其他成员的国营贸易企业参与这种购买或销售提供充分的竞争机会。

货物贸易领域的许多具体协议，如《反倾销协议》《补贴与反补贴措施协议》《保障措施协议》《农业协议》等，都体现了公平竞争原则。WTO各成员不得采取不公平的贸易手段扭曲国际贸易竞争，尤其不能采取倾销和补贴的方式在其他成员市场销售产品，并禁止采取有关销售安排和自愿出口限制等"灰色区域"措施。其中《反倾销协议》和《补贴与反补贴措施协议》允许成员政府对倾销和补贴这两种不公平的竞争方式征收补偿性关税，即反倾销税和反补贴税。但对成员实施反倾销和反补贴措施规定了严格的条件和程序，如对同一成员的同一产品不得同时征收反倾销税和反补贴税，以防止成员出于保护境内产业的目的，滥用反倾销和反补贴措施。

《服务贸易总协定》规定，在已作出具体承诺的部门中，各成员应保证所有影响服务贸易的普遍适用的措施，以合理、客观和公正的方式实施；各成员应保证在其领土内的任何垄断服务提供者在有关市场提供垄断服务时，以其具体承诺的方式行事，不得滥用其垄断地位；在任何其他成员的请求下，各成员应进行磋商，以期取消可能会抑制竞争、限制服务贸易的商业惯例。

《与贸易有关的知识产权协定》规定，有关知识产权的实施程序应公平和公正。该协定的任何规定均不得阻止各成员在其立法中明确规定，在特定情况下可构成对知识产权的滥用，并对相关市场中的竞争产生不利影响的许可活动或条件。一成员在与本协定其他规定相一致的条件下，可按照该成员政府的有关法律法规，采取适当的措施以防止或控制此类活动，包括诸如排他性返授条件、阻止对许可效力质疑的条件和强制性一揽子许可等。

■ 五、给予发展中国家成员的差别优惠待遇原则

WTO中超过3/4的成员是发展中国家和正在转变为市场经济的国家，即过渡经济体。在乌拉圭回合持续7年半的时间里，超过60个的国家自主实施了贸易自由化计划，且比以往任何回合都更加积极和更具影响力，在多哈发展议程中更是如此。

WTO继承了关贸总协定有关给予发展中国家成员特殊和差别待遇的原则，高度重视发展问题，考虑到各成员的经济状况，尤其是发展中国家成员和最不发达国家成员履行义务的灵活性和经济的特殊需要，允许向发展中国家成员提供特别援助，规定了向它们提供贸易减让等优惠待遇的条款，并在WTO的相关协定、协议或条款中加以完善。这一原则突出表现为在发展中国家成员贸易自由化时间表上给予一定的灵活性，以使其逐步适应WTO的要求，同时规定发达国家成员对发展中国家成员要提供更多的各种经济、技术援助和优惠措施。

对发展中国家成员的优惠待遇包含《关税与贸易总协定》通过的授权条款、幼稚产业保护规定，以及乌拉圭回合各项协议给发展中国家成员的优惠待遇等。

1. 授权条款

授权条款是指WTO成员可给予发展中国家成员差别的和更为优惠的待遇，而无须按照最惠国待遇原则将这种待遇给予其他成员，也无须得到关贸总协定或WTO的批准。发达国家成员和发展中国家成员都可本着授权条款精神将一些优惠措施只向一些特定的国家成员（发展中国家成员或最不发达国家成员）提供，而不必向另外一些国家成员（发达国家成员）提供。授权条款适用于以下范围。

（1）普遍优惠制（generalized system of preferences，GSP），简称普惠制，是指发达国家成员对从发展中国家成员输入的产品，特别是制成品和半制成品，给予普遍的、非歧视的和非互惠的关税优惠待遇。所谓普遍的，是指发达国家成员应对发展

中国家成员出口的制成品和半制成品给予普遍的优惠待遇；所谓非歧视的，是指应使所有发展中国家成员都不受歧视、无例外地享受普惠制的待遇；所谓非互惠的，是指发达国家成员应单方面给予发展中国家成员关税优惠，而不要求发展中国家成员提供反向优惠。普遍优惠制的目标是扩大发展中国家成员对工业发达国家制成品和半制成品的出口，增加发展中国家成员的外汇收入，促进发展中国家成员的工业化，加速发展中国家成员的经济增长。

（2）在多边贸易谈判达成的有关非关税措施协议方面，给予发展中国家成员差别的和更加优惠的待遇。

（3）允许发展中国家成员之间区域性或全球性的优惠关税安排，而不适用于发达国家成员。

（4）对最不发达国家成员的特别待遇。

当受惠国或地区的某项产品或其经济发展到较高的程度，在世界市场上显示出较强的竞争力时，该项产品或全部产品享受关税优惠待遇的资格将被取消，也就是"毕业条款"。毕业条款按适用范围的不同，分为"产品毕业"和"国家毕业"。前者是指取消从受惠国或地区进口的部分产品的关税优惠待遇；后者是指取消从受惠国或地区进口的全部产品的关税优惠待遇，即取消其受惠国或地区的资格。

2. 幼稚产业保护规定

《关税与贸易总协定》允许WTO成员特别是发展中国家成员，为了加速建立一个新产业或为了保护刚建立不久、尚不具备竞争能力的产业，使其将来具有比较优势，能与境外同类产品进行竞争，而采取过渡性的进口限制措施。这些产业被称为幼稚产业。对于被确认的幼稚产业，可以采取提高关税、实行进口许可证、征收临时附加税、进口配额等方式加以保护。对幼稚产业实施保护应遵循三个基本原则：幼稚产业保护仅仅是一种暂时的、有一定期限的保护措施；受保护的产业必须是有明显发展前途的；如一成员对某一幼稚产业或新兴产业实施保护，该成员必须将保护实施情况通知WTO并请求其批准。

专栏 2-6

幼 稚 产 业

严格来讲，《关税与贸易总协定》中无条款提及"幼稚产业"的概念，只在第18条中提到"某一特定产业"。这里所指的建立特定产业范围包括如下内容。

（1）某一新兴产业。

（2）在现有产业中建立一项新的分支产品部门。

（3）对现有产业进行重大改造。

（4）对只能少量供应国内需要的现有产业进行重大扩建。

（5）因战争或自然灾害遭到破坏的工业重建。

在援引这一条款时，该成员必须提供符合下列条件的证据。

（1）其目的在于提高人民的一般生活水平。

（2）促进某一特定产业的加速建立。

（3）为上述目的必须提供"政府援助"。

（4）如采取其他规定的措施，并不能实现上述目的。

3. 乌拉圭回合各项协议给发展中国家成员的优惠待遇

（1）对发展中国家成员总体利益的承认。

（2）对发展中国家成员减轻义务或实行不同规则。允许发展中国家成员承担较低水平的义务；扩大市场准入，以增加发展中国家成员的贸易机会；要求发达国家成员对发展中国家成员承担义务，在采取国内或国际措施时保障发展中国家成员的利益；通过各种不同方式支持发展中国家成员，如帮助它们处理有关动植物健康标准的承诺，帮助它们增强境内电信部门的能力等。

（3）允许发展中国家成员在实施承诺方面有更多的时间或更长的过渡期。

（4）允许发展中国家成员在涉及争端解决以及贸易政策审议时享有某些程序上的灵活性和优惠待遇。

（5）给予发展中国家成员技术援助与法律帮助。

（6）设立专门机构研究发展中国家成员的发展问题。例如，贸易与发展委员会，最不发达国家小组委员会。

除了给予发展中国家成员差别优惠待遇，对于最不发达国家成员的发展问题，WTO也提供了类似的优惠待遇。《关于给予最不发达国家成员优惠措施的决定》规定，只要继续属于最不发达国家成员，在遵守规定的一般原则的情况下，仅需要作出与其各自发展、财政和贸易需要，或其行政和法规能力相一致程度的承诺和减让。在可能的程度上，乌拉圭回合一致同意的对最不发达国家成员有利的关于出口产品的关税与非关税措施的最惠国减让，可以提前或不分阶段地自动地得到贯彻执行。乌拉圭回合中各种协议和文件以及过渡性条款中所规定的规则，应当以对最不发达国家成员有利的灵活和有益的方式加以适用。对最不发达国家成员促进贸易及开发给予大量增加技术援助，以使其能够在市场准入自由化中得到最大的好处。

"原则中有例外，例外中有原则"是WTO各项协定、协议的突出特点。为了照顾不同类型成员的实际情况，WTO规定了种种例外和免责条款，使得以上基本原则在实施中具有灵活性。采取WTO的例外（安全例外除外）与免责措施有三个特点：一是批准程序严格；二是需要与有关成员磋商；三是应遵循非歧视原则。

第二节 WTO的例外与免责规定

纵观WTO各项协定、协议，不难发现WTO多边贸易规则的法律框架是由若干规则和相关例外所构成的，有关"例外"的条款及其文字比"规则"本身还多。所以，人们又把"例外规定"称为WTO的灵活适用原则。这是谈判妥协的结果，也是为了照顾不同类型成员的实际情况。

WTO的"例外"条款有的有明文规定，有的则无规定，而是体现在其原则精神和实践中，归纳起来可以分成五大类：基本原则的例外、一般例外、安全例外、发展中国家成员的例外以及免责规定等。每大类中又有若干例外，有些例外又是交叉的。因此，认真研究和掌握这些"例外"条款，用好用足这些"例外"条款，对作为发展中国家的中国而言尤为重要。

一、基本原则的例外

（一）最惠国待遇的例外

根据WTO多边贸易协议条款中的规定，成员之间在某些特定情况下不适用协议最惠国待遇条款，并附列了种种例外规定，WTO的最惠国待遇的例外条款使得其成员在一定的范围内合法地不给予某项关税减让义务，最为典型的例外条款有以下几种。

1. 边境贸易的例外

边境贸易是指对毗邻国家边境地区的居民和企业，在距边境线两边各15千米以内地带从事的小额贸易活动，在关税、海关通关手续上给予减免等优惠待遇，目的是方便边境两边的居民互通有无。《关税与贸易总协定》第24条第3款规定，本协定的各项规定不得阻止任何成员为便利边境贸易对毗邻国家给予的某种好处或减让等利益。最惠国待遇原则不适用于任何成员为便利边境贸易所提供的或将要提供的权利和优惠。

2. 关税同盟和自由贸易区的例外

《关税与贸易总协定》第24条第5款规定，成员之间在其领土范围内可以建立关税同盟或自由贸易区，但要求建立关税同盟和自由贸易区之后其成员之间的关税和非关税壁垒应低于建立前的水平；同时认为关税同盟和自由贸易区范围内的优惠措施仅限于其成员之间享受，不适用于来自区域集团外的产品和服务，即最惠国待遇原则例外。例如，欧盟、北美自由贸易区的成员之间在关税上的免税待遇，应作为WTO最惠国待遇的例外，而不适用于其他非关税同盟的WTO成员。

《服务贸易总协定》则有"经济一体化"的例外条款，与《关税与贸易总协定》第24条类似。

3. 服务贸易的一次性例外

《服务贸易总协定》规定，在该协定生效时，已在双边或几个国家之间签有服务贸易优惠协定的，可一次性列出豁免清单，作为最惠国待遇原则的例外，但一般要在10年内取消。

4. 知识产权领域的例外

成员给予任何其他国家的知识产权所有者或持有者的下述一些权利，对WTO成员可不适用最惠国待遇原则：在一般司法协助的国际协议中享有的权利；《与贸易有关的知识产权协定》第4条规定，在WTO成立前已生效的国际知识产权保护公约中规定的权利，即最惠国待遇方面的优惠、特权及豁免的例外规定不在当事成员义务范围内。

5. 对发展中国家成员的例外

WTO允许对发展中国家成员实行特殊和差别优惠待遇，《关税与贸易总协定》允许发展中国家成员相互间实行优惠待遇，而不将此优惠待遇给予发达国家成员，如普遍优惠制、"最佳努力"条款与授权条款。

（二）国民待遇的例外

1. 检验检疫

为维护公共道德，保障人类或动植物的生命和健康，对进口产品实施有别于本成员境内产品的待遇，如产品检验、检疫等。

2. 政府采购

政府采购，即所购货物供政府使用，未签订加入《政府采购协议》的成员政府，在为自用或为公共目的采购货物时，可优先购买本成员境内产品。

3. 只给予某种产品的国内生产者的补贴

符合《补贴与反补贴措施协议》和《农业协议》规定的只给予某种产品的境内生产者补贴。发展中国家成员被允许有一定的过渡期，如发展中国家成员提供的以使用境内产品为条件的补贴，自1995年起，最不发达国家成员可将此项补贴保留8年，其他发展中国家成员可保留5年。

4. 有关电影片的境内放映数量规定

成员可要求本成员境内电影院只能放映特定数量的境外影片。

5. 服务贸易

《服务贸易总协定》规定，对于未作出承诺的服务部门，则无须实施国民待遇原则；即使在已经作出承诺的部门，也允许对国民待遇采取某些限制。

6. 知识产权

在《与贸易有关的知识产权协定》中未做规定的有关表演者、录音录像制品作者和广播组织的权利可不适用国民待遇。

（三）开放市场原则的例外

（1）《服务贸易总协定》的市场准入例外是指，如果成员认为境内的服务贸易的某些部门尚无竞争能力，即列入幼稚产业，而不对外开放。

（2）实施数量限制例外。在特殊情况下，成员可以实行数量限制，但WTO要求其成员在实施数量限制时，同时做到"非歧视性"，即"除非对所有第三方的相同产品的输入或对相同产品向所有第三方的输出同样予以禁止或限制"，否则不得进行数量限制。

（四）公平竞争原则的例外

当进口成员面临某产品进口数量急剧增加，对该成员相同产品或与它直接竞争的产品的境内生产者造成严重损害或有严重损害的威胁时，受损害的成员可采取进口限制的保障措施，以保护境内市场或境内产业。

（五）透明度原则的例外

不要求成员公布那些会妨碍法令的贯彻执行、会违反公共利益、会损害某一企业的正当商业利益的机密材料，将其作为透明度原则的例外。例如，《农业协议》规定了特殊保障条款，《纺织品与服装协议》也规定了过渡性保障条款。

二、一般例外

（一）货物贸易领域的一般例外

《关税与贸易总协定》第20条具体规定了可以免除成员义务的10种一般例外措施，具体内容如下。

（1）为维护公共道德所必需的措施。
（2）为保障人类和动植物的生命或健康所必需的措施。
（3）与黄金或白银进出口有关的措施。
（4）为保障与本协定不相抵触的法律、法规实施所必需的措施，包括与海关执法、有关垄断、保护知识产权以及防止欺诈行为的有关措施。
（5）有关监狱囚犯生产的产品有关的措施。
（6）对具有艺术、历史或考古价值的文物采取的保护措施。
（7）对可能枯竭的天然资源采取保护措施。
（8）为履行政府间产品协定项下而实施的措施，但该措施应与其他成员无异议。
（9）国内原料价格被压低到低于国际市场价格水平时，为保证国内加工工业对这些原料的基本需要，可以限制这些原料出口。
（10）在普遍或局部供应短缺的情况下，为获取或分配产品所必需的措施。

（二）服务贸易领域的一般例外

《服务贸易总协定》第14条规定，成员在不对其他成员构成歧视，或不对服务贸易变相限制的情况下，可以实施5种一般例外措施。

（1）为维护公共道德或公共秩序所必需的措施。
（2）为保障人类和动植物的生命和健康所必需的措施。
（3）为保障与本协定不相抵触的法律、法规实施所必需的措施：防止欺骗和欺诈行为或处理服务合同违约而产生的影响，保护与个人信息处理和传播有关个人隐私及保护个人记录和账户的机密性、安全。
（4）只要待遇方面的差别旨在保证对其他成员的服务或服务提供者平等和有效地课税或征收直接税。
（5）只要待遇方面的差别是约束该成员避免双重征税的协定或其他国际协定，或是遵循避免双重征税的规定的结果。

（三）知识产权领域的一般例外

《与贸易有关的知识产权协定》也有类似规定，如第21条"许可与转让"。成员如采取一般例外措施，则可不受WTO规则及该成员承诺的约束，但应遵守非歧视原则。成员援用一般例外条款采取有关措施的依据是国内法和国际公约。但是，一般例外的某些规定又成为某些成员利用贸易保护措施的趋势，如保护人类或动植物的生命和健康、环境保护等，成为绿色壁垒。

三、安全例外

WTO的安全例外规定，允许成员在战争、外交关系恶化等紧急情况下，为保护国家安全利益采取必要的行动，对其他相关成员不履行WTO规定的义务。

《关税与贸易总协定》第21条"安全例外"规定，本协定任何规定不得解释为以下内容。

（1）为了保护国家基本安全利益不能公布的信息。

（2）为保护国家安全利益采取必要的行动：裂变材料或提炼裂变材料的原料；与武器、弹药和作战物资的贸易有关的行动；在战时或国际关系的其他紧急情况下采取的行动。

（3）维护国际和平与安全的义务而采取的行动。

即在上述情况下，可以采取贸易限制措施，如限制对特定成员的进出口产品、贸易禁运、限制其他成员的进出口，以及解除与其他成员的权利和义务关系。

《服务贸易总协定》第14条和《与贸易有关的知识产权协定》第73条均有此类规定。

四、免责规定

WTO协定和协议中有关免责的规定，包括紧急限制进口措施、保护幼稚产业措施、国际收支限制措施、有关承诺的修改或撤回、义务豁免。

（一）紧急限制进口措施

紧急限制进口措施又称保障措施，WTO成员在符合规定的紧急情况下，可暂停实施对有关进口产品作出的关税和其他承诺，即免去承诺的职责与义务（详见第九章）。

（二）保护幼稚产业措施

保护幼稚产业措施源自《关税与贸易总协定》第18条规定，允许成员为促进建立某一特定产业而背离其承诺，可修改或撤回业已承诺的某些关税减让项目，实施关税保护和数量限制的措施。此措施主要适用于发展中国家成员。

（三）国际收支限制措施

《关税与贸易总协定》和《服务贸易总协定》均在第12条规定，成员在国际收支发生严重困难时，可以限制进口产品的数量或价值，在已实施的具体承担义务的贸易中实行或维持限制，但必须经国际货币基金组织的证实和WTO的审查，实施时应对所有成员无歧视地进行，并在国际收支改善后取消，公布其取消限制的时间表。在实施数量限制时，优先采用对贸易破坏作用最小的"从价措施"（包括进口附加税、进口保证金要求及其他对产品进口价格有重大影响的措施）以力求避免实施新的数量限制；进口限制不能超过通常国际收支状况必需的水平；只有在不可避免时，才可以使用非自动许可证，但也要逐步取消。

WTO允许成员因国际收支困难而中止关税减让和其他承诺。对发展中国家成员的规定是《关税与贸易总协定》第18条，对发达国家成员的规定是《关税与贸易总协定》第12条。两者的区别是，对发展中国家成员程序较简便，适用条件较宽松。《服务贸易总协定》也允许成员在国际收支发生严重困难时，对已承诺开放的某服务贸易部门采取限制措施，或对与该服务贸易有关的支付或转移实施限制。

实施国际收支限制措施的成员必须向WTO递交书面报告，说明国际收支困难的情况、限制方法、限制影响及逐步放宽限制的计划。

（四）有关承诺的修改或撤回

WTO允许成员在某些特殊情况下可援引《关税与贸易总协定》的"免责条款"，撤回其已作出的关税减让。例如，有关产品的大量进口及进口的条件会使该进口成员的境内工业遭到严重损害，该进口成员即可修改或撤回原先已作出的关税减让。

《关税与贸易总协定》第28条规定，每隔3年（在特殊情况下，也可随时进行），成员可就修改或撤回业已作出的进口产品关税减让承诺进行谈判，并须与受影响的成员达成协议；如达不成协议，仍可修改或撤回关税减让，但受影响的成员有权在6个月内对等撤回关税减让。《服务贸易总协定》对成员修改撤回承诺义务也有规定，实体规则和程序与《关税与贸易总协定》类似。

根据争端解决程序，若裁定某成员的行为导致另一成员享有的利益受到减损甚至丧失，经争端解决机构授权，另一成员可以暂停对该成员所做的减让。

（五）义务豁免

成员可以根据豁免条款，申请免除某项或某些义务。申请豁免必须说明义务豁免要达到的目标、采取的措施，以及采取符合WTO规定的措施仍不能达到目的的原因。豁免义务申请要经部长级会议批准。成员在获准豁免后，应与受影响的成员磋商，以弥补豁免对其他成员造成的损失。如果磋商不能达成一致，则受影响的成员可诉诸争端解决程序。

采取WTO的例外（安全例外除外）与免责措施有三个特点：一是批准程序严格；二是需要与有关成员磋商；三是应遵循非歧视原则。

第三节　当前国际贸易争端发展现状

一、WTO基本原则与国际贸易争端概览

绝大部分国际贸易争端都涉及WTO基本原则。非歧视原则主要涉及最惠国待遇和国民待遇的违反。例如，当一成员给予某一成员的贸易优惠未给予其他所有成员，或者境外产品和服务在进口成员境内市场未能享受与本成员境内产品和服务同等的待遇时，就可能产生非歧视原则争端。

开放市场原则主要涉及市场准入和关税减让的违反。例如，当一成员设置过高的关税或非关税壁垒，阻止境外产品和服务进入其市场时，就可能产生开放市场原则争端。

透明度原则主要涉及贸易政策、法规和行政决定的公开和通知。例如，当一成员未能及时公开其贸易政策、法规或行政决定，或者未能向WTO上报其贸易政策、法规或行政决定的变更时，就可能产生透明度原则争端。

公平竞争原则主要涉及反不正当竞争、反补贴和反倾销等方面。例如，当一成员企业以低于成本的价格在另一成员境内市场销售产品，或者一成员政府给予其企业以不公平的补贴时，就可能产生公平竞争原则争端。

给予发展中国家成员的差别优惠待遇原则争端主要涉及国际贸易中发展中国家与发达国家之间的不公平待遇和优惠措施的不透明性。例如，当发达国家未能充分考虑到发展中国家的实际情况和发展水平，在贸易政策、法规和行政决定中未能给予发展中国家应有的差别优惠待遇时，就可能产生发展中国家差别优惠待遇原则争端。

二、国际贸易争端发展的特点

当前国际贸易争端的发展呈现出一些明显的趋势和特点。随着全球经济的不确定性和国内政治经济压力的增加，单边主义和保护主义的倾向在一些国家中愈发显著。这些国家通过提高关税、设置非关税壁垒等手段来限制境外产品和服务的流入，这不仅违背了WTO的非歧视原则和市场开放原则，也对其国内经济造成了冲击，如失业率的上升，同时也加剧了国际贸易争端的激烈程度。

非关税壁垒成为国际贸易争端的新焦点，一些国家开始滥用反倾销、反补贴和保障措施等工具来扰乱国际贸易秩序，同时技术壁垒和绿色壁垒的出现也对进口产品施加了种种限制，以保护本国经济。这些行为不仅违背了WTO的开放市场原则和公平竞争原则，而且在一定程度上也忽视了对发展中国家成员应给予的特殊和差别待遇。

随着贸易结构的演变，国际贸易争端的领域也在不断扩大，从传统的货物贸易延伸到服务贸易、知识产权和投资等更多领域，贸易摩擦的发生也变得更加频繁。解决国际贸易争端的过程同样充满挑战。争端解决机制的复杂性以及一些国家的贸易保护主义政策使得许多争端难以得到有效解决。某些国家甚至绕过WTO的争端解决机制，直接采取报复性措施，这不仅损害了国际贸易秩序和稳定性，也削弱了WTO在全球贸易治理中的权威和效力。

在这种背景下，多边贸易体系面临着前所未有的挑战。随着全球贸易争端的增多，一些国家开始对多边贸易体系的有效性和公平性提出怀疑，并寻求通过双边或区域贸易协定来保护自身利益。这种趋势可能会削弱多边贸易体系的地位，加剧全球贸易的分裂和碎片化，对全球经济一体化构成威胁。

专栏 2-7

美国"301调查"与贸易保护主义：中国海事、物流和造船业的新挑战

美国贸易代表办公室对中国海事、物流和造船业发起了新一轮的"301调查"，并计划在2024年5月29日至31日举行听证会。此举引发了国内外的广泛关注和争议，许多美国企业和国际机构表达了对进一步加征中国产品关税的担忧。

美国贸易代表办公室在2024年4月宣布对中国海事、物流和造船业进行"301调查"，并在5月14日宣布对包括电动汽车、锂电池、光伏电池和关键矿产在内的中国产品加征关税，涉及金额约180亿美元。这一决定已经遭到了包括美国国内企业和国际组织在内的广泛反对。

在5月29日举行的听证会前，美国贸易代表办公室收到了众多留言意见，主要来自美国小企业主和国际船运机构，他们普遍不赞成对华相关产品加征关税。国际航运公会和美国商会均表示，加征关税将损害美国竞争力，增加消费者成本，对美国生产商和消费者造成严重影响。

"301调查"是美国依据《1974年贸易法》采取的一种单边主义法律手段，历史上曾多次被用来对中国等国家进行贸易制裁。"301调查"通常以美国利益为评判标准，对其他被认为贸易做法"不合理""不公平"的国家进行报复。根据这项条款，美国可以对它认为是"不公平"的其他国家的贸易做法进行调查，并可与有关国家政府协商，最后由总统决定采取提高关税、限制进口、停止有关协定等报复措施。

国际货币基金组织对美国加征中国产品关税的行为提出批评，并警告

这可能对全球贸易和经济增长构成威胁。在全球经济复苏的关键时期，美国的单边行动可能会对国际贸易环境产生负面影响。

资料来源：央视网.301调查，美国惯用的贸易保护主义工具[EB/OL].[2024-12-19]. https：//news. cctv. com/2024/05/31/ARTIKTWBVlHDbh0cSo-qyyd4d 240531.shtml，有改动，部分节选。

专栏 2-8

WTO上诉机构停摆

2019年12月11日起，由于美国对新法官的遴选持续阻挠，WTO上诉机构因法官人数不足而陷入停摆状态。这一情况导致正在进行中的贸易争端无法得到有效的终审裁决，对全球贸易争端解决机制产生了重大影响。

美国对上诉机构的不满主要源于其认为上诉机构存在"越权"和"漠视"WTO规则等问题，并且美国在WTO中被诉次数最多，败诉率约为90%。美国驻WTO大使Dennis Shea曾明确表示，美国阻挠法官遴选的原因是其他成员未能解决美方的关切问题。

尽管面临停摆危机，WTO争端解决机制并未完全终结。原WTO总干事阿泽维多表示，成员们将继续通过磋商、专家组报告来解决贸易争端，并采用其他方式如上诉仲裁等来解决复审相关问题。

然而，美国在WTO会议上第61次拒绝了启动上诉机构法官遴选程序的提议，坚持认为需要进行根本性改革以确保WTO争端解决机制的良好运作。这表明，尽管有成员提出解决方案，但WTO上诉机构的停摆问题仍然存在，需要成员之间进一步的协商和合作来解决。

资料来源：第一财经.独家 | WTO上诉机构2024年能否全面运作？欧盟这样说[EB/OL].[2024-12-15].https：//baijiahao.baidu.com/s?id=1752795449814965041&wfr=spider&for=pc，部分节选，有改动。

随着全球贸易格局的不断演变，国际贸易争端日益复杂和多样，WTO争端解决机制面临着前所未有的挑战和机遇。为了维护全球贸易秩序的稳定和促进贸易自由化进程，各国需要进一步加强合作与沟通，共同完善WTO争端解决机制，推动全球贸易的公平、透明和可持续发展。

第四节 案例精解一：中国香港诉美国原产地标识要求（DS597）

一、案件引入

申诉方：中国香港。

被申诉方：美国。

第三方：巴西、加拿大、中国、欧盟、印度、日本、韩国、挪威、俄罗斯、新加坡、瑞士、土耳其、乌克兰。

美国海关和边境保护局于2020年8月11日发布联邦公报通知，规定进口的"在香港生产的产品……不再可以标示为'香港'作为其产地，而必须标示为'中国'"，中国香港认为这使得来自中国香港的产品受到了差别待遇。该举措是基于时任美国总统唐纳德·特朗普于2020年7月14日签署的《香港正常化总统行政命令》。这项行政命令暂停了1992年《美国-中国香港政策法案》第201（a）节的适用，即美国政府必须将中国香港视为与中国分开的经贸实体，为中国香港提供与其在1997年以前享有的相同待遇。

2020年10月30日，中国香港要求就适用于其生产货物的原产地标识措施与美国进行磋商。2020年11月9日，美国加入磋商。2021年1月14日，中国香港请求设立专家组。2021年1月25日，争端解决机构（DSB）宣布推迟成立专家组。2021年2月22日，专家组成立。2021年4月19日，中国香港申请总干事组成专家组。2021年4月19日，应中国香港请求，组成了专家组。2021年12月21日，专家组报告发布。2023年1月26日，美国提出上诉。因上诉机构僵局，至2023年7月，本案仍处于上诉阶段。

二、专家组的分析和结论

1. GATT 1994、《原产地规则协议》与TBT协议的审查顺序

中国香港提出的诉求，涉及《原产地规则协议》第2（d）条、TBT协议第2.1条、GATT 1994第Ⅰ：1条和第Ⅸ：1条所规定的最惠国待遇原则。争议双方首先就专家组的分析顺序产生了分歧。中国香港要求专家组首先审查其根据《原产地规则协议》和TBT协议提出的申诉，然后再视需要审查其根据GATT 1994条款提出的索赔。其理由为：相比于GATT 1994，《原产地规则协议》与TBT协议是与本案有关的更详细、更专门的协定。而美国认为专家组可以依照其认为合适的顺序自由审议，但只应关注美国对GATT 1994第21（b）款的援引。

专家组认为，由于这些条款中没有发现任何提示表明需要遵循强制的分析顺序，因此分析顺序由专家组依照自己的判断裁量决定。在审查双方主张后，专家组认为：本案双方同意，争议措施是一项原产地标识要求，但在原产地标识要求是否构成规则原产地的问题上存在分歧。而这类分歧只能在与适用于原产地规则的有关索赔相结合的情况下得到解决。GATT 1994第Ⅸ：1条中专门涉及原产地标识要求，与本案的需求一致。相比之下，TBT协议、《原产地规则协议》则适用于更广泛的措施类别。此外，针对中国香港提出的关于三项协议中非歧视（尤其是最惠国待遇）规定的主张，专家组认为这些主张在三个协议中都有类似的体现。因此，专家组认为从中国香港根据GATT 1994第Ⅸ：1条提出的索赔开始进行分析是合适的。

2. GATT 1994第21条（b）款的"例外"是否赋予援引方自由裁量权

美国声称在GATT 1994第21条（b）款的分析框架下，援引方的行动不可由专家组进行复审，该条款赋予条款援引方完全的自由裁量权。参考"俄罗斯-过境运输"案，中国香港认为GATT 1994第21（b）款仅具有部分自由裁量权，且需要援引方论证基本安全利益与所涉争议具有合理联系。

GATT 1994第21条（b）款可以分为前言（"阻止……行动"）与三个分段。中国香港与美国一致同意前言中的"which it considers"是说明该条款具有自由裁量权的依据，但就该短语所指代的对象的问题上存在分歧。此分歧是决定该条款是否具有自由裁量权的重要依据：若"which it considers"指代前言中的行动，则各分段中所描述的行为在语法上不应受到前言的约束，即分段中所描述的行为不应是自我判断，而应由专家组根据客观审查来决定。美国认为该条款赋予援引方以完全的自由裁量权，"which it considers"应对应前言中的"基本安全利益"；中国香港认为该条款具有部分自由裁量权，"which it considers"应该对应前言中的"行动"。专家组从字面意义的角度驳回了美国的说法，指出"which it considers"应该对应前言中的"行动"。第一，从语法的角度，如果"which it considers"对应前言的"基本安全利益"，基本安全利益就变成了分段短语的先行词，这与第（ⅲ）段的阅读习惯相冲突。第二，专家组在对GATT 1994英文版、法文版和西班牙文版进行横向对比后，指出三个版本中"which it considers"的结构与基本含义一致，因此美国提出的在三个版本中相互调和的解释是不必要的。综上所述，美国提出的说法无法在相关协定中找到文本支持，没有必要根据条约的背景、目标和宗旨来进行检验。综上所述，GATT 1994第21条（b）款并非具备完全的自由裁量权，专家组对于该条款仍具有审查权。

3. 原产地标识要求是否与GATT 1994第9条第1款不一致

本案涉及的GATT 1994的主要原则为最惠国待遇。根据上述协定，专家组需要就原产地标识要求评估以下三个问题：第一，该要求是否属于GATT 1994第9条第1款的范畴；第二，与任何第三方的产品相比，中国香港的产品是否相似；第三，给予中国香港产品的待遇是否不如给予任何第三方同类产品的待遇。

首先，对于原产地标识规定的使用条件，中国香港认为：美国提出的"充分自治"条件仅适用于中国香港而不适用于其他国家和地区，使得来自中国香港的产品受到低于第三方的待遇，因为美国所规定的原产地标识要求可能使得货物没有标明其原产地的英文全称。而美国则认为中国香港无法证实新增原产地要求会使中国香港的产品受到不一致的对待。在此分析框架下，为了证实原产地标识规定与GATT 1994中的第9条第1款的一致性问题，专家组将主要关注：来自中国香港的产品是否受到了不公正的待遇；可能存在的不公正待遇是否损害了其产品的竞争条件。

其次，专家组讨论了原产地确认方面是否存在差别待遇。专家组认为确定产品的原产地与利用此原产地确定的贸易政策工具是不同的，不应混淆在一起。换句话说，特定国家被确定为标识目的的原产地与在进口产品上使用原产地标识的要求是不同的。原产地的确定是成员原产地标识的应用结果，导致"得出货物被视为起源于哪个国家的结论"，并且基于此，"指定因其起源国而将对该货物施加哪种待遇"。为了进行原产地标识，美国将产品的原产地视为该产品的制造、生产、种植或实质转变的国家。美国认同中国香港产品的原产地是中国香港的判断，但由于美国作出"中国香港已不再具有足够自治，不再能够在某些美国法律和相关规定下享受相对于中华人民共和国的差别待遇"的评估，并指出"当前政策中对香港的提及可能会误导终端购买者，使其对产品的实际原产地产生误解，因此不符合美国法典第19编第130节的目的"。基于此，专家组同意美国的观点，即为了确认产品是否为"中国香港"或"中国"的产品，它应用了与确定任何来源的产品的原产地相同的分析。

再次，专家组继续审查中国香港提出的第二个论点，即中国香港的产品在指示其原产地所需的术语方面受到了差别待遇。美国认为：其对中国香港产品的处理与其对任何其他国家产品的处理是一致的。这一论点的依据是，标识名称使用"中国"符合美国对所有进口产品的一般要求，因为香港是中华人民共和国的一部分。同时，中国香港强调，中国香港是有别于中国的独立WTO成员，来自中国香港的产品必须使用另一个WTO成员的名称，因此这是不合理的。对于这些观点，专家组认为美国对来自中国香港的产品实施了不同的标识要求，使其使用与实际原产地不同的原产地标识，而美国对待来自其他国家的产品时，保证了原产地标识与实际原产地一致。因此，在术语方面，来自中国香港的产品确实受到了差别待遇。

最后，专家组审查了可能存在的不公正待遇是否损害了其产品的竞争条件。美国辩称，中国香港没有提交有关在美国市场上使用"中国香港"原产地标识的价值，也无法将其与其他影响区分开来。而中国香港则坚持，基于措施的设计、结构和预期运作，可以更一般地证明存在不利影响。专家组认为美国所实行的原产地标识规定迫使中国香港的产品在美国市场上以标明不同原产地（中国）而非实际原产地（中国香港）的标签进行竞争。这使中国香港的产品处于不利地位，因为它们被剥夺了以自己的名字参与竞争的机会。这可能会影响品牌价值，增加出口成本，并在监

笔记

管待遇方面造成混乱。对不利待遇的评估必须基于对有关措施的设计、结构和预期运作的审查。根据该措施的设计、结构和预期运作，中国香港已证明原产地标识要求对其产品在美国市场的竞争机会产生了不利影响。该要求改变了竞争条件，不利于中国香港的产品。

综上所述，美国对中国香港的产品与美国对其他第三方类似产品的处理不同，这改变了中国香港的产品在美国市场上的竞争条件，对其造成了不利影响。因此，美国适用于中国香港产品的原产地标识要求不符合GATT 1994第9条第1款。

4. 在GATT 1994第21条（b）款（iii）项下，原产地标识要求是否合理

专家组结合GATT协定第21条（b）款（iii）项进行审查的核心问题：中国香港与美国的关系是否达到了协定中所提到的"国际关系紧急情况"。美国援引了上述协定，并认为可以将适用于中国香港的原产地标识要求视作国际关系紧急情况下的特殊情况，因此其行动在GATT 1994第21条下是合理的。专家组驳回了这种观点，并作出裁决：美国所指出的情况并不满足在GATT 1994第21条（b）款（iii）项下构成国际关系紧急情况所需的程度。

首先，在实施有关措施前后，中国香港与美国之间的贸易没有发生显著变化，双方在许多其他领域继续合作。其次，对比于"俄罗斯–过境运输"案争议方之间关系的重大破裂，并没有明显证据显示美国对中国香港的产品进行制裁，两个案件中的"紧急情况"不具有相似之处。最后，并没有证据显示美国已经切断了与中国香港的外交、领事或经济关系。总而言之，受争议的事项尚未升级到构成国际关系紧急情况所需的重要程度，无法在GATT 1994第21条（b）款（iii）项中得到合理化解释。

三、案件评述

本案的核心问题在于对GATT 1994第21条（b）款的解释，即该条款是否赋予援引方自由裁量权。解决这一问题的关键在于（b）款的文本措辞"which it considers"是否与前言中的"行动"对应。在专家组的裁决中，GATT 1994第21条（b）款并非具备完全的自由裁量权，专家组对该条款仍具有审查权。因此，尽管（b）款给予了援引方某种程度的裁量权，但这种权利并非无限制的，对安全例外条款的援引应当遵循审慎原则。有限的自由裁量权要求援引方在采取任何行动之前必须合理考虑，并在符合相关法律和国际贸易规则的前提下作出决策。这表明，安全例外条款自身的模糊性可能引起滥用，同时也能满足国家安全与时代发展的变通性和需求性。

GATT 1994中的安全例外条款允许成员在特定情况下违背WTO的有关原则以保护国家安全。其核心原则是尊重国家主权和成员保护自身权益的权利。本案对安全例外条款的裁决对进一步界定GATT 1994第21条（b）款的适用范围以及援引方的权

利和责任有着重要的影响。面对不断发展变化的国际贸易形势,善用安全例外条款为我国贸易规则和程序提供合法性依据,重视安全例外条款应当发挥的平衡作用,是维护我国贸易环境安全和贸易健康发展的题中之义。

案例思考

1. 如何理解最惠国待遇原则在WTO中的作用及其对成员贸易政策的影响?
2. 分析美国对中国香港原产地标识要求变化的法律依据,讨论专家组在分析顺序上的决定对于案件结果的重要性。
3. 根据GATT 1994第21条(b)款,如何界定成员在援引安全例外时的自由裁量权?

数字资源2-1
相关协议条款

第五节 案例精解二:欧盟诉印度尼西亚与原材料有关的措施(DS592)

一、案件引入

申诉方:欧盟。

被申诉方:印度尼西亚。

第三方:巴西、加拿大、中国、日本、韩国、印度、俄罗斯、沙特阿拉伯、新加坡、中国台北、土耳其、乌克兰、阿联酋。

自2014年1月以来,印度尼西亚陆续实施措施禁止或限制镍矿出口,这些禁令通过MEMR Regulation No. 11/2019和MOT Regulation No. 96/2019得以实施,其中MEMR Regulation No. 11/2019使得对低质量镍矿的豁免被完全取消,印度尼西亚的镍矿出口被全面禁止。印度尼西亚的出口限制措施,涉及包括钢铁、化学、冶金等在内的多个产业,引发了欧盟的不满。欧盟方面认为,印度尼西亚对镍矿出口的相关禁令及要求在国内加工的措施不正当,非法地限制了欧盟获取不锈钢生产所需的原材料,并扭曲了全球矿石市场价格。

2019年11月22日,欧盟要求就印度尼西亚对不锈钢生产所涉及的原材料采取的措施与其进行磋商。2011年1月9日,欧盟要求成立专家组。2012年1月20日,专家组成立。2012年12月19日,专家组报告发布。2013年2月5日,加拿大通知DSB,其决定对专家组报告中涉及的某些法律问题的法律解释提起上诉,向上诉机构提起上诉。2013年2月11日,欧盟通知DSB,其决定提起上诉。2013年6月20日,加拿大申请合理的解决期限。2014年3月24日,欧盟和加拿大通知DSB,其双方已经根据《关于争端解决规则与程序的谅解》(DSU)第21条和第22条达成了一致程序。

二、专家组的分析和结论

1. 欧盟的主张是否违反了DSU第4.4条和第6.2条

印度尼西亚认为MEMR Regulation No. 7/2012、11/2012、20/2013、1/2014和MOT Regulation No. 96/2019不在专家组的职权范围内,因为在磋商阶段这些法规未被提及。同时,印度尼西亚认为由于欧盟在首次书面提交中提到的Law No. 3/2020和MEMR Regulation No. 7/2020未出现在2019年的磋商请求和2021年的建立专家组的请求中,其同样不在专家组的职权范围内。根据DSU第4.4条和第6.2条的规定,申诉方必须在磋商请求和建立专家组的请求中明确标识争议中的措施,并且要求这些措施需要经过磋商。根据印度尼西亚的观点:上述法规未经磋商、不曾在建立专家组的请求中被提及,若将其视为专家组职权范围内的法规,可能会扩大争端的范围并改变争端的性质。此外,印度尼西亚还主张MEMR Regulation No. 11/2019与本案的核心问题并无直接关联,因此不应纳入争端解决程序之中。

欧盟对上述法规的适用性问题进行了一一回应。首先,欧盟认为:尽管MEMR Regulation No. 7/2020没有列在磋商或建立专家组的请求中,但由于其序言旨在调整MEMR Regulation No. 11/2018并实施Law No. 4/2009,它仍在专家组管辖范围之内。其次,欧盟认为MEMR Regulation No. 11/2019、MOT Regulation No. 96/2019以及MEMR Regulation No. 7/2020与出口许可证制度之间存在很强的关联,属于争议事项的一部分,因此应该被专家组审查。再次,欧盟主张MEMR Regulation No. 7/2012、11/2012、20/2013和1/2014是与出口禁令相关的法规,而且这些法规在磋商和建立专家组的请求中未被排除,根据不排除性原则,它们应该在专家组的审查范围内。最后,欧盟表示其只寻求就出口禁令作出判决,对包括2014年以前的法规的提及仅是为了提供了解当前法律工具的正确框架。

专家组首先对DSU第4.4和第6.2条规定进行探讨。专家组强调申诉方可以通过引用特定法律工具的名称和编号来明确标识有关措施,也可以通过提供措施性质的叙述性描述以便专家组和被诉方可以辨认出该措施。特别是参考了DSU第3.3条①后,专家组确认相关措施的概念不能等同于特定的法律工具。此外,专家组指出:只要不损害被诉方的正当程序权利,随着上诉方通过磋商程序了解更多情况,被诉方更新或改变措施以致争端内容发生改变的情况是允许存在的。对于印度尼西亚提到的附加法规和MOT Regulation No. 96/2019与MEMR Regulation No.11/2019,由于欧盟并未就这些法规寻求裁决,因此专家组认为没有必要针对它们是否被包括在专家组职权范围内作出具体裁决;对于MEMR Regulation No. 7/2020,专家组认为该法规的内

---

① DSU第3.3条规定:专家组应就其面前的事项作出客观评估,包括对案件事实以及与相关协定的适用性和一致性的客观评估,并作出其他有助于争端解决机构根据相关协定提出建议或作出裁定的发现。

容被磋商阶段以及成立专家组的请求中"国内加工要求"的叙述性描述所覆盖，因此其属于专家组的职权范围。

2. 印度尼西亚的出口禁令和国内加工和精炼要求（DPR）是否违反了 GATT 1994第Ⅺ：1条

欧盟认为MEMR Regulation No. 11/2019和MOT Regulation No. 96/2019的具体措辞清楚明确地禁止镍矿出口，因此构成了GATT 1994第Ⅺ：1条的出口禁令。针对欧盟的控诉，印度尼西亚认为：一是，欧盟未能建立DPR与GATT 1994第Ⅺ：1条不一致的初步证据；二是，有关措施构成了临时性出口禁令或限制，目的是防止或缓解印度尼西亚境内对某种至关重要的产品的严重短缺，这符合GATT 1994第Ⅺ：2（a）条的规定；三是，如果专家组认定有关措施不属于GATT 1994第Ⅺ：2（a）条的范围，且与GATT 1994第Ⅺ：1条不一致，那么这些措施在GATT 1994第ⅩⅩ条（d）款的规定下是合理的。

印度尼西亚的辩词首先对GATT 1994第Ⅺ：1条的适用性问题予以质疑。印度尼西亚声称GATT 1994仅适用于边境措施，而国内加工和精炼要求（DPR）是国内措施，因此它不属于GATT 1994第Ⅺ：1条的范围。对此，专家组注意到在GATT 1994的文本中并没有出现"边境措施"这个术语。尽管成员、专家组和上诉机构使用内部和边境措施的术语来区分、确定GATT 1994基本义务的措施类型，在过去的实践中并没有严格要求区分边境措施和内部措施的概念，且这两个概念之间被允许有一定的重叠。具体措施是否适用于边境措施还是内部措施，应根据具体情况和措施的性质进行判断和解释。首先，专家组阐明了GATT 1994第Ⅺ：1条的性质和目的，指出其是一项禁止实施数量限制的条款，其目的在于确保贸易自由化和公平竞争而非解决成员之间的非歧视问题。在GATT 1994第Ⅺ：1条的原文文本中，在提到出口时增加了附加条款"or sale for export"，其使用"or"表明出口和为出口而销售这两个概念不能相互混淆。而出口销售往往是在出口成员的领土内进行，因此如果按照印度尼西亚的逻辑认为GATT 1994第Ⅺ：1条仅适用于管制边境措施，那么原文中的"or sale for export"则失去了意义。综上所述，印度尼西亚适用边境措施与内部措施来反驳GATT 1994的适用性问题显然是不成立的。印度尼西亚承认DPR与镍矿石有关，未经加工的原始镍矿石不得出口销售；同时认为DPR不是出口镍矿石的先决条件。专家组认为这种说法自相矛盾。本质上DPR是GATT 1994年第Ⅺ：1条所述的销售出口措施，应该受到该条款规定义务的约束。

印度尼西亚在反驳欧盟阐述的DPR与GATT 1994第Ⅺ：1条不一致的证明时，指出在印度尼西亚出口禁令解除且DPR仍然有效的时期，镍矿石出口量有所增加，试图以此证明DPR本身并没有对出口产生限制效果。但专家组经过审查发现：相关时期出口禁令的放宽仅涉及低品位矿石，而对高品位矿石的出口禁令仍然存在，因此没有证据证明如果取消DPR措施可能发生的情况。此外，印度尼西亚认为DPR不能对出口产生限制效果，因为在印度尼西亚的法律体系中，授权或禁止出口的是贸易部，而不是能源和矿产资源部。然而，专家组指出WTO协议中没有规定政府限制出口的措施仅限于根据特定政府权力机构的要求执行的措施，因此印度尼西亚的说法显然是不成立的。综上所述，专家组与欧盟的观点一致，即 DPR 的设计、结构本质上具有限制出口的效果。

3. 镍矿对印度尼西亚是否符合 GATT 1994 第 XI：2（a）条所述的例外条款

印度尼西亚认为镍矿对其至关重要：首先，采矿对印度尼西亚经济的贡献很大，占其国内生产总值的相当大部分；其次，镍是钢铁行业不可或缺的原材料；最后，该国正在实施的扩大电动汽车电池生产的战略计划需要镍矿持续稳定的输入。欧盟则认为"至关重要的产品"必须与食品类似。在审查各方观点后，专家组首先回顾了 GATT 1994 第 XI：2（a）条"essential"一词的定义，指出该条款提供了对于什么可能被认为是对合同方至关重要的产品的一种衡量标准，但这种产品并不仅限于食品。专家组还同意"中国-原材料"案专家组报告中作出的裁决：认为 GATT 1994 第 XI：2（a）条范围并不排除可耗尽的自然资源。基于上述分析，专家组分别对低品位和高品位镍矿的重要性进行评估。对于低品位镍矿，印度尼西亚曾将其描述为不具备经济可行性的废料，因此，其不能作为必不可少的产品而获得 GATT 1994 的豁免。对于高品位镍矿，印度尼西亚的论证曾指出该产品对马鲁古和苏拉威西两个地区以及镍矿业、不锈钢和电动汽车电池三个行业的经济至关重要，因此专家组要求印度尼西亚提供数据证据。印度尼西亚提交的证据显示：镍矿业 2012—2021 年一直占印度尼西亚国内生产总值（GDP）相当大比例（超过10%）；占政府收入较高比重；为印度尼西亚创造了相当大比例的就业岗位。然而，专家组认为 GATT 1994 第 XI：2（a）条涉及的措施必须用于弥合短暂需求，而不能是永久性的或一直维持到自然资源完全枯竭。虽然镍矿开采对印度尼西亚来说是重要的就业和政府收入来源，然而这些措施并不是为了解决矿业对镍矿石的关键短缺问题，因此不能满足 GATT 第 XI：2（a）条的"essential"定义。此外，印度尼西亚未能证明存在低品位/高品位镍矿迫在眉睫的严重短缺，也未能证明采取出口禁令及 DPR 可以防止其短缺。

综上所述，专家组认定出口禁令和 DPR 不能适用于 GATT 1994 第 XI：2（a）条所述的例外条款，因此无法豁免 GATT 1994 年第 XI：1 条的义务。

4. 出口限制和 DPR 是否符合 GATT 1994 第 XX 条（d）款的规定

印度尼西亚提出：假如专家组认定所涉措施不属于 GATT 1994 第 XI：2（a）条的范围，并且与 GATT 1994 第 XI：1 条不一致，那么印度尼西亚将根据 GATT 1994 第 XX 条（d）款进行替代性辩护。参考"美国-汽油"案中上诉机构对 GATT 1994 第 XX 条的解释，引用该条款进行辩护应采取两层分析的方式：专家组首先要确定措施是否满足所引用的款项中规定的条件，然后确定措施是否符合 GATT 1994 第 XX 条的总则。因此，印度尼西亚需要向专家组证明如下几点：一是，其措施属于 GATT 1994 年第 XX 条（d）款；二是，是否符合 GATT 1994 第 XX 条的总则。上诉机构在"印度-太阳能电池"案中要求，要证明措施属于GATT 1994第XX条（d）款的范围，被诉方必须同时提供三项证明：其一，存在其寻求确保遵守的法律或法规；其二，这些法律和法规本身与GATT 1994不矛盾；其三，争端措施旨在确保遵守这些法律和法规。本案中，印度尼西亚认为出口禁令和DPR确保了遵守Law No. 4/2009第96条（c）款和（d）款与Law No. 32/2009第57条的规定（表2-1）。

表2-1 Law No. 4/2009第96条与Law No. 32/2009第57条有关规定

Law No. 4/2009第96条（c）款和（d）款	Law No. 32/2009第57条
在应用良好采矿技术原则时，采矿业务许可证持有人应该： （c）管理和监控采矿环境，包括复垦和采矿后的环境。 （d）进行矿产资源和煤炭资源的保护工作	（1）环境维护应通过以下方式进行：a.自然资源保护；b.自然资源储备；c.大气功能保护。 （2）在第（1）段a项中提及的自然资源保护应包括以下活动：a.保护自然资源；b.保护自然资源；c.维持自然资源。 （3）在第（1）段b项中提及的自然资源保护应适用于在一定时期内无法管理的自然资源。 （4）在第（1）段c项中提及的大气功能保护应包括：a.缓解和适应气候变化；b.保护臭氧层；c.防止酸雨。 （5）关于自然资源保护和储备以及大气功能保护的进一步规定应在政府法规下进行调整

资料来源：WTO官网。

而欧盟认为Law No. 4/2009第96条是采矿业务许可证持有人需要实施的一般类别规则，并不构成GATT 1994第XX条（d）款所指的"法律或法规"。因此，专家组首先审查了Law No. 4/2009第96条的形式规范程度是否符合第XX条（d）款所述的"法律或法规"。要评估某法律工具是否属于GATT 1994第XX条第（d）款所指的"法律和法规"需要考虑如下几个因素：第一，法律工具的规范程度以及法律工具在成员之内部法律体系中设定的行为规则或行动方针的程度；第二，相关规则的特定程度；第三，规则是否可在法律法规的监管下执行，如是否可在法院前执行；第四，规则是否已被采纳或被成员之内部法律体系下具备必要权力的主管机构认可；第五，在成员之内部法律体系下，任何包含该规则的法律工具或规定所给予的形式和名称；第六，可能伴随相关规则的处罚或制裁。

欧盟认为，Law No. 4/2009第96条对于GATT 1994第XX条（d）款的目的来说具象性不足，因为它较为宽泛不是具体的规则或行为方式。对此，印度尼西亚提出Law No. 4/2009第96条（c）款和（d）款对可持续采矿行为和市场运营者施加了特定约束力。于是专家组转而从法律执行性的角度展开分析。虽然根据GATT 1994第XX条（d）款的规定，法律或法规无须具备法律可执行性，但上诉机构曾指出法律可执行性"可能表明这一法律或法规在成员的国内法律体系中规定了一项行为规则或行为方式"。对于第96条（c）款，专家组发现它所规定的义务具有约束力，违反该条款的行为将面临行政处罚，因此具有强制约束力，属于GATT 1994中所指的"法律或法规"。而第96条（d）款不是一项可强制执行的义务，而更倾向于"尽力而为"，因此不符合GATT 1994第XX条（d）款的"法律或法规"的要求。对于Law No. 32/2009第57条，专家组认为其没有确立具体的行为规则或行动方式，而是提供了旨在保护环境的指导性条款，因此同样不适用于GATT 1994第XX条（d）款"法律或法规"的要求。基于此，专家组继续就Law No. 4/2009第96条（c）款进行分析，审查其与GATT 1994的一致性。由于欧盟没有对第96条（c）款的一致性提出异议且没有任何相反证据，专家组认为Law No. 4/2009第96条（c）款与GATT 1994一致。

专家组接下来面临的问题是出口禁令和DPR是否能够确保遵守Law No. 4/2009第96条（c）款。由于出口禁令可能在一定程度上通过减少镍矿的总产量和开采量以确保遵守第96条（c）款，因此，专家组认为：出口禁令可以确保遵守Law No. 4/2009第96条（c）款，是GATT 1994第XX条（d）款的意义上的确保遵守第96条（c）款的措施。专家组认为，DPR能够促进矿业公司和冶炼厂一体化，从而提高执行采矿环境条例的能力。但不论是出口禁令还是DPR，这些措施的贸易限制和对第96条（c）款目标的有限贡献是不必要的，专家组认为存在可供合理使用的可替代措施。

综上所述，出口禁令和DPR在GATT 1994第XX条（d）款的意义上是不必要的。专家组认为，印度尼西亚未能证明出口禁令和DPR属于GATT 1994第XX条（d）款的范围。

三、案件后续进展

凭借坐拥世界第一的镍矿储量与产量的资源优势，印度尼西亚在全球镍矿市场有着举足轻重的地位。在印度尼西亚对镍矿所实施的贸易限制性措施引起的争端案件中，WTO专家组的裁定大部分不利于印度尼西亚。虽然印度尼西亚向上诉机构针对专家组的有关解释与建议提起上诉，但由于WTO上诉机构正处于停摆状态，该案实际上陷入停滞状态。

《多方临时上诉仲裁安排》（MPIA）是由中国、欧盟等部分WTO成员签订，依托DSU第25条提出的上诉机构停摆状态下的替代方案，用以解决多方商事争议。从2020年4月通报DSB以来，MPIA参加成员逐渐增加，正逐渐成为维护国际秩序稳定的有力工具。鉴于短时间内WTO多边争端解决机制的修复工作难以推进和完成，MPIA有望成为上诉机构停摆期间WTO成员继续维护自身权益、顺畅沟通与对话渠道的最佳选择。中国应加强国际法人才培养，积极迎接多边贸易体制挑战、积极参与争端解决制度设计、积极迎接多边贸易体制挑战。

案例思考

1. 讨论GATT 1994第XI：1条对成员实施出口限制的法律约束。

2. 分析印度尼西亚镍矿出口禁令对其国内和国际贸易

数字资源2-2
相关协议条款

的潜在影响。探讨WTO争端解决机制在解决资源出口限制争端中的作用和挑战。

专业词汇

- 非歧视原则
- 最惠国待遇
- 国民待遇
- 超国民待遇
- 开放市场原则
- 市场准入
- 关税减让
- 最高限约束
- 约束税率
- 非关税壁垒
- 透明度原则
- 公平竞争原则
- 差别优惠待遇
- 授权条款
- 普遍优惠制
- 普惠税
- 毕业条款

思考题

1. WTO的基本原则各有哪些例外条款和免责规定？
2. 如何理解WTO各基本原则之间的内在联系？
3. 中国应如何运用WTO的基本原则及例外来开展贸易、解决国际贸易争端？

第三章

WTO农产品贸易规则及案例

农业作为各国经济的基石，在国际贸易中占据重要地位。本章将概述WTO农产品贸易规则的主要内容和相关案例，探讨其在全球贸易自由化中的作用，分析其实施过程中面临的挑战和争议。通过深入学习农业规则，我们可以理解农产品贸易自由化的复杂性，以及各国如何在保护农业产业利益的同时，推动农产品贸易的可持续发展。

专栏 3-1

章首案例：欧盟的"蓝箱"措施

欧盟的农业支持政策中，"蓝箱"措施是按照WTO规则定义的一种国内支持措施，它指的是与生产限制计划相关的直接支付，可以免除减让义务。欧盟作为发达地区成员，在"蓝箱"支持的使用上表现得相对活跃。例如，欧盟通过实施"单一支付机制"将农业补贴与生产活动脱钩，同时引入"交叉机制"将农业补贴与环境保护指标等挂钩，以及通过"农村发展政策"将补贴与农村发展挂钩等措施，将补贴由"蓝箱"转为"绿箱"，从而适应WTO的规则。

此外，欧盟共同农业政策（CAP）在改革中，也涉及了对"蓝箱"措施的调整。其改革的主要思路包括减少直接补贴、补贴方式脱钩、建立环境保护型补贴制度和促进区域均衡发展等。2004年多哈回合达成的《农业谈判框架协议》对"蓝箱"规则作出了调整，包括扩大"蓝箱"支持的种类，厘清"蓝箱"使用条件，以及限制"蓝箱"支持总量。

然而，欧盟的农业政策也面临着一些挑战和抗议。近年来，欧洲多国农民对现有的农业政策表示不满，认为政策给他们造成了负担，并且对环境要求过于苛刻。为了平息农民的不满，欧盟委员会在2024年3月15日对共同农业政策进行了修订，放宽了对农民领取欧盟补贴所需达到的环保标准。

在WTO框架下,"蓝箱"规则的改革进展中,欧盟作为重要的参与者,其政策和立场对全球农业贸易体系有着显著的影响。在多哈回合农业谈判中,"蓝箱"措施的改革是谈判的焦点之一,旨在实质性削减扭曲贸易的国内支持。通过这些改革,欧盟等发达地区成员的"蓝箱"支持受到了更严格的限制,同时也为发展中国家成员争取了更多的谈判空间。

第一节 农产品贸易规则解读

农业涉及民生等敏感问题,各国政府在谈判桌上对农业领域的保护主义倾向表现得尤为突出。GATT 1947允许缔约方对农产品进口实施更多的保护措施,世界农产品贸易受到限制和扭曲。乌拉圭回合就农产品贸易领域首次进行谈判,达成了《农业协议》,确立了"建立一个公平的、以市场为导向的农产品贸易体制,并应通过支持和保护承诺的谈判及建立增强的和更行之有效的GATT规则和纪律发动改革进程"的长期目标。所有WTO成员都承诺进行长期的农业改革,使农产品贸易更加公平和自由化。

一、农业规则概述

WTO农业规则由《农业协议》、《马拉喀什议定书》所附国别减让表关于农产品的承诺、《关于改革计划对最不发达国家和粮食净进口发展中国家可能产生消极影响的措施的决定》和《实施卫生与植物检疫措施协议》等文件组成。农业规则设立了农业委员会,规定了磋商和争端解决的相关问题,把农产品贸易逐步纳入WTO多边贸易体制中。

《农业协议》(Agreement on agriculture,AOA)由前言和13个部分共21条及5个附件组成。它的主要内容为对农产品政策三个领域的规定:市场准入、国内支持和出口补贴。《农业协议》以1986—1988年为基期,允许各国政府通过对贸易造成较少扭曲的政策支持农业,并允许在履行承诺的方式上具有一定的灵活性,发展中国家成员不必像发达国家成员那样大幅降低关税或削减补贴,而且有更长的时间来完成义务,最不发达国家成员更不必承担该义务。

《农业协议》的基本原则是建立一个公平的市场导向的农产品贸易体系;要逐步实质性地减少对农业的支持和保护,纠正和制止对世界农产品市场的限制和扭曲;在农产品市场准入、国内支持和出口竞争领域,作出具体的约束性承诺;给予发展中国家成员具有特定利益的农产品更多的市场准入机会,更大程度地改善其市场准入条件;所有WTO成员之间所作出的有关承诺要保持平衡,要考虑一些非贸易问题(如食品安全与环境保护需要等),及对发展中国家成员的特殊和差别待遇。

> 专栏 3-2
>
> **《农业协议》适用的农产品范围**
>
> 1. 协调制度第1章至第24章，鱼及鱼制品除外
> 2. 协调制度编码 2905.43（甘露糖醇）
> 3. 协调制度编码 2905.44（山梨醇）
> 4. 协调制度品目 33.01（精油）
> 5. 协调制度品目 35.01 至 35.05（蛋白类物质、改性淀粉、胶）
> 6. 协调制度编码 3809.10（整理剂）
> 7. 协调制度编码 3823.60（2905.44以外的山梨醇）
> 8. 协调制度品目 41.01 至 41.03（生皮）
> 9. 协调制度品目 43.01（生毛皮）
> 10. 协调制度品目 50.01 至 50.03（生丝和废丝）
> 11. 协调制度品目 51.01 至 51.03（羊毛和动物毛）
> 12. 协调制度品目 52.01 至 52.03（原棉、废棉和已梳棉）
> 13. 协调制度品目 53.01（生亚麻）
> 14. 协调制度品目 53.02（生大麻）

二、市场准入承诺

1. 关税约束及减让

《农业协议》规定对农产品的普通关税和关税化后的关税全部进行约束，发展中国家成员可灵活建立关税上限约束。《农业协议》还规定以基期的平均关税水平为减让基期，从1995年开始分年度执行关税减让承诺，发达国家成员削减36%的普通关税及关税化的关税，每个关税税目至少削减15%，实施期为6年；发展中国家成员削减24%的普通关税及关税化的关税，每个关税税目至少削减10%，实施期为10年；最不发达国家成员免于削减承诺。

2. 非关税措施的关税化

《农业协议》要求各成员通过关税化取消非关税措施。关税化范围应包括所有普通关税以外的措施，如进口数量限制、差价税、最低进口价格、国营贸易企业实行的非关税措施、进口许可证、自动出口配额制等。各成员不得维持、采取或重新使用已被要求转换为普通关税的任何措施。

专栏 3-3

关税化的计算

按规定计算出非关税壁垒的关税等值，再将计算出的关税等值加到现行普通关税税率上，构成混合关税。关税等值无论以从价税还是以从量税表示，均应以透明的方式使用境内市场平均价格与外部市场平均价格之间的实际差额计算。一般情况下，农产品加工品的关税等值=农产品原料的关税等值×农产品原料占农产品加工品的比重。

3. 以关税配额的方式承诺现行市场准入量和最低市场准入量

由于关税化使农产品的关税高达100%以上，甚至达到了200%~300%，进口成员通过建立关税配额，承担现行市场准入承诺，以保障现行农产品仍以较低的关税进口。根据这一承诺，关税配额准入量内的进口缴纳低税率，超过关税配额准入量的进口则需要缴纳较高的税率，同时配额准入量不应低于最近3年的平均进口量。关税化形成的高关税适用于配额外的进口。

最低市场准入量是指对过去因高度限制没有进口或很少进口的农产品，各成员必须作出最低市场准入承诺，以扩大农产品的进口量，防止进口量过低对境内市场造成不利影响，促进农产品贸易自由化。

4. 特殊保障条款

对于已经关税化的农产品，当进口数量或进口价格达到触发水平时，政府可以实施特殊保障条款，对其征收附加关税。实施特殊保障条款的时间和方式有明确规定，如不能用于关税配额内的进口。特殊保障措施的运用应以透明的方式进行，任何实施特殊保障措施的成员均应在规定时间内将相关资料以书面形式通知农业委员会，并与有利害关系的成员进行磋商。

特殊保障条款的触发条件如下。

（1）数量触发：当农产品某年的进口数量超过前3年进口数量的平均水平时，该成员可实施特殊保障条款，但征收的任何附加关税只能维持至征收该项关税的当年年底，且附加关税的征收水平不得超过该年实施的普通关税征收水平的1/3。

（2）价格触发：当农产品以该成员货币表示的、进口到岸价确定的进口价格低于该产品基期平均参考价格时，该成员可实施特殊保障条款。

三、国内支持减让承诺

《农业协议》将有利于农产品生产者的国内支持措施分为"黄箱"措施和"绿箱"措施。"黄箱"措施是会引起生产和贸易扭曲的政策,成员必须加以限制;"绿箱"措施是不会引起生产和贸易扭曲的政策,成员免除减让承诺,可以自由使用。

1. 综合支持量、综合支持总量与支持等值

综合支持量（aggregate measurement of support，AMS）是指以货币形式表示的、有利于基本农产品生产者的、对一农产品提供的年度支持水平,或有利于一般农产品生产者的非特定产品支持,即以具体农产品或非具体农产品为基础的不享受免责待遇的一切支持。

国内支持减让承诺以综合支持总量表示。综合支持总量（总AMS）是有利于农业生产者的所有国内支持的总和,计算为基本农产品的综合支持量、所有非特定产品综合支持量以及所有农产品支持等值的总和。

支持等值是指以货币形式表示的、通过使用一项或多项措施向基本农产品生产者提供的、不能依照综合支持量方法计算的年度支持水平。

2. 需要减让承诺的国内支持措施

《农业协议》规定,需要减让承诺的国内支持措施为"黄箱"措施。"黄箱"措施范围包括:价格支持,营销货款,种植面积补贴,牲畜数量补贴,种子、肥料、灌溉等投入补贴以及某些有补贴的贷款计划等。

3. 免除减让但需要约束的国内支持措施

1)"蓝箱"措施

"蓝箱"措施是指与生产限制计划相联系的直接支付的"黄箱"措施,在约束的情况下可免除减让。"蓝箱"措施必须满足下列要求之一:按固定面积或者产量所提供的补贴;根据基期生产水平85%以下所提供的补贴;按牲口的固定头数所提供的补贴。

2) 微量支持措施

在计算特定或非特定农产品的综合支持量时,若计算结果未超过该产品生产总值的5%（发展中国家成员为10%）,则无须纳入总AMS,相应的国内支持计划不受削减承诺的约束。这种微量支持又称最低减让标准,是"黄箱"措施中对特定或非特定农产品支持的"上限"。超出该上限的"黄箱"措施需要进行削减,低于该上限的则可免除削减,并可提升至该水平。

3）特殊和差别待遇条款

国内支持措施将发展中国家成员的一些发展计划也列入免予减让的范围，如发展中国家成员可以普遍获得的投资补贴；发展中国家成员中低收入或资源贫乏的生产者可以普遍获得的农业投入补贴；鼓励发展中国家成员生产者不生产违禁麻醉作物而提供的支持。

4. 免除减让承诺的国内支持措施

免除减让承诺的国内支持措施（即"绿箱"措施）无扭曲贸易和不对生产起作用，或此类作用非常小。"绿箱"措施应通过公共基金供资的政府计划提供（包括放弃的政府税收），不涉及来自消费者的转让，不得对生产者提供价格支持。

"绿箱"政策的措施具体包括如下内容。

1）政府的一般服务

政府的一般服务的支出是为了提供这些服务而花费的，而不得直接将这些钱支付给生产者或者加工者。例如，研究病虫害防治、培训服务、推广和咨询服务等。

2）食物安全储备

食物安全储备既包括政府为了食物安全目标进行食物储备的支出，又包括为此目的向私营储备提供的政府资助。

3）国内食品援助

国内食品援助包括政府为了提供国内食物援助所花费的支出或者减少的税收。

4）对生产者的直接支付

对生产者的直接支付包括不挂钩收入支持、政府在收入保险方面的补贴、自然灾害救济补贴、对生产者退休计划的结构调整援助。

5）资源停用计划的结构调整援助

资源停用计划的结构调整援助主要是指休耕补贴和减少畜产品数量的补贴。

6）农业生产结构调整性投资补贴

农业生产结构调整性投资补贴可根据政府的农业生产结构调整规划而进行相应调整，但补贴应基于明确的结构调整规划和受援标准。

7）为保护环境所提供的补贴

为保护环境所提供的补贴是向农业生产条件明显不利的地区所发放的，受援地区应基于明确的和合理的标准加以认定，所谓"不利的生产条件"必须是长期性的。

8）地区性援助

所谓地区性援助就是对贫困地区的扶助，对象是按照客观标准明确界定的连片贫困地区中的生产者。

专栏 3-4

中国农业国内支持政策合规性争端

中国的产业支持政策合规性成为 WTO 成员提出经贸争端的关键点。美国是对中国发起贸易救济案件最多的国家，指责中国在农业补贴方面未履行入世承诺。例如，2016 年 9 月 13 日，美国针对中国小麦、籼稻、粳稻和玉米等方面的种植补贴问题向 WTO 提起申诉；同年 9 月，欧盟、澳大利亚、加拿大和泰国先后申请加入磋商；10 月，美国不满意磋商结果并要求成立专家组审理案件，中国表态并拒绝；2017 年 1 月，在美国二次要求下成立了专家组，美国重申了对中国在部分农产品上的市场价格支持超出了承诺范围的担忧。此后 301 调查再次对农业发难，美国以中国农业国内支持政策为借口对中国农业展开的无端打压从未停止。

尽管面临外部压力，中国始终坚守自身原则，坚决维护国家利益和农民权益。事实上，美国农民的收入中有高达 40% 来自政府补贴，美国对中国的指责显然缺乏事实依据，且损害双边利益。如何应对欧美国家对中国农业支持政策的无端指责，已成为一个亟待解决的重要议题。中国需要继续加强与国际社会的沟通与合作，同时不断完善自身的农业支持政策，以实现可持续发展和维护农民利益。

资料来源：李董林，焦点，李春顶.入世 20 年与中国农业贸易发展变迁[J].世界农业，2022（6）：31-46，部分节选，有改动。

四、出口补贴承诺

《农业协议》要求在数量上和金额上对农产品出口补贴进行削减和约束，禁止成员对减让表中列明的农产品或产品组提供超过所列预算支出和数量承诺水平的出口补贴，禁止对减让表中未列明的农产品提供出口补贴。各成员承诺不以除符合本协定和其减让表中列明的承诺以外的其他方式提供出口补贴。

1. 出口补贴减让承诺

出口补贴减让承诺以基期平均水平为基础，每年等量减让（或者在某些出口补贴已经增加的条件下，以 1991—1992 年的平均水平为基础），对具体出口产品的数量及价值进行削减。

（1）数量减让：发达国家成员在6年内享有出口补贴的产品数量减少21%，发展中国家成员在10年内享有出口补贴的产品数量减少14%。

（2）价值减让：发达国家成员在6年内减少36%，发展中国家成员在10年内减少24%。

（3）最不发达国家成员不需要进行任何出口补贴削减。

专栏 3-5

全球贸易谈判获历史性成果：首次承诺全面取消农产品出口补贴

WTO第十届部长级会议2015年12月19日在肯尼亚首都内罗毕闭幕，经过5日的艰难谈判磋商，会议通过了《内罗毕部长宣言》及九项部长决定，各方在一系列贸易谈判中达成历史性成果。

会议经过延时谈判，取得了以下四项主要成果：一是WTO成员首次承诺全面取消农产品出口补贴，并就出口融资支持、棉花、国际粮食援助等方面达成了新的多边纪律；二是达成了近18年来WTO首个关税减让协议——《信息技术协定》(ITA)扩围协议，涉及国际贸易额1.3万亿美元；三是在优惠原产地规则、服务豁免等方面切实给予最不发达国家成员优惠待遇；四是正式批准阿富汗和利比里亚加入WTO。

长期以来，发达国家成员的农产品出口补贴政策限制了发展中国家成员的产品进口。基于此，WTO一直都要求消除这一价格扭曲措施，希望借此促成各成员在农产品进出口领域的公平竞争。2015年12月19日部长级会议就非洲等地区的发展中国家成员最为关切的农业出口竞争达成共识，162个成员首次承诺全面取消农产品出口补贴，并将限制农产品出口信贷。根据农业出口协定，发达国家成员必须立即取消农产品补贴政策，发展中国家成员必须在2018年底前终结对农产品的直接出口支持。但并非所有成员都必须在2018年前全面取消此类措施，一些成员被允许放宽到2023年。

WTO总干事表示，本次会议关于农业出口竞争达成的协议可谓WTO成立20年来在农业领域达成的最为重要的成果，并特别强调说，取消农产品补贴意义非凡，此举将消除市场扭曲，营造公平竞争，同时将改善非洲等地区的发展中国家和最不发达国家的民生。

资料来源：周武英，孙韶华.162个WTO成员首次承诺：全面取消农产品出口补贴[EB/OL]. [2025-02-17]. https: //mp. weixin. qq. com/s? __biz= MjM5MzcwMjgyMw== &mid=401744319&idx=4&sn=b961ce7583b35842fc8d560

4551941fb&chksm=3494777703e3fe61d3070745d66127d5dd1de6fb8393bb182d4b4136edf453b0eb35df743ab7&scene=27，部分节选，有改动。

2. 防止规避出口补贴承诺

（1）未列入削减的出口补贴承诺不得以产生或导致规避出口补贴承诺的方式实施，也不得使用非商业性交易方式以规避此类承诺。

（2）成员应根据国际议定的纪律管理提供出口信贷、出口信贷担保或保险计划，防止规避出口补贴承诺。

（3）成员必须证实未对超过削减承诺水平的任何出口数量提供出口补贴。

（4）国际粮食援助应依照相关规定，并与对受援国或地区的农产品商业交易无直接或间接的联系。

3. 出口禁止或限制的纪律

成员禁止或限制粮食出口，应考虑该措施对进口成员粮食安全的影响，提前书面通知农业委员会并与有实质利益关系的成员进行磋商、提供必要的信息。但不得适用于任何发展中国家成员，除非该措施是由有关特定粮食净出口发展中国家成员采取的。

■ 五、和平条款

《农业协议》第七部分"适当的克制"，又称"和平条款"，已于2003年12月31日到期。和平条款是为了防止或避免单方面地采取报复或反报复措施并形成贸易战而设，要求成员不能对符合规定的国内支持措施和出口补贴征收反补贴税，在按规定发起反补贴税调查时应表现出适当的克制。根据和平条款和《农业协议》第十三部分"最后条款"的规定，《农业协议》在WTO其他协议中有优先适用权。

■ 六、《关于改革计划对最不发达国家和粮食净进口发展中国家可能产生消极影响的措施的决定》

《农业协议》第十部分《关于改革计划对最不发达国家和粮食净进口发展中国家成员可能产生消极影响的措施的决定》（以下简称《决定》）共6项，涉及处理粮食援助、提供技术与资金援助、农产品出口信贷等农业发展援助问题。《决定》保证基本粮食援助比例的增加部分是以赠予的形式或优惠的条件提供的；在援助计划中，充分考虑技术和财政援助，以帮助最不发达国家成员和粮食净进口发展中国家成员发展农业生产力和基础设施；在农产品出口信贷中给予差别优惠待遇，并利用国际金融机构的资源，以解决它们在进口融资方面可能遇到的短期困难。

第二节 农产品贸易规则与中国

一、中国农业入世

中国农业入世历程艰辛，作出了广泛而重大的承诺：对进口农产品关税实行上限约束；取消所有非关税措施，对全部农产品实行关税化管理；放弃适用特殊保障条款；放弃适用"发展箱"的权利；不使用任何出口补贴措施。依照承诺，在货物贸易领域，中国的平均关税从2001年加入时的15.3%降到了2006年的9.9%，其中农产品平均关税从23.2%降到15.2%。

自2001年入世以来，中国农产品贸易突飞猛进，2011年中国超越美国成为全球第一大农产品进口国，自2015年以来，成为全球第五大农产品出口国。自2001年至2022年，中国农产品贸易额扩大12倍，从274.5亿美元增长至3343.2亿美元，年均增速达12.6%，高于同期全球农产品贸易6.7%的增速。中国农产品贸易占世界农产品贸易的比重由2001年的3.2%提升至2021年的8.3%，在全球农产品贸易排名由第十一位升至第二位。中国农产品贸易增长具有明显的阶段性特征，前10年为高速增长期，后10余年为稳步增长期，且进口增速明显高于出口，现今已呈现出巨大的贸易逆差。

专栏 3-6

中国农产品贸易逆差剖析

当前，我国农产品国际贸易逆差已达到历史高位，由于内需缺口的持续扩大以及比较优势的逐渐削弱，短期内逆差问题难以得到根本缓解。在贸易对象方面，逆差主要集中在巴西、美国、澳大利亚、新西兰、加拿大、泰国和阿根廷等国家；在贸易产品方面，大豆、畜产品、棉花和谷物等品类成为逆差的主要来源。对农产品进口的依赖不仅会影响我国农业贸易的高质量发展，更会加大粮食安全问题的风险敞口。

在新一轮更高水平开放背景下，我们需要转变思维，构建多元化的农产品安全战略保障体系。一方面，从需求端出发，加强技术支撑，稳定提升国内供给能力，完善贸易规则以保护国内市场；另一方面，从供给端细分出口市场，扩大优势农产品的出口规模，发展多元化的出口项目以规避国际壁垒，从而有效缩小逆差，推动我国农业国际贸易高质量发展。

资料来源：何邦路，雷志樱，吴秀敏. 为何逆差越拉越大：中国农产品

国际贸易结构、逆差逻辑与破局之道[J].中国农业资源与区划,2024(10):141-158,部分节选。

二、中国农产品贸易的特点

从中国海关统计数据来看,近年来中国农产品的出口市场集中度呈下降趋势,主要出口市场为亚洲,其次为欧洲和北美洲,中国香港、日本、美国为主要出口目的地。在区域合作方面,阿拉伯国家联盟、中东、海合会为我国农产品出口提供了较大的增长动力。我国主要出口具备比较优势的劳动密集型农产品,其中水产品、蔬菜和水果为出口主力。水产品是出口创汇的首要来源,出口额占比先增后降,主要出口至日本、韩国和菲律宾。蔬菜为第二大出口创汇来源,出口额稳步增长,主要出口至日本、中国香港和越南。水果则为第三大出口创汇来源,出口额持续增长,主要销往越南、美国和泰国。

中国农产品的进口市场集中度先增后降,进口市场较为广泛,以南美洲、亚洲、北美洲和欧洲为主,巴西、美国、泰国为主要进口地区。在区域合作方面,欧亚经济联盟、中东欧国家、独联体为我国农产品进口提供了较大的增长动力。从进口农产品结构分析,我国主要进口不具备比较优势的土地密集型农产品,其中食用油籽、畜产品和谷物占据重要地位。食用油籽始终扮演关键角色,其进口额占农产品进口总额的比重呈现出先增后降的趋势,主要来源地为巴西、美国和阿根廷。畜产品进口变化显著,总体呈增长趋势,主要来自新西兰、巴西和美国。谷物进口也呈现出明显变化,主要来源地为美国、乌克兰和加拿大。

三、中国对世界农产品贸易的贡献

截至2024年,我国已设立22个自贸试验区,在2020年达成世界规模最大的自由贸易协定《区域全面经济伙伴关系协定》(RCEP),在全球100多个国家建立了农业技术示范中心、农业技术实验站和推广站,先后派遣农业专家和技术人员3万余人次,与各国分享农业技术经验。随着国际地缘政治竞争加剧,我国应进一步拓展农业国际合作的广度和深度,不仅要在技术交流和人才培训上加大投入,更要在政策对接、贸易便利化等方面作出更多努力,共同推动全球农业可持续发展。

中国在WTO中的参与度和话语权也在逐年增强。一方面,以中国为代表的新兴经济体成员积极推动构建一个更加公平合理的国际农业贸易治理体系,中国的改革建议和改革诉求有望在新的农产品贸易规则中得到体现,有助于促进中国及广大发展中国家成员的农业生产和农业贸易发展,维护合理的贸易利益;另一方面,中国在农产品贸易和全球经济发展中具有重要地位和突出影响力,在农产品贸易争端解决机构改革中有望获得关键席位和话语权,推动农业国际贸易和投资规则的升级和重构。

新一轮的WTO改革始于2018年，农业贸易规则调整为改革中各成员重点关注的内容之一。中国在提交的《中国关于世贸组织改革的建议文件》中明确提出了关于农业贸易规则调整的意见，重点关注农业谈判中的规则不公平问题，主张逐步削减并最终取消部分成员特别是发达国家成员拥有的"综合支持量"特权，并达成粮食安全公共储备的永久解决方案。中国的主张代表了绝大多数发展中国家成员的根本利益，有助于纠正农业贸易领域存在的规则不公平问题，增强发展中国家成员维护粮食安全的综合能力。

第三节 案例精解：美国诉中国国内对农业生产者的支持（DS511）

一、案例导入

1. 案例简介

申诉方：美国。

被申诉方：中国。

第三方：澳大利亚、巴西、加拿大、中国台北、哥伦比亚、厄瓜多尔、埃及、萨尔瓦多、欧盟、危地马拉、印度、印度尼西亚、以色列、日本、哈萨克斯坦、韩国、挪威、巴基斯坦、巴拉圭、菲律宾、俄罗斯、沙特阿拉伯、新加坡、泰国、土耳其、乌克兰、越南。

在专家组请求中，美国质疑中国在2012—2015年通过市场价格支持（MPS）向小麦、籼稻、粳稻和玉米的生产者提供了超过具体产品最低水平的国内支持，这反映在但不限于专家组请求中所列的法律文书中。

2. 时间节点

2016年12月5日，美国请求成立专家组。在2016年12月16日的会议上，争端解决机构（DSB）推迟了专家组的成立。

在2017年1月25日的会议上，DSB设立了一个专家组。澳大利亚、巴西、加拿大、哥伦比亚、厄瓜多尔、埃及、萨尔瓦多、欧盟、危地马拉、印度、印度尼西亚、以色列、日本、哈萨克斯坦、韩国、挪威、巴基斯坦、巴拉圭、菲律宾、俄罗斯、沙特阿拉伯、新加坡、中国台北、泰国、土耳其、乌克兰和越南保留其第三方权利。

经各方同意，专家组于2017年6月24日组成。

2018年2月22日，专家组主席告知DSB，根据与各方磋商后通过的时间表，专家组预计不早于2018年第三季度向各方发布最终报告。专家组主席还告知DSB，一旦报告以所有三种官方语言向各方分发，就会向公众公布，分发日期取决于翻译工作的完成情况。2018年7月27日，专家组主席告知DSB，鉴于该争端的具体情况，并根据与各方磋商通过的时间表，专家组预计最迟于2018年12月向各方发布最终报告。专家组主席还表示，一旦报告以所有三种官方语言分发给各方，就会向公众公布，分发日期将取决于翻译工作的完成情况。

2019年2月28日专家组分发最终报告，2019年4月26日DSB通过了专家组报告。

二、专家组的分析

1. 根据《农业协议》第3.2和第6.3条提出的申诉

美国声称，中国在2012—2015年提供的国内支持水平超出了中国对每种涉案产品8.5%的最低水平，因此也超出了其"零"承诺水平。美国认为，按照《农业协议》的规定计算，中国通过的小麦、籼稻、粳稻和玉米的市场价格支持计划违反了其在WTO作出的承诺。对此，中国认为，中国2012—2015年对小麦、籼稻、粳稻和玉米的市场价格支持低于中国通过谈判达成的最低承诺水平，即这些基本农产品总产值的8.5%，因此，不存在应计入中国当期的总AMS的支持测算。中国认为，美国提出的中国AMS的计算存在各种根本性错误，特别是因为这些计算仅以美国所称的《农业协议》附件3中规定的"方法"为基础。中国辩称，本争端中的关键方法是中国附表第Ⅳ部分以提及方式纳入的支持材料表中使用的中国组成数据和方法。

专家组指出，根据《农业协议》第3.2条，只要不超过各成员在其附表第Ⅳ部分中所作的承诺，各成员可提供有利于国内生产者的国内支持。而《农业协议》第6.3条规定，在评估一成员遵守其减少国内支持承诺的情况时，有必要比较当前的总AMS和相应的国内支持承诺。在这一具体争端中，这些规定表明，在评估中国遵守其国内支持承诺的情况时，专家组必须计算中国当前的总AMS。然后，专家组需要将得出的数值与中国的"零"承诺进行比较。专家组还注意到，根据《农业协议》第6.4条的规定，一成员当前的农产品市场供应总量不包括低于或等于最低支持水平的任何具体产品的农产品市场供求值，就中国而言，最低支持水平为8.5%。这意味着中国能否履行其国内支持承诺，取决于每种产品和每个相关年份的市场供求量是否保持低于或等于相关产品总产值的8.5%。因此，在评估《农业协议》第3.2条和第6.3条所载义务时，专家组首先需要计算中国的AMS，以得出中国当前的总AMS。

经过计算，专家组得出，2012—2015年，中国通过市场价格支持为小麦、籼稻、粳稻和玉米提供的具体产品的市场价格支持均高于中国的8.5%最低阈值。就籼稻和粳稻而言，无论采用哪种不同的计算方法得出AMS值，情况都是如此。因此，高于"零"的AMS值应包括在中国当前的总AMS数值中。鉴于此，专家组认为中国对国内生产商的支持水平超出了中国《货物减让表》（CLII）第四部分第一节规定的"零"承诺水平。根据《农业协议》第3.2条和第6.3条，中国没有履行其国内支持承诺。

2. 根据《农业协议》第7.2（b）条提出的申诉

美国认为，如果将中国的"零"承诺水平理解为中国实际上并没有对特定农产品作出任何国内支持的承诺，那么中国实施的农业支持措施应该符合《农业协议》第7.2（b）条的规定。第7.2（b）条涉及的是一成员对境内支持措施的一般义务，要求一成员的境内支持措施不得对农产品的生产、消费或贸易产生扭曲或不公平影响。由于专家组在依据《农业协议》第3.2条和第6.3条进行分析后，已经得出了中国违反了其国内支持承诺的结论，即中国提供的市场价格支持超出了其"零"承诺水平或微量允许水平，因此，专家组认为没有必要再去评估美国依据第7.2（b）条提出的替代性主张，因为主要的法律问题已经得到了解决。

三、案件评述

本案中，美国以中国在2012—2015年对小麦、籼稻、粳稻和玉米等生产者提供的国内支持超过了中国入世时的农业补贴承诺为由，要求WTO争端解决机构成立专家组进行审查。专家组在2019年发布的报告中，裁定中国对小麦、籼稻、粳稻和玉米的市场价格支持超出了承诺水平，违反了《农业协议》的相关条款。然而，在固定外部参考价格（FERP）的确定上，专家组支持了中国的观点，决定采用中国《货物减让表》支持材料表中所用的1996—1998年作为基期，而不是《农业协议》附件3第9段规定的1986—1988年。本案的另一个争议焦点是中国的玉米临储政策是否已到期，以及专家组是否应对已到期的措施作出裁决。专家组最终认定，中国的玉米临储措施在2016年已经到期，且不属于专家组职权范围，故驳回了美国的诉求。

该案件不仅是中美两国在农业支持政策上的较量，也是对WTO规则解释和应用的深入探讨。本案展现了中国对WTO规则的深刻理解和合理运用，同时也揭示了中国在数据统计和政策制定方面需要改进的地方。未来，中国应继续优化农业补贴政策，加强与WTO规则的对接，同时在面临贸易争端时，更有效地利用规则进行自我保护和权益维护。此外，中国应加强农业政策的合规性评估，确保新政策与WTO规则相符，降低贸易争端风险，并提高政策透明度和数据统计的精准性，为有效应对未来可能的贸易争端打下坚实基础。

案例思考

1. 专家组是如何评估中国的国内支持政策的？他们是基于哪些标准和数据作出结论的？
2. 这一裁决是否意味着WTO对发展中国家的国内支持政策更加严格？会不会对其他国家的农业政策产生影响？

数字资源 3-1
相关协议条款

专业词汇

- 农业规则
- 《农业协议》
- 关税化
- 关税等值
- 混合关税
- 关税配额
- 特殊保障措施
- 国内支持减让
- "黄箱"措施
- "绿箱"措施
- "蓝箱"措施
- 综合支持量
- 综合支持总量
- 支持等值
- 微量支持措施
- 和平条款

思考题

1. 《农业协议》在全球农产品贸易中扮演了怎样的角色？它给各国农业带来了哪些影响？
2. 概括中国面临农产品国际贸易争端的现状，并分析原因。
3. 参考各国的农产品贸易政策，探究中国应如何灵活运用农业规则，平衡农产品市场开放与农业产业保护。
4. 中国应如何在国际农业贸易中发挥新兴经济体成员的作用，推动构建更加公平合理的国际农业贸易治理体系？

第四章

WTO卫生与植物检疫措施适用规则及案例

关贸总协定允许各成员对进口食品和动植物及其产品实施卫生与植物检疫措施，但一些成员滥用这些检疫措施，制造非关税壁垒，变相限制国际贸易。乌拉圭回合谈判达成了《实施卫生与植物检疫措施协议》，规定了WTO成员在实施这些措施时应遵循的原则和规则。通过学习本章内容，我们可以更好地理解该协议在促进国际贸易公平性和自由化方面所发挥的重要作用，以及它如何平衡全球公共卫生和农业安全的需求与国际贸易的发展。

专栏 4-1

章首案例：中美家禽案

2007年12月26日，美国颁布了《2008年综合拨款法案》，其第733条"禁止美国农业部利用国会拨付的资金来制定从中国进口家禽产品的规则"，意味着美国禁止从中国进口家禽产品。《2009年综合拨款法案》第727条沿用了此条款。

2009年4月17日，中国就《2009年综合拨款法案》第727条向美国提起磋商请求。2009年7月31日，应中国请求，WTO争端解决机构就此成立了专家组，并于2010年9月29日发布了关于此案的专家组报告。专家组裁定，《2009年综合拨款法案》第727条的制定和实施并非基于"风险评估"，也没有"充分的科学的证据"。中国在此案中大获全胜。

该案涉及3个核心问题：一是卫生与植物检疫措施(SPS措施)的认定；二是专家组的管辖权（职能范围）问题；三是SPS措施的等效性问题。《2009年综合拨款法案》第727条不承认中国相关检验检疫制度与美国国内相应机制的"保护水平"具有等效性，实质上构成了对中国产品的歧视与非关税壁垒，违反了SPS协议关于等效性和非歧视原则的规定。

值得一提的是，该案是中国入世以来首次挑战美国国会立法成功的案例，对于我国如何有效应对他国借SPS协议之名，行贸易壁垒之实，有着重要意义。

资料来源：张超汉，张亮.从"中美家禽案"看WTO/SPS体制下中国利益的维护——兼评《实施卫生与植物卫生措施（SPS）协定》第5条[J].甘肃政法学院学报，2014（4）：59-70，部分节选，有改动。

第一节 《实施卫生与植物检疫措施协议》规则解读

一、《实施卫生与植物检疫措施协议》的主要内容

《实施卫生与植物检疫措施协议》（以下简称SPS协议）由前言、正文14条46款及3个附件组成，由《技术性贸易壁垒协议》发展并细分出来，既是单独的协议，又构成了《农业协议》的第八部分。SPS协议的宗旨是规范各成员实施卫生与植物检疫措施的行为，支持各成员实施保护人类、动物、植物的生命或健康所采取的必要措施，规范卫生与植物检疫措施的国际运行规则，把对贸易的不利影响减少到最低程度。

二、SPS协议的基本概念

1. 卫生与植物检疫措施

卫生与植物检疫措施（SPS措施）是指，一成员为保护人类、动物、植物的生命或健康而实施的所有相关的法律、法规、要求和程序。其包括所有相关的法律、法令、条例、规定和程序，特别包括：最终产品标准；加工和生产方法；测试；检验；认证和认可程序；包括与动植物运输或在运输途中动植物生存所需物质有关的要求在内的检疫处理；有关统计方法、取样程序和危险评估方法的规定；与食品安全直接相关的包装和贴标签要求。

实施SPS措施的目的包括：用以保护成员境内动植物生命或健康，免于因瘟疫、疾病、带病细菌或致病细菌的侵入、形成或传播而产生的危险；用以保护成员境内人类、动物的生命或健康，免于因食品、饮料或饲料中的添加剂、污染物、毒素或致病细菌而产生的危险；用以保护成员境内人类生命或健康，免于因动物、植物或产品中

携带的疾病、瘟疫的侵入、形成或传播而产生的危险；用以防止或限制成员境内因瘟疫的侵入、形成或传播而产生的其他损害。

SPS措施有利于确保进口产品的安全，预防疾病和有害生物传播，提升公共卫生，保护消费者健康；但也可能成为隐蔽性和歧视性强、透明度低的贸易壁垒，被进口成员滥用，构成对国际贸易的变相限制。因此，各成员明确有关卫生与植物检疫的概念、严格遵守SPS协议，是健全全球贸易秩序，保护环境和保障公共健康的关键。

> **专栏 4-2**
>
> **中美有关卫生与植物检疫措施达成的协议**
>
> 1. 柑橘：进出口限制
>
> 在中美贸易中，柑橘的进出口限制是一个重要的议题。根据SPS协议，各成员有权采取必要的动植物卫生检疫措施以保护人类、动物、植物的生命或健康。具体到中美之间的协议，只有来自得克萨斯等州，且经过批准的地区，并且该地区是无果蝇地区或果蝇发作区20公里以外的地区，才被允许出口柑橘到中国。
>
> 2. 小麦：解除进口禁令
>
> 小麦作为全球主要的粮食作物之一，其贸易对全球粮食安全具有重要意义。中国已经解除了对美国西北太平洋地区7个州小麦的进口禁令。根据SPS协议，每50克小麦样品中小麦矮腥黑穗病孢子的水平不得超过30000个，以确保小麦的健康和安全。
>
> 3. 肉类贸易
>
> 中国已经解除了对所有带有美国食品药品监督管理局核发的安全卫生证明的肉类、家畜的进口禁令。这意味着美国肉类产品在满足中国食品安全标准的前提下，可以顺利进入中国市场。美国的一些大型肉类生产企业，如泰森食品和史密斯菲尔德食品，在满足中国食品安全标准的前提下，可以出口至中国，扩大其市场份额。同时，中国消费者也能享受到更多种类和高质量的肉类产品。
>
> 中美在卫生与植物检疫措施方面的协议体现了双方在保护各自健康和促进贸易方面的共同努力。通过科学、严格的检疫措施，双方能够在确保安全的前提下，促进农产品和食品的贸易，实现互利共赢。

2. 国际标准、指导原则和推荐技术标准

国际标准、指导原则和推荐技术标准涵盖多个方面。

对于粮食安全而言，是指国际食品法典委员会制定的与食品添加剂、兽药和除虫剂残余物、污染物、分析和抽样方法有关的国际标准、指导原则和推荐技术标准，及卫生惯例的法规和指导原则。

对于动物健康和寄生虫病而言，是指国际兽疫局主持制定的国际标准、指导原则和推荐技术标准。

对于植物健康而言，是指在国际植物保护公约秘书处主持下与在国际植物保护公约范围内运作的区域组织合作制定的国际标准、指导原则和推荐技术标准。

除此之外，还有其他经委员会确认的、向所有WTO成员开放的其他有关国际组织公布的国际标准、指导原则和推荐技术标准。

各成员应根据现有的国际标准、指南或建议制定共同的SPS措施，若没有相关的国际标准等，成员必须根据有关风险评估的结果制定措施。如果一成员不将国际标准、指导原则和推荐技术标准作为进口条件，该成员应说明理由，尤其应说明是否认为该标准不够严格，无法达到适当的卫生与植物检疫保护水平。

专栏 4-3

制定SPS国际标准的三大组织

SPS协议明确规定了制定SPS国际标准的三大国际组织：国际食品法典委员会、国际兽疫局和国际植物保护公约。它们是SPS委员会会议的观察员，可作为专家参与WTO争端解决，为专家组提供参考意见，并就各自领域在全球范围内开展培训活动。

1. 国际食品法典委员会

国际食品法典委员会是负责与国际食品安全评估和协调所有有关事务的权威机构。国际食品法典委员会针对世界上广泛使用的食品添加剂、微生物污染物、兽药及农药的残留制定了在世界范围内应用的科学方法、概念及标准，还编制了《食品卫生一般原则》《肉类卫生一般原则》等有价值的参考资料。

2. 国际兽疫局

国际兽疫局又称世界动物卫生组织。国际兽疫局定期根据最新科学研究成果修订国际动物卫生标准和措施，据此制定《国际动物卫生法典》《水生动物卫生法典》，并针对特定疫病非疫区国家进行认定。

3. 国际植物保护公约

国际植物保护公约制订了区域性植物有害生物名单，还制定了与检疫性有害生物有关的标准和程序等。其有害生物风险评估指南为政府在确定适当的植物保护水平之前进行风险评估提供了科学的方法。

3. 风险评估、卫生与植物检疫保护水平

各成员在制定SPS措施时，应确保其基于风险评估，并采纳国际组织制定的风险评估技术标准。风险评估即评估虫害或病害在进口成员领土内传入、定居或传播的可能性及其潜在的生物学和经济后果，以及食品、饮料或饲料中添加剂、污染物、毒素或致病细菌对人类、动物、植物的生命或健康的潜在危害。在进行风险评估时，各成员需要综合考虑多方面因素，如科学证据、有关工序和生产方法、检查抽样方法、病虫害流行情况、非疫区存在情况、生态环境条件以及检疫处理方法等。

风险评估强调适当的卫生与植物检疫保护水平（也称"可接受的风险水平"），并尽量减少对贸易的不利影响。在确定保护水平时，应充分考虑生产销售损失、病虫害控制成本以及替代方法的相对成本效益等经济因素。据此制定的SPS措施对贸易的限制应不存在任意或不合理的差异，不超过达到适当保护水平所需的限度，并兼顾技术和经济可行性。若要制定更高保护水平的措施，须有科学理由，且不与协定相抵触。

在有关科学证据不充分的情况下，一成员可根据可获得的有关信息，临时采用SPS措施，但要寻求必要的额外信息以完善风险评估。若一成员认为另一成员的SPS措施限制了其产品出口，且并非基于有关国际标准、指南或建议，有权要求对方说明理由。

4. 病虫害非疫区和病虫害低度流行区

病虫害非疫区是由主管机关确认的未发生特定病虫害的地区，或已知发生特定病虫害，但已采取区域控制措施（如建立可限制或根除所涉虫害或病害的保护区、监测区和缓冲区）的地区；病虫害低度流行区是由主管机关确认的特定病虫害发生水平低，同时已采取有效监测、控制或根除措施的地区。这里的"地区"可以是一国的全部或部分地区，也可以是几个国家的全部或部分地区。

各成员应保证其SPS措施适应产品的产地和目的地的卫生与植物检疫特点。根据地理、生态系统、流行病监测以及卫生与植物检疫控制的有效性等因素，须着重区分病虫害非疫区和病虫害低度流行区的概念。出口成员对其领土病虫害非疫区或病虫害低度流行区负有举证责任，进口成员有权对此实施检查、检验及其他有关程序。

5. 技术援助

各成员同意以双边形式或通过适当的国际组织向其他成员，特别是发展中国家成员提供技术援助。当发展中国家出口成员为满足进口成员的卫生与植物检疫要求而需要大量投资时，进口成员应考虑提供有关的技术援助。此类援助可特别针对加工技术、研究和基础设施等领域，采取咨询、信贷、捐赠和赠予等方式，提供相关的培训和

设备。

6. 特殊和差别待遇

在制定和适用SPS措施时，应考虑发展中国家成员，特别是最不发达国家成员的特殊需要；鼓励和便利发展中国家成员积极参加有关国际组织；发展中国家成员享有协定项下全部或部分义务的特定的和有时限的例外；当适当的保护水平有余地允许分阶段采用新的SPS措施时，发展中国家成员有关产品享有更长的实现期限，以维持出口机会。

SPS协议的第14条"最后条款"也体现了对最不发达国家成员和发展中国家成员的特殊和差别待遇。鉴于最不发达国家成员的卫生与植物检疫措施会影响到进口或进口产品，故允许其在自WTO协定生效之日起缓期5年执行本协议规定。鉴于其他发展中国家成员现行的卫生与植物检疫措施会对进口或进口产品产生影响，而且本协议的适用会因缺乏技术知识、技术性基础设施或财力而受阻，故除SPS协议第5条第8款和第7条规定外，允许发展中国家成员在自WTO协定生效之日起缓期2年执行本协议规定。

7. 磋商和争端解决、管理

除非另有规定，有关SPS措施的磋商和争端解决适用《关于争端解决规则与程序的谅解》，但不得损害各成员在其他国际协定项下的权利。在涉及科学或技术问题的争端中，专家组可寻求通过磋商选定的专家的意见，或设立技术专家咨询小组、咨询有关国际组织。

SPS协议设立了卫生与植物检疫措施委员会，以协商一致同意的方式作出决定。该委员会的职能包括：为磋商和谈判提供经常性场所；主办技术磋商和研究；与有关领域的其他国际组织沟通协作；监督国际协调进程及国际标准、指导原则和推荐技术标准的使用；审议SPS协议并适时提交修正建议等。

"特别贸易关注"（specific trade concerns，STC）是委员会会议的一项重要议题，成员可在此议题下对其他成员已实施或拟实施的，不符合SPS协议原则、对贸易造成不必要障碍的SPS措施提出怀疑，并敦促其澄清、修改、废止、推迟实施等。

8. SPS通报及评议

通报咨询制度是WTO多边贸易体系的组成部分，是透明度原则和可预见性原则的具体体现。WTO的各项协定、协议中共规定了126种不同形式的通报，要求各成员向WTO总部通报该成员境内制定的法律法规、贸易和技术政策，包括其变更状况，并成立相应的咨询机构，对有关问题进行答疑和协调，使其他成员能及时了解情况，并采取必要的应对措施。

根据透明度原则，各成员应对不符合国际标准、指导原则和推荐技术标准的，以及可能对其他成员的贸易产生重大影响的措施予以SPS通报，从而避免SPS措施成为不必要的贸易壁垒，实现国际贸易自由化和便利化的总目标。SPS相关成员与通报方之间的互动，被称为SPS评议。SPS评议的具体内容包括提供更详细的信息，发出阻碍贸易的警报，提出具体的修改建议。

专栏 4-4

中国成功运用SPS评议案例

吡虫啉是茶树上广泛使用的农药之一。2019年12月10日，澳大利亚澳新食品标准局（FSANZ）发布M1017号提案，拟修订吡虫啉等农药在茶叶、枣等产品中的残留限量，并拟于2020年6月开始实施。此次修订拟将相关标准加严至原有标准的100倍，这将会大大增加我国输澳茶叶残留超标风险，一旦检出，产品可能被退运或销毁，必将会损害茶农的切身利益，甚至导致部分脱贫茶农再度返贫，从而影响我国精准扶贫和乡村振兴战略的实施。

我国海关总署国际检验检疫标准与技术法规研究中心（以下简称标法中心）第一时间组织专家进行多轮评议，提出针对性意见，促使澳方将对应产品中残留限量修订时间延缓至2022年，为我国出口产品赢得缓冲期，也为进一步磋商打开窗口。随后，标法中心向澳方提交了《茶叶中吡虫啉限量的协调一致申请》，要求其采用国际食品法典委员会（CAC）标准。

2021年2月2日，FSANZ发布M1018号提案，采纳我国的意见，参考CAC标准，拟将吡虫啉在茶叶中的限量标准放宽至原有标准的5倍，大大降低了茶叶残留超标的风险，有利于扩大我国茶叶出口，充分保障茶农利益。

这是我国首次运用评议手段促使通报成员放宽农残限量标准，是我国SPS评议工作的重要突破。

资料来源：中华人民共和国北京海关.通过评议手段积极应对外方技贸壁垒 [EB/OL]. [2024-12-19]. http://www.customs.gov.cn/beijing_customs/ztzl1/jgjmzl/tbypy/3563939/index.html，部分节选，有改动。

三、SPS协议的基本原则

1. 透明度原则

各成员应按规定程序履行有关通知义务，设立咨询点对有关问题进行答复并等价地提供相关文件，但不必披露会损害特定企业合法商业利益的机密信息。

2. 非歧视原则

成员在实施SPS措施时，不能在情形相同或相似的成员间造成任意或不合理的歧视，构成对国际贸易的变相限制。

3. 协调性原则

为在尽可能广泛的基础上协调SPS措施，使不同成员制定、承认和实施一致的SPS措施，除非另有规定，各成员的SPS措施应根据现有的国际标准、指导原则和推荐技术标准制定。

4. 等效性原则

在不同成员的不同产地之间，动植物有害生物的疫情可能存在差异，致使各成员无法采取同一种SPS措施。如果出口成员与进口成员的SPS措施达到了相当的保护水平，那么进口成员应将其作为等效措施予以接受，对此，出口成员负有举证责任，进口成员有权进行检测。就具体SPS措施等效性的认可问题，各成员可通过磋商达成双边和多边协议。

5. 以科学为依据实施SPS措施

成员应确保其采用的任何SPS措施以科学为依据，不得实施或停止实施没有充分科学依据的SPS措施。在科学依据不充分的情况下，可临时采取某种SPS措施，但应在合理的期限内作出科学评估。

第二节 《实施卫生与植物检疫措施协议》与中国

中国在对外贸易中积极行使SPS协议规定的权利并履行相应的义务。在制定和实施SPS措施时，参考国际标准、指导原则和推荐技术标准，并进行客观严格的风险评估以确定适当的卫生与植物检疫保护水平。同时，中国积极遵循透明度原则进行SPS措施通报与评议，在必要时主动寻求争端解决机构的帮助，合理争取本国利益。

一、SPS措施的影响

SPS措施通常表现为农业等有关领域的技术性贸易壁垒。由于具有合理性和灵活性，SPS措施通常被实行农业贸易保护主义的成员长期利用，使国际农产品贸易环境日趋恶化，美国、日本等发达国家尤甚。其主要表现为：第一，发达国家成员都制定了完整的食品安全、动植物卫生检验检疫的法律、法规和标准体系，这些法律、法规和标准体系既规范着国内农产品的生产加工，又将不符合标准的国外产品挡在了国门之外；第二，药物残留标准要求越来越严；第三，标签制度与包装要求苛刻；第四，发达国家成员制定了一系列环境保护法规，对环境保护的要求越来越高，形成了"绿色壁垒"。

美国农产品的标签与包装要求

美国对农产品的标签和包装有着严格的规定，以确保产品的可追溯性和消费者的知情权。这些规定不仅保障了消费者的食品安全，也成为国际贸易中的重要技术性贸易壁垒和卫生与植物检疫措施。

美国食品药品监督管理局对农产品标签有明确的规定，确保消费者能够获取关键的产品信息。具体规定如下：

（1）食品名称：标签应首选联邦法律或法规中规定的名称；如果没有规定的名称，可以使用食品常用名称或通俗名称。食品名称应使用粗体字标示在主要展示版面（PDP），其大小与该版面上最突出印刷信息的字体相协调，并与包装底部大体平行且成行。

（2）净含量：净含量必须同时以美制单位和公制单位来标示，如"净含量1 gal（3.79 L）"。净含量应标示在PDP底部30%的区域，一般与容器的底部相平行。

（3）食品配料：配料表一般使用"ingredients"作为引导词，配料应按加入量的递减顺序一一排列。配料表应和生产商、包装商及代理商的名称和地址标示在同一版面。

（4）生产商、包装商或代理商的名称和地址：预包装食品标签应标示生产商、包装商或代理商的名称和地址（街道地址、所在城市和邮政编码等）。进口至美国的产品应在醒目位置清晰地标示原产国家或地区的英文名称。

（5）过敏原：美国《食品致敏原标识及消费者保护法案（2004）》规定8种强制标识的过敏原，包括奶、鸡蛋、鱼类、甲壳贝类、树生坚果类、小麦、花生和大豆。

（6）营养标签：美国营养标签已有20多年的历史，最新的预包装食品营养标签格式由美国食品药品监督管理局新法规确定，要求标注总热量、饱和脂肪、总脂肪、胆固醇、钠、总碳水化合物、膳食纤维等。

美国的农产品包装要求旨在确保食品安全和减少对环境的影响。农产品包装具体要求如下。

（1）包装材料：包装材料必须符合食品安全标准，防止有害物质迁移到食品中。同时，包装材料还需要符合环保要求，减小对环境的影响。

（2）可追溯性：美国农产品可追溯制度要求从农场到餐桌的每个环节都可追溯。种植环节推行良好农业操作规范（GAP）管理体系，加工环节推行良好生产操作规范（GMP）管理体系和危害分析及关键点控制（HACCP）食品安全认证体系。

美国对农产品的标签和包装要求体现了其在保障食品安全和促进国际贸易中的重要作用。通过严格的标签和包装规定，美国不仅确保了消费者能够获取准确的产品信息，还推动了农产品的可持续生产和贸易。

SPS措施对中国的挑战是多维度且复杂的，深刻地影响着中国的出口贸易和产业发展，其具体表现在以下几个方面。

首先，这些措施促使中国企业不断提升产品质量与安全标准，推动技术创新与产业升级，进而增强国际市场对中国产品的信任与品牌形象。通过实施符合国际标准的SPS措施，中国产品在国际市场上的竞争力得到显著提升，为企业在全球范围内拓展市场份额奠定了坚实基础。

其次，SPS措施也对我国带来了挑战。SPS措施所设定的高标准要求对我国出口企业构成了显著的技术挑战。这些标准不仅要求企业具备先进的生产技术和严格的管理水平，还对企业的检测能力提出了极高的要求。随着国际标准的不断更新，我国出口企业需要密切关注国际动态，及时调整自身的生产流程和检测方法，以确保产品能够持续符合国际市场的准入标准。

市场准入受限是SPS措施对我国挑战的另一个重要方面。一些国家可能利用SPS措施设置贸易壁垒，限制中国产品的进口。这不仅可能导致我国产品在某些市场上面临销售困难，还可能迫使企业退出市场，对出口企业造成巨大损失。同时，SPS措施中的区域化原则也可能导致中国某些地区的产品因疫情或病虫害问题而被禁止出口到特定市场，进一步加剧了市场准入的难度。

再次，SPS措施的实施增加了我国出口贸易的成本。检测、检疫和认证等环节的费用往往较为高昂，对于中小企业而言，这些额外成本可能构成沉重的负担。此外，复杂的SPS程序还可能导致产品通关时间延长，影响交货速度和市场响应能力，从而增加了时间成本。

最后，在国际合作与协调方面，SPS措施也对我国提出了挑战。SPS措施涉及多个国家和地区的利益，需要多边合作和协调。我国需要积极参与国际SPS合作与谈判，加强与相关国家的沟通与交流，共同应对SPS挑战。然而，由于各国在SPS标准、检疫方法等方面存在差异，国际合作与协调的难度较大，需要付出更多的努力。

二、中国参与SPS通报及评议

中国积极提交SPS通报并进行SPS评议，充分利用SPS工具维护切身权益。为做好

SPS通报工作，国务院办公厅于2002年发布了《关于做好我国加入世界贸易组织有关贸易政策通报咨询和审议工作的通知》。2012—2021年中国SPS通报措施主要涉及的领域包括食品添加剂（443项）、营养与特殊膳食食品（89项）、食品产品（67项）、食品生产经营规范（41项）、食品相关产品（26项）、饲料添加剂和饲料卫生（21项）和食品农药兽药残留（17项）等。[①]收到的SPS通报广泛涉及食品安全、动物健康、植物保护、保护国家免受有害生物的其他危害等。

我国密切关注各成员实施的、与我国贸易利益切身相关的SPS措施与有关公共议题。仅2024年1—5月，我国就回应了4项特别贸易关注，广泛包含其他成员对涉及我国禽肉、水果、水产品的进口限制。

第三节 案例精解：日本诉韩国放射性核素的进口禁令以及测试和认证要求（DS495）

一、案例导入

1. 案例简介

申诉方：日本。

被申诉方：韩国。

第三方：巴西、加拿大、中国、中国台北、欧盟、危地马拉、印度、新西兰、挪威、俄罗斯、美国。

该争端涉及2011年3月11日日本东北海岸发生福岛第一核电站事故后，韩国对放射性核素含量实施进口禁令以及额外的测试和认证要求。2011年日本福岛第一核电站事故发生后，韩国对日本产品实施了各种进口控制措施。这些措施包括对日本某些县的特定水产品实施进口禁令（特定产品禁令），随后扩大到日本某些县的所有水产品（全面进口禁令），以及对某些日本产品实施检测和认证要求。

2. 时间节点

2015年8月20日，日本请求成立专家组。在2015年8月31日的会议上，争端解决机构（DSB）推迟了专家组的成立。

2016年1月27日，日本请求总干事组成专家组。2016年2月8日，总干事组成了专家组。巴西、加拿大、中国、中国台北、欧盟、危地马拉、印度、新西兰、挪威、俄罗斯、美国保留其第三方权利。

2016年8月5日，专家组主席通知DSB，专家组预计将根据与各方磋商后通过的时

---

① 吕涵阳，田静，陈潇，等.中国2012—2021年世界贸易组织卫生与植物卫生措施通报情况分析[J].中国食品卫生杂志，2022（5）：931-936.

间表，于2017年6月向各方发布最终报告。2017年5月29日，专家组主席通知DSB，由于案件的程序和事实性质复杂以及时间安排冲突，经与各方磋商，专家组预计于2017年10月初向各方发布最终报告。专家组主席还告知DSB，一旦报告以所有三种官方语言分发给各方，就会向公众公布，分发日期取决于翻译工作的完成情况。

2018年2月22日，专家组向各方分发了报告。

二、专家组的分析

1. 韩国的措施是否属于卫生与植物检疫措施

适用《实施卫生与植物检疫措施协议》有两个条件。一是，该措施必须是附件A中定义的卫生与植物检疫措施；二是，根据《实施卫生与植物检疫措施协议》第1.1条，该措施必须有可能直接或间接影响国际贸易。为确定《实施卫生与植物检疫措施协议》中的义务是否适用于韩国的措施，专家组必须确定这些措施是否属于《实施卫生与植物检疫措施协议》附件A（1）所指的卫生与植物检疫措施，以及这些措施是否直接或间接影响国际贸易。

专家组认为，韩国的进口禁令和额外检测要求是为了保护人类健康免受食品中污染物的危害。这些措施直接影响国际贸易。因此，这些措施属于《实施卫生与植物检疫措施协议》第1.1条所指的卫生与植物检疫措施。

2. 韩国的措施是否比要求的贸易限制更多

专家组认为，没有足够的数据表明，在2011年通过第一批额外检测要求时，仅对铯进行检测就足以使剂量低于1 mSv/年。同样，专家组发现，证据也不支持关于通过2012年特定产品进口禁令的结论，即仅检测铯就能使五个相关县的阿拉斯加狭鳕和太平洋鳕达到1 mSv/年的保护水平。因此，专家组认为，日本未能证实其提议的替代措施在通过这两项措施时能够达到韩国的适当保护水平（appropriate level of protection, ALOP）。日本提出的另一项措施在技术上是可行的，在经济上也是可行的，其贸易限制性大大低于韩国目前采用的措施。关于日本的替代措施是否达到了韩国的ALOP，专家组认为，在通过2011年额外检测要求和特定产品禁令时，日本的替代措施未达到韩国的ALOP。同样，专家组认为，在通过2013年全面进口禁令时，该措施不会达到韩国对日本福岛县和茨城县生产的太平洋鳕的ALOP。至于2013年的额外检测要求以及受一揽子进口禁令限制的其他渔业产品和县，专家组认为，日本的替代措施在措施通过时会达到韩国的ALOP。专家组认为，就所有措施而言，日本的替代措施在专家组成立时本应达到韩国的ALOP值，并将持续至今。

证据支持以下结论：自2013年以来，日本的替代措施将使受额外检测要求（2011年和2013年通过的要求）限制的产品以及受特定产品禁令和全面进口禁令限制的所有渔业产品的最大暴露水平低于1 mSv/年，并且可能大大低于这一水平，但有一个例外。

专家组注意到，在整个2013年期间，日本政府对来自福岛县和茨城县的太平洋鳕采取了限制措施，不允许这些产品在市场上自由销售或分销。其原因是日本政府基于某些安全考虑，认为这些特定地区的太平洋鳕存在安全风险，可能不符合食品安全标准或存在放射性污染等问题，因此认定它们不适合进行销售或分销。专家组认为，日本已经证明，建议的替代措施达到了韩国关于通过2013年额外检测要求和28种渔业产品进口禁令的ALOP，但来自日本福岛县和茨城县的太平洋鳕除外。

因此，专家组认为，韩国2011年的额外检测要求和2012年的特定产品进口禁令在通过时并未超出规定的贸易限制。然而，在专家组成立时，这些要求的维持实施不符合《实施卫生与植物检疫措施协议》第5.6条的规定，因为它们的贸易限制性超过了要求。专家组同样认为，2013年实施的额外检测要求，无论是在其通过时还是在其维持时，都不符合《实施卫生与植物检疫措施协议》第5.6条的规定，因为这些要求的贸易限制性超出了实现ALOP所需的程度。专家组还指出，除了对原产于福岛和茨城的太平洋鳕的进口禁令之外，其他进口禁令的实施方式也不符合《实施卫生与植物检疫措施协议》第5.6条的规定，因为这些禁令的贸易限制性同样超出了要求。综上，专家组认为，对来自所有8个县的28种渔业产品的全面进口禁令的维持，不符合《实施卫生与植物检疫措施协议》第5.6条的规定，因为它对贸易的限制性超出了达到ALOP所需的程度。

3. 韩国的措施是否构成歧视

日本声称，韩国的进口禁令和额外检测要求不符合《实施卫生与植物检疫措施协议》第2.3条，因为它们对日本产品构成了任意或不合理的歧视，构成对国际贸易的变相限制。在这方面，日本认为，从日本进口的食品与其他原产地进口的食品条件相似，因为韩国的措施对它们构成了类似的卫生与植物检疫风险。

关于《实施卫生与植物检疫措施协议》第2.3条第二句规定的义务，即卫生与植物检疫措施不应构成对国际贸易的变相限制，以前的专家组沿用了上诉机构在"美国-汽油标准"案中的推理，即GATT 1994第XX条中出现的"任意或无理歧视"与"对国际贸易的变相限制"之间的关系。根据这一推理，"任意或无理歧视"是"变相限制国际贸易"这一更广泛类别的一种形式，后者包含前者。因此，如果认定一项卫生与植物检疫措施的实施导致了任意或无理歧视，就会自动导致认定这项卫生与植物检疫措施也构成了对国际贸易的变相限制。由于专家组已经认定韩国的措施不符合《实施卫生与植物检疫措施协议》第2.3条第一句的规定，专家组认为，进口禁令和额外的测试要求同样构成了对国际贸易的变相限制。因此，专家组认为没有必要考虑日本为支持其根据《实施卫生与植物检疫措施协议》第2.3条第二句提出的索赔的其他理由，并对这些理由厉行司法节约。

鉴于此，专家组认为，2013年对日本索赔的8个县的27种渔业产品和6个县的太平洋鳕（即不包括日本福岛县和茨城县的太平洋鳕）的额外检测要求和全面进口禁令在韩国通过时不符合《实施卫生与植物检疫措施协议》第2.3条第一句，因此也不符合

第2.3条第二句。此外，韩国维持对来自日本8个县的28种渔业产品的特定产品禁令和全面进口禁令，以及2011年和2013年对日本产品的额外检测要求，不符合《实施卫生与植物检疫措施协议》第2.3条第一句的规定，因此也不符合第2.3条第二句的规定。专家组对日本提出的这些措施不符合第2.3条第二句的其他理由厉行了司法节约。

4. 控制、检查和审批程序

众所周知，举证责任在对某一申诉或抗辩提出肯定的一方，无论是申诉方还是抗辩方。由于日本声称国内产品与进口产品相似，因此日本应提出论据并举证支持这一主张。然而，除了第二次书面呈文中的一个段落外，日本没有详细说明为什么进口产品和国内产品应被视为同类产品。事实上，日本提到的是其产品与"所有其他原产地"的产品的相似性，而不是特指与韩国产品的相似性。日本就阿拉斯加狭鳕的相似性提供了一个简洁的结论，指出无论原产地如何，所有放射性物质活度低于100 Bq/kg①的阿拉斯加狭鳕都具有相同的物理特征和最终用途，它们通常具有相同的消费者口味和习惯，而且它们将被列入同一关税分类项目下。在这个例子中，日本似乎忽略了一个事实，即阿拉斯加狭鳕在韩国属于被禁止的水产品，因此不在韩国的额外检测要求范围内。日本提到，同样的分析应适用于所有日本食品。日本没有举出任何有助于进行相似性分析的额外证据，无论是与具体产品有关的证据，还是与此类产品组有关的证据。例如，日本没有解释韩国是否生产所有相关产品，如果不生产，它生产的任何产品是否与日本寻求出口到韩国的产品相似。日本也没有提到任何贸易数据，显示其索赔所涉及的产品或产品组中哪些产品实际上是从日本出口到韩国的。在日本未作出进一步解释的情况下，专家组无法评估进口产品和国内产品是否同类。因此，专家组认为，就《实施卫生与植物检疫措施协议》附件C（1）(a)项下的评估而言，日本未能证明国内产品和进口产品是同类产品。由于日本未能证明日本和韩国的食品可被视为同类产品，因此也未能证明韩国通过或维持2011年和2013年的额外检测要求的行为不符合《实施卫生与植物检疫措施协议》附件C（1）(a)项。

专家组从日本提交的材料中了解到，日本并不认为了解特定产品中放射性核素的含量对于检查或确保符合食品中放射性核素污染的实质性限制是不必要的。更具体地说，日本没有解释披露放射性核素检测水平的检测报告或证书以及确保检测结果可靠性的其他信息的哪些方面对于适当操作、进行和完成额外检测是过度的。专家组认为，日本的论点旨在解决《实施卫生与植物检疫措施协议》第5.6条中的义务，即不采取对贸易限制性超过实现低限值作业所需的措施，而不是解决程序运行的信息要求的必要性，这是《实施卫生与植物检疫措施协议》附件C（1）(c)项中的义务。由于日本的论点没有涉及《实施卫生与植物检疫措施协议》(c)分段中的义务，因此不足以证明该条款下的不一致，而根据《实施卫生与植物检疫措施协议》第5.6条提出更为恰当。

---

① 这是指阿拉斯加狭鳕中放射性物质的活度水平。100 Bq/kg指的是每公斤阿拉斯加狭鳕中放射性物质的活度低于100贝可勒尔。这个数值被用作一个安全标准或阈值，用来判断食品是否安全、可供人类消费。

鉴于此，专家组认为，日本未能证实其根据《实施卫生与植物检疫措施协议》附件C（1）（c）项就任何被质疑措施提出的索赔。

专家组指出，根据《实施卫生与植物检疫措施协议》附件C（1）（e）项的目的和宗旨，韩国认为该条款所涵盖的措施仅限于适用于托运货物中的每件产品，这一论点在《实施卫生与植物检疫措施协议》附件C（1）（e）项的措辞或上下文中得不到支持。专家组认为，对《实施卫生与植物检疫措施协议》附件C（1）（e）项的这种狭义理解将使该条款失去意义和作用。边境检查当局的通常做法是使用"单个样品"作为进口产品的代表，以核实其是否符合法律法规。如果《实施卫生与植物检疫措施协议》附件C（1）（e）项只适用于要求对托运货物中的每件产品进行检测的措施，那么大量的措施都可能逃脱该条款的范围。尽管如此，专家组也不同意日本的论点，即如果一项措施的要求不限于达到进口成员的ALOP所必需的，该措施就可能与《实施卫生与植物检疫措施协议》附件C（1）（e）项不一致。日本的论点似乎是在重新表述其根据《实施卫生与植物检疫措施协议》第5.6条提出的申诉，并将与《实施卫生与植物检疫措施协议》附件C（1）（e）项不一致的情况作为与《实施卫生与植物检疫措施协议》第5.6条不一致的结果。专家组认为这两个条款之间没有这种关系。专家组指出，日本的论点不能作为认定《实施卫生与植物检疫措施协议》附件C（1）（e）项不一致的依据。根据上述情况，专家组认为，日本未能证实其根据《实施卫生与植物检疫措施协议》附件C（1）（e）项提出的关于通过和维持2011年和2013年额外检测要求的主张。

因此，专家组最终认为，日本未能证实韩国在通过和维持2011年和2013年额外检测要求方面的行为不符合《实施卫生与植物检疫措施协议》附件C（1）中（a）、（c）、（e）和（g）分段的规定。

■ 三、案件评述

本案是WTO审理的与核辐射有关的案例，而且与大多数SPS相关案例相反，本案的最终结果是在绝大多数范围支持了被申诉国——韩国所采取的预防措施。日韩水产品限制进口案是随着科技发展出现的新问题，较之以往的争端存在极大的特殊性。

DS495案对国际贸易法和食品安全政策具有深远的影响。一是，它强调了成员在制定和实施贸易措施时，必须基于充分的科学证据，确保措施的合理性和必要性。二是，该案例展示了在保护公共健康和维护国际贸易自由之间寻求平衡的重要性，成员需要在保障国民健康的同时，避免不必要的贸易壁垒。三是，该案例还表明了国际合作在解决跨国问题中的必要性，特别是在全球化背景下，面对如核事故等全球性挑战时，各国需要加强合作，共同制定和实施有效的应对措施。四是，DS495案为未来类似的贸易争端提供了重要的参考和指导，提醒各成员在制定政策时必须考虑到WTO规则的要求，确保措施的科学合理性和非歧视性，同时也为国际贸易法的实践和成员的政策制定提供了宝贵的经验和教训。

案例思考

1. 专家组如何评估进口产品和国内产品是否同类，特别是在缺乏贸易数据和具体产品相关信息的情况下？

2. 在食品安全等问题上，替代措施是否能够被普遍认可并得到合规性的评定？

3. 如何确定替代措施是否足以取代其他国家提出的限制性措施？

数字资源 4-1
相关协议条款

专业词汇

- 《实施卫生与植物检疫措施协议》
- 卫生与植物检疫措施
- 国际标准、指导原则和推荐技术标准
- 风险评估、卫生与植物检疫保护水平
- 病虫害非疫区
- 病虫害低度流行区
- 等效性
- 特别贸易关注
- SPS通报
- SPS评议
- 绿色壁垒

思考题

1. 查阅资料，分析有关SPS协议的争端解决所面临的难点。

2. 结合其他国家的SPS政策协调机制、技术法规的通报评议工作，中国应如何运用SPS工具维护本国利益，应对国际贸易争端？

3. 结合本书其他章节，试述SPS协议与AOA协议、SPS协议与TBT协议、SPS措施与技术性贸易壁垒之间的联系和区别。

第五章

WTO技术性贸易壁垒适用规则及案例

技术性贸易壁垒作为非关税壁垒的一种,对国际贸易具有重要影响。本章简要介绍了《技术性贸易壁垒协议》及其相关规则,该协议旨在规范国际贸易中的技术法规、标准和合格评定程序等,以减少这些技术性措施的差异对贸易造成的障碍。对《技术性贸易壁垒协议》的深入解析,可以帮助我们探讨如何在国际贸易实践中应用这些规则,消除技术性贸易壁垒带来的障碍,促进国际贸易的健康发展。

专栏 5-1

章首案例:欧盟的技术法规

从欧盟技术法规发展的历史来看,早在20世纪60年代初,欧共体就开始了协调技术法规和标准的制定工作,制定了许多关于有毒物质、化妆品、食品添加剂等方面的协调指令,这是欧共体最早的统一的技术法规。20世纪70年代,欧共体重点在汽车、农林用拖拉机等方面制定了一系列的技术法规。20世纪80年代至今,欧共体及欧盟的技术法规已经覆盖到电器产品、机械产品、简单压力容器、玩具、电讯设备、医疗器械等许多领域。可以说,欧共体或欧盟内统一的技术法规始终处于一个快速的不断发展和完善的过程中,并已经初步形成了较为系统和成熟的统一技术法规体系,在客观上对别国产品进入欧盟市场起到了重要的技术性贸易壁垒的作用。

从欧盟技术法规的法律基础来看,主要是欧盟的基础条约及后续条约。属于这一范畴的最基本条约有创建欧共体的三个基础条约,即《欧洲煤钢共同体条约》《欧洲经济共同体条约》《欧洲原子能共同体条约》,以及建立欧洲联盟的《欧洲联盟条约》。这四个条约是欧共体和欧盟制定一切法律的基础，它发挥着犹如国内宪法的作用。其他的基础条约还有《合并条约》（1965年）、《单一欧洲法令》（1986年）等。基础条约的后续条约主要有《阿姆斯特丹条约》（1997年）等。虽然在欧盟这个法律层次上目前还没有单独的技术法规方面的条约、法律，但1987年7月1日正式生效的《单一欧洲法令》中，有许多技术法规方面的条款。例如，《单一欧洲法令》第100a条是关于保障产品安全的条款，第118a条是保护人类健康的条款，第130条是保护环境的条款。这些条款也成为欧盟技术法规的重要法律基础。

从欧盟技术法规的层次来看，主要有条例、指令、决定及建议和意见等。具体内容如下。

关于条例，《欧洲经济共同体条约》第189条第2款规定，条例具有普遍适用、统一的约束力，并在所有成员国直接适用。条例具有基础条约的实施细则的性质。条例相当于议会通过的法令，公布生效后各成员国必须执行，无须变成本国立法。

指令，是要求各成员国把有关立法纳入共同体法律的条文，是对成员国具有约束力的欧洲经济共同体法律，实施方法可自行选择，一般给成员国一定的时间适应，使其变成本国法律。

决定，是有明确针对对象的有约束力的法律文件。它与条例有类似的效力，但是适用的范围不同。条例具有普遍性，对所有成员国具有约束力，而决定是针对个别、具体、确定的问题。

建议和意见，虽不具有约束力，但一经发布，对有关国家以及社会舆论都有一定的影响力。

在欧盟技术法规体系中，指令占有主导地位，欧盟绝大多数产品的技术立法都以指令的形式发布，只有很少部分是以条例或决定等形式出现。研究发现，欧盟国家的技术法规覆盖面广、数量多、形式和层次复杂多样，且具有很强的隐蔽性和随意性，在客观上限制了进口，起到了技术壁垒的作用。

资料来源：杨松，高志宏，张峰，等.欧盟技术法规体系初探[J].检验检疫科学，2002（5）：17-20，部分节选，有改动。

第一节 《技术性贸易壁垒协议》规则解读

在经济全球化时代，随着关贸总协定带来的关税水平不断下降，技术性措施越来越多地被用作贸易保护手段，成为国际贸易发展的新障碍。许多成员认识到，有必要制定统一的国际规则来规范技术性措施，消除技术性贸易壁垒。1979年4月，东京回合达成了《GATT/TBT协议》。在此基础上，1994年4月，乌拉圭回合修改达成了《技术性贸易壁垒协议》，约束成员实施技术性措施。

一、《技术性贸易壁垒协议》的主要内容

WTO技术性贸易壁垒适用规则包括《技术性贸易壁垒协议》和两项决定。《技术性贸易壁垒协议》(Agreement on technical barriers to trade，TBT协议)是由东京回合同名协议演化而成的多边贸易协议，由前言和15项条款及3个附件组成。两项决定分别是《国际标准化组织标准信息系统拟议谅解的决定》和《关于审议国际标准化组织/国际电工委员会信息中心出版物的决定》，主要申明与上述两个国际组织在技术标准方面相互合作的有关事宜。

技术性贸易壁垒是指各成员的技术法规和标准，包括对包装、标志和标签的要求，以及对技术法规和标准的合格评定程序给国际贸易制造的不必要的障碍。TBT协议允许成员适当地采取技术性措施以保证产品质量和国家安全利益、防止受到欺诈，但严禁制造技术性贸易壁垒以阻碍国际贸易，或者造成歧视。考虑到发展中国家成员可能遇到的困难，TBT协议鼓励在技术标准和技术转让等方面给予其协助。

二、TBT协议的适用范围和宗旨

TBT协议适用于所有产品，包括工业品和农产品，但不适用于服务业，也不适用于《政府采购协定》规定的政府机构为其生产或消费要求所制定的采购规格和《实施卫生与植物检疫措施协议》规定的卫生与植物检疫措施。TBT协议对不同的标准化机构，包括中央政府机构、地方政府机构和非政府机构等，分别作出了不同的关于制定、采用、实施技术法规和合格评定程序的规定。

TBT协议的宗旨：为使国际贸易自由化和便利化，在技术法规、标准、合格评定程序以及标签标志制度等技术要求方面开展国际协调，遏制以带有歧视性的技术要求为主要表现形式的贸易保护主义，最大限度地减少和消除国际贸易中的技术壁垒，为世界经济全球化服务。

三、技术性措施

技术性措施是指为实现合法目标而采取的技术法规、标准、合格评定程序等。这里的合法目标主要包括维护国家基本安全，保护人类生命、健康及安全，保护动植物生命、健康，保护环境，保证出口产品质量，防止欺诈行为等。

1. 技术法规

技术法规是规定强制执行的产品特性或其相关工艺和生产方法，以及适用的管

理规定在内的文件。该文件还可包括适用于产品、工艺或生产方法的专门术语、符号、包装、标志或标签要求。技术法规的制定应以有关国际标准为基础,按照产品的性能而不是其设计或描述特征来制定。技术法规的公布应留出合理的时间间隔,使出口成员,特别是发展中国家成员的生产者有时间使其产品和生产方法适应进口成员的要求,或是双方提出意见、进行磋商。

2. 标准

标准是经公认机构批准的、规定非强制执行的、供通用或重复使用的产品或相关工艺和生产方法的规则,以及指南或特性的文件。该文件还可包括适用于产品、工艺或生产方法的专门术语、符号、包装、标志或标签要求。不同于技术法规被定义为强制性文件,TBT协议中的标准并不要求强制执行。

3. 合格评定程序

合格评定程序是指任何直接或间接用以确定是否满足技术法规或标准中的相关要求的程序,特别包括:抽样、检验和检查;评估、验证和合格保证;注册、认可和批准;以及上述各项的组合。合格评定程序有认证、认可和相互承认三种形式。认证是指由授权机构出具的证明,可以分为产品认证和体系认证。认可是指权威机构依据程序确认某一机构或个人从事特定任务或工作的能力。相互承认是指认证或认可机构之间通过签署相互承认协议,彼此承认认证或认可结果。

关于合格评定程序

一些国家为达到限制进口的目的,就在合格评定程序上大做文章,比如收取高昂费用、制定烦琐程序。协议中有关合格评定程序的规定全面地涉及了合格评定程序的条件次序、处理时间、资料要求、费用收取、变更通知、相互统一等方面,为了相互承认由各自合格评定程序所确定的结果。TBT协议第5~9条分别描述了中央政府机构、地方政府机构、非政府机构以及国际和区域体系4个不同级别在合格评定程序方面的规则。这些规则主要包括以下几点。

(1)必须符合非歧视性原则,包括最惠国待遇和国民待遇。这里有两层含义:其一,合格评定程序对来自其他成员的进口产品的待遇不得低于给予国内同类产品和来自其他任何国家同类产品的待遇。其二,合格评定程序的制定、采用和实施过程中,不能对贸易造成不必要的障碍。

换句话讲，进口成员所采用的合格评定程序不能超过使其相信符合其技术法规和标准所必需的限度，同时，要保证尽可能快地进行和完成这一程序，除必需的信息外，不再要求提供更多的信息，而且测试设施地点要方便。

（2）必须符合协调原则。TBT协议大力鼓励WTO成员为协调合格评定程序而作出努力，以减少国家间的差异对贸易造成的障碍，协调途径主要有两条。其一，如果存在相关的国际标准，成员需要采用这些标准作为协调各自合格评定程序的基础，并鼓励成员使用已经制定的关于合格评定程序的任何国际指南和建议。其二，相互承认，对出口到不同国家的产品进行多重监测、多重检查和多重认证增加了商业成本和不确定性，还会造成不必要的贸易壁垒。TBT协议鼓励各成员磋商达成合格评定方面的相互认可协议，并要求各成员在可能的情况下，接受其他成员的合格评定程序的结果，只要这些程序与其程序一样，能够保证满足其技术法规和标准即可。

（3）必须遵守透明度原则。透明度原则对技术性贸易壁垒领域极为重要，因为产品要求及其合格评定的细节必须及时公布，这样才能防止产生限制或扭曲贸易的现象。TBT协议规定了两项透明度义务，目的在于保证所有成员都可以提前获得有关合格评定程序方面的信息使有关部门有足够的时间针对政策的改变作出调整。第一项义务是被动的，各成员必须保证设立至少一个国家咨询点，以回答其他成员有关其技术法规、标准和合格评定程序的所有合理的问题。第二项义务是主动的，即对合格评定程序的变更情况要及时进行通报，以便其他成员有机会发表意见。在紧急情况下，可以不经过此过程而采取措施，但仍需要进行紧急通报，并应考虑其他成员的意见。

四、信息和援助

各成员应设立咨询点，以回答其他成员和利害关系方关于技术法规、标准、合格评定程序等方面的合理询问，按规定提供英文、法文或西班牙文的相关文件或信息。成员需要确保咨询点的有效运作，包括在设立多个咨询点时的职责划分和信息转交。

若多个成员就与技术法规、标准或合格评定程序有关的问题达成可能对贸易有重大影响的协议，应有至少一名成员通过指定的中央政府机构，以英文、法文或西班牙文，就协议内容通知秘书处。秘书处应及时向所有成员和有利害关系的国际标准化和合格评定机构分发通知的副本，并提请发展中国家成员注意任何有关其特殊利益产品的通知。

如收到请求，各成员应就制定技术法规、建立合格评定机构、建立和加入国家标准化机构等问题向其他成员，特别是发展中国家成员提供建议，并按双方同意的条款和条件给予它们技术援助。提供建议和技术援助时，各成员应优先考虑最不发达国家成员的需要。

各成员在执行TBT协议时，应考虑发展中国家成员特殊的发展、财政、贸易需要和特殊困难，不对其出口造成不必要的障碍。为了保护与其发展需要相适应的本国技术、生产方法和工艺，发展中国家成员不必使用不适合其发展、财政和贸易需要的国际标准，可按照特定的技术和社会经济条件，采用技术性措施，并享有TBT协议项下全部或部分义务的特定的、有时限的例外。

五、机构、磋商和争端解决

TBT协议设立了技术性贸易壁垒委员会，由各成员的代表组成，定期召开会议。委员会为各成员提供有关TBT协议磋商的机会，定期审议TBT协议的实施和运用情况，并设立工作组或其他适当机构，以履行TBT协议指定的职责。

任何有关TBT协议事项的磋商和争端解决，应遵循《关于争端解决规则与程序的谅解》，在争端解决机构的主持下进行。专家组可自行或应一争端方请求，设立技术专家组，就有关技术性问题提供协助。

六、TBT通报及评议

TBT通报的范围主要是关于技术法规、标准和合格评定程序方面的内容，它要求成员对各自正在制定的、与国际标准或准则有重大差异且可能对国际贸易产生重大影响的技术法规、标准和合格评定程序，包括标签标志制度等进行通报。

允许有利害关系的成员在规定时间内，就文件的有关内容向起草方的WTO/TBT咨询点提出自己的意见。起草方必须对所提意见给予答复。如果其他成员有要求，起草方还应提供文件草案的全文。

七、TBT协议的基本原则

1. 非歧视性原则

TBT协议遵循最惠国待遇和国民待遇，要求各成员在技术法规、标准、合格评定程序等方面，在可比的情况下，给予源自任何成员领土进口的产品不低于其给予本国同类产品或来自任何其他国家同类产品的待遇。

> **专栏 5-3**
>
> ### 美墨金枪鱼争端
>
> 美墨金枪鱼争端是一起涉及环境保护与国际贸易的长期纠纷。美国实施的"海豚安全"认证制度要求进口金枪鱼产品必须证明其捕捞方式不会威胁海豚的生存。墨西哥认为美国在执行这一制度时对墨西哥产品实施了更为严格的标准,构成歧视,违反了WTO的《技术性贸易壁垒协议》(TBT协议)第2.1条的规定,该条款要求技术法规不得对进口产品提供低于本国或任何其他国家同类产品的待遇。
>
> 争端始于2008年,墨西哥向WTO提出投诉。WTO在2012年的裁决中认定美国对墨西哥金枪鱼产品采取了歧视性政策,违反了TBT协议第2.1条的规定。美国随后对"海豚安全"标签规定进行了更新,但2015年WTO再次裁决,维持了对美国的不利裁决。2017年,WTO允许墨西哥对美国产品每年征收1.63亿美元的惩罚性关税,作为对美方歧视性政策的报复。
>
> WTO的裁决体现了对TBT协议的解释和应用,强调技术法规必须以一种不偏不倚的方式制定和实施,且不得在法律上和事实上对进口产品构成歧视。此外,WTO的裁决也考虑了环境保护与贸易利益之间的平衡,指出虽然各成员可以为了合法的监管目的采取必要措施,但这些措施不能限制贸易,且必须考虑到非歧视原则。
>
> 资料来源:WTO官网案例整理。

2. 透明度原则

公布、通报和咨询是TBT协议透明度原则下的三大支柱。TBT协议通过要求成员提前通知和给予评论的机会来保证技术性措施的透明度,使各成员的贸易政策具有可预见性,加强贸易体系的稳定性。各成员应迅速公布已采用的所有技术性措施,并在公布与生效之间给予宽限期,以便有关生产者和贸易商熟悉和适应其要求,调整自己的产品标准,采取有关措施,事先达到进口方的要求,减少贸易障碍和争端。

3. 必要性规则

成员只能采取为实现合法目标所必需的技术性措施。如果成员采取的技术性措施对其他成员的贸易产生重大影响，经其他成员请求，该成员应说明所采取措施的必要性。

4. 贸易影响最小规则

TBT协议允许成员在合理和正当目标的前提下制定本成员境内的技术法规，并且可以有极大的灵活性。但成员应保证技术法规和合格评定程序等的制定、采用或实施在目的或效果上均不对国际贸易造成不必要的障碍。技术法规对贸易的限制不得超过为实现合法目标所必需的限度，同时考虑合法目标未能实现可能造成的风险。合格评定程序和其实施方式不得比给予进口成员对产品符合适用的技术法规或标准所必需的足够信任更为严格，同时考虑不符合技术法规或标准可能造成的风险。成员应尽可能采取对贸易影响最小的技术性措施，即在考虑合法目标不能实现可能导致的风险后，采取的技术性措施对贸易的限制，不应超过为实现合法目标所必需的限制。

5. 协调性原则

TBT协议鼓励成员为协调技术法规、标准和合格评定程序而作出努力，但不要求它们因此改变保护水平。为在尽可能广泛的基础上协调技术法规，各成员应在其力所能及的范围内充分参与有关国际标准化机构就各自采用或准备采用的技术法规所涵盖的产品制定国际标准的工作，以减少成员间的技术性措施差异对贸易造成的障碍。如果没有相应的国际标准或虽然有国际标准但是不适用，因而必须制定自己的技术法规、标准和合格评定程序，且这些文件可能会对其他成员的贸易产生重大影响时，应按规定履行通知义务，并考虑其他成员提出的意见。

6. 等效性原则

为弥补国际标准的不足，协议提出等效技术法规作为补充措施。如果一成员的技术法规可以满足另一成员的政策目标，该技术法规可被另一成员视为等效技术法规加以接受，即使这些法规不同于自己的法规。

7. 特殊和差别待遇规则

各成员应履行对发展中国家成员，特别是最不发达国家成员提供建议和技术援助的义务，在执行TBT协议时，应考虑发展中国家成员特殊的发展、财政、贸易需要和特殊困难，不对其出口造成不必要的障碍。发展中国家成员不必使用不适合其发展、财政和贸易需要的国际标准，可按照特定的技术和社会经济条件，采用技术性措施，并享有TBT协议项下全部或部分义务的特定的、有时限的例外。

专栏 5-4

温州打火机案

温州打火机物美价廉,极具竞争力,国际市场份额一度高达80%。为了保护本成员国企业,欧盟沿用美国的措施,拟制定CR法规,要求进口价格在2欧元以下的打火机,必须要加装一个5周岁以下儿童难以开启的装置即安全锁,否则不准进入欧盟市场。安全锁的专利已为国外垄断,购买专利和自主研发均需要投入大量成本,自主研发还可能导致专利侵权。这意味着CR法规将使温州打火机在欧盟市场上受到巨大冲击。

CR法规违背了TBT协议等效性原则、非歧视原则、透明度原则等。第一,温州出口的打火机已通过国际通行的ISO9004安全标准,虽然没有安装安全锁,但一律采用金属外壳保护,安全性有足够的保障,未曾出现威胁儿童安全的情况。第二,日本、韩国也有几款打火机没有安装保险锁,却因为价格在2欧元以上,未出现在CR法规禁止进口之列。第三,欧盟早在1998年就制定了CR法规的草案,我国作为重要出口国却直至2001年10月才通过非官方途径知道,错过了提交相关意见的时机。

2002年5月,CR法规通过,并拟将于2004年6月起实施。但经过我国所有打火机厂商的努力应诉和国家的支持与帮助,2003年12月,CR法规未在欧盟相关会议上达成一致意见,无法强制执行。这是我国遭遇WTO成员技术性贸易壁垒的第一起案例,中国民企通过合法手段成功维护了自身和欧盟广大消费者的利益,为我国应对技术性贸易壁垒提供了经验和启发。

8. 相互认可原则

相互认可原则是指WTO成员在制定和实施技术法规、标准和合格评定程序时,应考虑接受其他成员的相应措施,即使这些措施在形式上与本成员境内的不同,只要它们能够达到相同的目标或效果。该原则鼓励成员之间通过相互认可合格评定程序的结果来减少不必要的重复检验和认证,从而降低贸易成本,促进贸易便利化。此外,TBT协议第6.3条鼓励成员就合格评定程序结果的相互认可进行磋商,以实现减少贸易壁垒和促进国际贸易的目的。

第二节 《技术性贸易壁垒协议》与中国

一、技术性贸易壁垒的特点

1. 合理性

技术法规、标准和合格评定程序主要是为了保护领土安全及消费者利益,因而有其合理的一面,TBT协议并不否认各成员技术性贸易壁垒存在的合理性和必要性,只是要求技术性贸易壁垒不应妨碍正常的国际贸易,不得有歧视性。

2. 灵活性

不断发展的技术(含检验技术的不断改进)和技术性贸易壁垒的多样性,为灵活运用技术性贸易壁垒提供了条件和可能。在激烈的市场竞争中,有些成员为保护本成员境内生产者的利益,常常蓄意提高进口产品的标准水平。进口产品的标准可以灵活改变的做法,使即便有多年出口贸易经验的"老手",有时也难以通晓进口成员对产品的所有技术要求。

3. 隐蔽性

把标准和技术法规作为一种贸易的技术性贸易壁垒,是各成员政府或多或少、或明或暗一直在使用的方法。有些发达国家成员的公民不断向中央和地方政府施加压力,要求技术立法,保护动植物和人类自身的健康和安全,保护环境,保护消费者的利益;同时,进口商为避免承担法律责任,也要求通过立法来保障自身的经济利益。特别是当经济萧条或进口产品影响本成员境内生产者的利益时,常以安全、卫生不符合标准或法规为由限制进口。因此,在传统的关税壁垒、进口配额、许可证等限制贸易的措施逐渐弱化和取消之后,看似最客观、最中性、披上合法外衣的技术法规、标准、合格评定程序等必然成为影响贸易的重要因素。

4. 复杂性

技术性贸易壁垒因涉及的技术和适用范围的广泛性,它远比配额、许可证等非关税壁垒复杂。例如,出口到美国、德国、日本等国的产品,各种技术规定及检验程序十分复杂,不仅中央政府,地方政府或民间机构也颁布了许多工业品和消费品的技术规定。

5. 可操作性

技术性贸易壁垒制定的主动权掌握在各成员政府手上,不需要通过国际组织的批准，故存在例外条款的 TBT 协议等对其限制效果有限。与实施程序复杂、实施过程较长的反倾销等措施相比，技术性贸易壁垒可操作性强、见效快，常常被各成员关注和加以利用。越来越多的发达国家成员通过此措施，以实现迅速限制进口，保护境内相关产业的目的。

6. 针对性

就限制产品进口而言，与其他贸易壁垒相比，技术性贸易壁垒有着更强的针对性，限制效果更好。只要有"正当技术理由"，它就可以对某成员某种产品中的某种规格，甚至某种包装的产品进口进行限制，这是其他贸易壁垒很难做到的。

7. 扩大化

技术性贸易壁垒已从产品流通领域扩大到生产、加工领域。越来越多的成员意识到要从产品生产的全过程来控制质量，防止污染，有效利用资源，要加强生产过程的质量控制和环境保护工作，所以要求进口产品的生产加工方法也必须符合本成员境内的有关技术法规和标准。

二、技术性贸易壁垒对中国的影响

入世以来，我国出口总额逐年攀升，遭受技术性贸易壁垒的强度也不断加大。根据国家外经贸部进出口公平贸易局的统计，我国的出口企业中有一半以上遭遇过国外技术性贸易壁垒。截至 2021 年，中国共遭受非关税措施 54856 次，其中技术性贸易壁垒达 27898 次，占比超过一半。技术性贸易壁垒俨然已经成为影响中国企业出口的重要因素。为了应对技术性贸易壁垒，企业不得不投入大量成本，进行技术改造，更换标签及包装，新增检验、检疫、认证等手续；还需要承担产品遭受国外扣留、召回、销毁、退货等处罚的风险，极易遭受巨额经济损失。

但从长远来看，它们也有其积极的一面。技术性贸易壁垒的高标准可以激发企业的创新动力，推动技术升级，从而提高产品的市场竞争力，保护消费者免受劣质产品的伤害。同时，技术性贸易壁垒措施还有助于推动企业采用更环保的生产方式，减少对环境的影响，实现经济与环境的可持续发展。

为应对国外技术性贸易壁垒，我国相关部门发布了《关于鼓励企业应对国外技术壁垒的指导意见》等文件。针对性地选择对中国对外贸易影响较大、较深远的措施和产品，组织有关部门、行业组织、科研院所和重点企业，进行课题研究，了解国外市场准入要求，分产品编制《出口商品技术指南》，逐个制定应对方案并逐年更新。同时建立长效机制，设立"进出口商品技术服务中心"，积极参与国际和区域性标准化组织的各项工作，促使国际标准的制定向有利于中国的方向发展，组织指南培训、推广和技术研讨会，为企业提供技术咨询服务，指导出口企业有效应对国外技术性贸易壁垒。

三、中国参与TBT通报及评议

从世界贸易组织（WTO）官方网站获悉，2023年，WTO成员通报的技术性贸易措施数量历史上再次超过6000项，达到6061项；TBT通报4068项，创造了自2021年以来的新纪录。根据WTO的《技术性贸易壁垒协议》（TBT协议）和《实施卫生与植物检疫措施协议》（SPS协议）的规定，不应阻止任何国家在其认为适当的程度内采取必要措施，保证其出口产品的质量，保护人类、动物或植物的生命、健康及保护环境，防止出现欺诈行为，但是这些措施的实施方式不得构成在情形相同的成员之间进行任意或不合理歧视的手段，或构成对国际贸易的变相限制。同时，要求制定技术性贸易措施时应以国际标准为基础。只要不存在有关国际标准或拟议的技术性贸易措施的技术内容与有关国际标准中的技术内容不一致，如果该措施可能对其他成员的贸易有重大影响，则各成员有义务向WTO进行通报。

为了认真履行WTO有关透明度的义务，确保中国在TBT领域内的技术法规、标准及合格评定程序的制定和实施透明化，我国设立了中华人民共和国WTO/TBT国家通报咨询中心，负责解答各成员提出的有关中国技术性措施方面的问题，并应要求提供相关文件；代表中国政府机构、行业协会、企业和个人向其他成员进行咨询；同时，进行检验检疫标准和技术法规研究。

2024年前三季度（1月1日至9月30日），WTO的166个成员中共有86个成员提交了3173件TBT通报，同比增长7.8%，其中包括1718件新通报、1396件补遗和勘误通报、59件修订通报。提交通报数量位列前十位的成员依次是乌干达、美国、肯尼亚、坦桑尼亚、埃及、卢旺达、布隆迪、巴西、中国和以色列。表5-1为2024年和2023年TBT通报数量位列前十位的成员（前三季度）。

表5-1　2024年和2023年TBT通报数量位列前十位的成员（前三季度）

序号	2024年前三季度		2023年前三季度	
	国家/地区	数量（件）	国家/地区	数量（件）
1	乌干达	312	美国	355
2	美国	301	坦桑尼亚	302
3	肯尼亚	230	乌干达	265
4	坦桑尼亚	229	卢旺达	243
5	埃及	204	肯尼亚	185
6	卢旺达	200	布隆迪	159
7	布隆迪	186	巴西	119
8	巴西	151	印度	96

续表

序号	2024年前三季度		2023年前三季度	
	国家/地区	数量（件）	国家/地区	数量（件）
9	中国	143	欧盟	76
10	以色列	88	埃及	62

数据来源：广东省WTO/TBT通报咨询研究中心

2024年前三季度提交TBT通报数量前十的WTO成员提交的TBT通报数占总通报数的比重为64.4%，同比小幅增长1.1个百分点，成员仍以发展中经济体为主。乌干达是前三季度提交TBT通报最多的国家，共312件，同比增长17.7%；美国排名第二，提交的TBT通报数同比下降15.2%，美国是前三季度提交TBT通报最多的发达国家成员；肯尼亚排名第三，提交的TBT通报大幅增长24.3%。此外，埃及、布隆迪、巴西、中国和以色列所提交的TBT通报同比均有不同程度的增长，而坦桑尼亚和卢旺达同比则出现下降。

中华人民共和国WTO/TBT国家通报咨询中心工作程序

（1）签收。当接到WTO其他成员咨询我国有关技术性措施问题，或接到国内有关部门、行业协会、企业、个人提出的向WTO其他成员咨询的技术法规和标准，按照要求填写TBT咨询表（包括咨询者信息、接到咨询时间、签收等内容），并签收。

（2）通知咨询者。接到国外或国内咨询者的咨询后，在2个工作日内通知咨询者已收到咨询。

（3）咨询答复。对于其他成员咨询的问题，在10个工作日内进行答复；如不能及时答复咨询者，须告知原因。对于涉及几个部门的咨询问题，由各有关部门提供答复内容，经通报咨询中心汇总后答复。对于专业性极强的咨询问题，由中国TBT咨询专家组协助回答。对于内容比较重大的咨询问题，答复内容在外经贸部和国家局备案。对于国内咨询者咨询的问题，在2个工作日内将问题翻译成英文，寄往有关成员的中华人民共和国WTO/TBT国家通报咨询中心进行咨询。

（4）发送和接收。对于WTO其他成员咨询的答复将通过电子邮件、传真或邮寄送达咨询者，并按要求邮寄有关TBT技术法规和标准的文本或草案。对于国内咨询WTO其他成员的技术性措施有关问题，由中华人民共和国WTO/TBT国家通报咨询中心负责接收答复,并将其通过电子邮件、传真或邮寄送达国内咨询者。

(5)备案。将咨询问题及其答复整理后归档备案。

第三节 案例精解:印度尼西亚诉美国有关丁香烟的生产和销售措施(DS406)

一、案件引入

申诉方:印度尼西亚。

被申诉方:美国。

第三方:巴西、哥伦比亚、多米尼亚、欧盟、危地马拉、墨西哥、挪威、土耳其。

本案的主要争议点是《联邦食品、药品和化妆品法》[①](以下简称FFDCA)第907(a)(1)(a)条,该条款由《家庭吸烟预防和烟草控制法》(以下简称FSPTCA)第101(b)条添加至FFDCA。

2010年4月7日,印度尼西亚就有关丁香烟的某些措施向美国提出了磋商请求。FSPTCA于2009年6月22日签署,其禁止在美国生产或销售含有包括丁香在内的添加剂的香烟,而对包括薄荷在内的其他成分的香烟不做生产和销售上的限制。印度尼西亚认为,该法案与GATT 1994第Ⅲ:4条、TBT协议第2条,以及SPS协议的各项规定不一致。2010年6月9日,印度尼西亚要求成立专家组。2010年6月22日,争端解决机构(DSB)推迟了专家组的成立。2010年7月20日的会议上,专家组成立。

2011年3月8日,专家组主席向DSB通报,经与争端各方磋商后,预计最终报告将于2011年6月底前提交给各方,并且专家组预计将在这个时间范围内完成工作。2011年9月2日,专家组报告向成员公开发布。2011年9月15日,印度尼西亚和美国要求DSB延长《关于争端解决规则与程序的谅解》(DSU)第16.4条规定的60天期限,延至2012年1月20日。2011年9月27日,DSB同意,在印度尼西亚或美国提出请求时,DSB将在最迟2012年1月20日之前通过报告,除非DSB已达成共识决定不这样做,或印度尼西亚、美国根据DSU第16.4条通知DSB决定上诉。2012年1月5日,美国通知DSB其决定就专家组报告中的某些法律问题和法律解释向上诉机构上诉。2012年4月4日,上诉机构的报告向各成员传达。

---

① 美国《联邦食品、药品和化妆品法》是1938年由美国国会通过的一套法律,授权美国食品药品监督管理局监督食品、药品、医疗器械和化妆品的安全。

二、专家组的结论和建议

1. FFDCA第907（a）（1）（a）条是否为TBT协议附件1.1所指的"技术法规"

印度尼西亚认为FFDCA第907（a）（1）（a）条是TBT协议附件1.1条所指的"技术法规"，美国也承认该项措施属于技术法规，但其是否为技术法规的性质不应改变专家组审查的标准。根据印度尼西亚的观点，美国所采取的相关措施违反了TBT协议第2.1、2.2、2.5、2.8、2.9、2.10、2.12和12.3条，若FFDCA第907（a）（1）（a）条不是TBT协议意义上的"技术法规"，则争端事项不能适用于上述条款。因此，专家组认为FFDCA第907（a）（1）（a）条是否为"技术法规"是基础性的门槛问题。

专家组首先注意到，上诉机构在"EC-石棉"案、"EC-沙丁鱼"案中已经就TBT协议附件1.1条中"技术法规"作出解释。第一，文件必须适用于"可识别的产品或产品组"；第二，文件必须列明"产品的一个或多个特性"；第三，产品特性必须是强制性的。因此，专家组将通过审查这三个标准来分析FFDCA第907（a）（1）（a）条是否构成TBT协议附件1.1所指的"技术法规"。

首先，在"EC-石棉"案中，上诉机构对"技术法规"第一个概念要素进行了详细阐述，"技术法规"必须适用于可识别的产品或产品组。否则，实际上将无法执行该法规。这也是TBT协议第2.9.2条①规定的正式义务的基础，成员通过WTO秘书处向其他成员通报拟议的"技术法规"所涵盖的"产品"。遵守这一义务需要确定"技术法规"的产品范围。然而，这并不意味着"技术法规"必须适用于实际命名、标识或在法规中明确指定的"给定"产品。制定一项不通过名称明确标识产品的"技术法规"可能存在完全合理的行政原因，如通过受到法规约束的"特征"来使其可辨认。专家组认为，本案中有争议的措施，即FFDCA第907（a）（1）（a）条明确标识了它所涵盖的产品——香烟及其组成部分。FFDCA第907（a）（1）（a）条涵盖的产品不仅仅是"可识别的"也是"明确标识的"。在这一方面，第907条的标题是"烟草产品标准"，第907（a）（1）（a）条的标题是"香烟的特殊规定"。第907（a）（1）（a）条规定：香烟或其任何组成部分（包括烟草、滤嘴或纸张）不得含有除烟草或薄荷外的任何特征性风味。此外，美国食品药品监督管理局（FDA）②指南在标题"适用于哪些产品"下解释道，第907（a）（1）（a）条适用于符合FFDCA第900（3）条中对香烟定义的所有烟草产品。综上所述，专家组认为第907（a）（1）（a）条适用于"可识别的产品或产品组"，符合"技术法规"定义的第一个要素。

---

① TBT协议第2.9.2条规定：通过秘书处通知其他成员拟议的法规所涵盖的产品，并对拟议的法规的目的和理由作出简要说明。此类通知应在早期适当阶段作出，以便进行修正和考虑提出的意见。
② 美国食品药品监督管理局为美国卫生与公众服务部直辖的联邦政府机构。

同样在"EC-石棉"案中，上诉机构指出，定义"技术法规"的核心在于文件必须列明、规定或提供产品特征。TBT协议附件1.1条中"产品特征"应按其普通含义解释，产品的"特征"包括任何客观可定义的产品的特点、品质、属性或其他区别标志；此外，这样的"特征"可能与产品的组成、尺寸、形状、颜色、质地、硬度、拉伸强度、易燃性、导电性、密度或黏度等相关。在TBT协议附件1.1条关于"技术法规"的定义中，协议本身给出了产品特征的例子（如专门术语、符号、包装、标志或标签要求等）。这些例子证明了，"产品特征"不仅包括与产品本身固有的特征和品质，还包括与之相关的"特征"，如产品的识别手段、展示和外观。

专家组认为，FFDCA第907（a）（1）（a）条规定了产品特征，明确与产品的组成相关。事实上，禁止香烟含有某些成分或具有特征性香味的措施，从定义上来说是一项规定产品特征的措施。香烟的香味不仅是该产品的特征，而且固有于产品本身。即使FFDCA第907（a）（1）（a）条以否定形式（"香烟……不得含有"）规定产品特征，但并不改变第907（a）（1）（a）条规定产品特征的事实。"EC-石棉"案和"EC-沙丁鱼"案都对此论断提供了支持性证据。因此，专家组认为FFDCA第907（a）（1）（a）条确立了一个或多个"产品特征"，因此满足了"技术法规"的定义的第二要素。

"技术法规"定义的第三要素是产品特性必须是强制性的。在"EC-石棉"案中，上诉机构就文件所确立的强制性产品特征进行了如下解释，"技术法规"必须以具有约束力或强制性的方式调整产品的特征。专家组认为FFDCA第907（a）（1）（a）条确立了产品特征，对其进行的遵守是强制性的。该条款的强制性本质上来源于文本措辞，其规定香烟或其组成部分不得含有除烟草或薄荷外的人工或天然风味，也不得含有作为特征性风味的草本植物或香料；该法律的效果是"禁止制造和销售"带有某些特征性风味的香烟。FDA指导进一步解释了"如何执行这项禁令"。此外，FSPTCA还规定了特定条款，以应对FFDCA第907（a）（1）（a）条未被遵守的情况，包括：其一，未遵守FFDCA第907（a）（1）（a）条的产品被视为FFDCA第902（5）条所列"掺假品"；其二，根据FFDCA，出售或供应在美国销售的掺假品可能会根据FFDCA第304条被扣押；其三，根据FFDCA第301、302和303条，FDA有权采取诸如禁令行动和刑事起诉等行动，以处理违反FFDCA第907（a）（1）（a）条和FFDCA其他规定的行为。因此，专家组认为第907（a）（1）（a）条确立了产品特征，对其进行的遵守是"强制性的"，满足"技术法规"定义的第三要素。

基于上述原因，专家组认定FFDCA第907（a）（1）（a）条是TBT协议附件1.1条所指的"技术法规"。专家组将继续审议印度尼西亚根据TBT协议第2.1、2.2、2.5、2.8、2.9、2.10、2.12和12.3条提出的索赔。

2. FFDCA第907（a）（1）（a）条是否与TBT协议第2.1条不一致

印度尼西亚声称，FFDCA第907（a）（1）（a）条与TBT协议第2.1条存在不一致之处，因为该措施使得进口丁香香烟比美国国内类似产品薄荷香烟获得了更"不利"的待遇。印度尼西亚认为，丁香香烟与"所有美国国内生产的香烟，特别是薄荷香烟"相似，因为它们具有相同的物理特性、使用目的、消费者偏好和关税分类。因此，如果专家组决定将类似性分析限制在具有特定"特征风味"的香烟上，丁香香烟与美国国内薄荷香烟是类似的。

TBT协议第2.1条要求WTO成员向进口产品提供不低于给予本成员境内同类产品的待遇。这暗含了最惠国待遇原则，但在这一争端中，争端双方没有就TBT协议第2.1条中的这一要素提出索赔。在"韩国-牛肉"案中，上诉机构在解释GATT 1994第Ⅲ：4条时，对该条款下的违规裁定建立了一个三级检验标准：第一，所涉进口产品和国内产品是"同类产品"；第二，所涉措施是影响内部销售、要约销售、采购、运输、分销或使用的法律、法规和要求；第三，进口产品所享受的待遇不如同类国内产品。专家组认为，TBT协议第2.1条的内容与GATT 1994第Ⅲ：4条的内容非常相似，不同之处是，前者的国民待遇义务仅限于特定类型的措施，即"技术法规"，而GATT 1994第Ⅲ：4条适用于更大的措施组，即"影响其内部销售、要约销售、购买、运输、分销或使用的法律、法规和要求"。同时，专家组还注意到，争议双方对违反TBT协议第2.1条的因素分析都采取了这种分析方法。关于分析中的第二个因素，专家组在前面的分析中已经得出FFDCA第907（a）（1）（a）条是TBT协议附件1.1条意义上的"技术法规"的结论。因此，专家组将继续依次检验其余两个因素。

专家组在TBT协议第2.1条的背景下对"相似性"概念进行了解释。目前有两种可相互替代的解释框架。一是，基于各自语言的相似性，可以根据GATT 1994第Ⅲ：4条的判例法，将其直接适用于TBT协议第2.1条；二是，在不直接引用GATT 1994第Ⅲ：4条的判例法的情况下，必须在TBT协议的背景下解释"相似性"。

专家组参考了各方的意见：有关方建议为了解释TBT协议第2.1条，需要同时考虑GATT 1994第Ⅲ：4条的判例法和TBT协议的背景。特别地，美国要求专家组在解释TBT协议第2.1条下的"相似性"时，应当考虑到FFDCA第907（a）（1）（a）条部分的"公共健康目标"。专家组认为，其所面临的核心解释问题是，在TBT协议第2.1条下确定"相似性"是否像在GATT 1994第Ⅲ：4条的背景下确定"相似性"的情况一样，基本上涉及所比较产品之间的竞争关系的性质和程度。这个问题对本案有重要影响。因此，专家组将详细阐述各方的论点，然后进行推理。

印度尼西亚认为，TBT协议第2.1条下的"相似性"分析是对产品之间竞争关系的性质和程度的判断，但同时也暗示"在不同措施的背景下进行逐案分析可能会得出所有香烟在该特定措施的目的上并不相似的结论"。然而，印度尼西亚强调，GATT 1994第Ⅲ：4条与TBT协议第2.1条是两项基于不同协议和不同条约义务的独立主张，将导致不同的权益。美国指出，专家组对TBT协议第2.1条下"相似性"和"不利待遇"的分析应考虑内容和背景差异。其具体差异有如下三点：首先，根据

TBT协议序言的规定，不应阻止任何成员在其认为适当的程度内采取必要措施，保证其出口产品的质量，保护人类、动物或植物的生命和健康，以及保护环境；其次，TBT协议第2.1条所包含的义务适用于"技术法规"；最后，类似产品的分析应该"区分使产品或产品组能够为监管目的而辨认的特征，以及表明市场上具有竞争关系或可互相替代性的特征"。

专家组无法确定TBT协议第2.1条的解释是否可以简单地适用于GATT 1994第Ⅲ：4条的解释，因为后者尚未得到专门小组或上诉机构的深入阐述。然而，TBT协议第2.1条确实是以GATT 1994第Ⅲ：4条为原型，即：两者都涉及进口产品；两者都对成员提出了同样措辞的义务。但这两个条款在所规范的措施种类上存在差异。TBT协议第2.1条仅适用于"技术法规"；GATT 1994第Ⅲ：4条适用于包括技术法规的更广泛的措施。就各方普遍观点而言，GATT 1994第Ⅲ：4条所发展的裁定方法，特别是关于竞争分析方法的类似性判断，可直接适用于TBT协议第2.1条的分析。正如上诉机构在"EC－石棉"案中指出的那样，即便使用的术语完全一致，但它们"必须根据有关条款的背景、目标和目的以及相关协定的背景与目的进行解释"。因此，虽然专家组同意各方提到的措施相似性应当得到重视，专家组处理"相似产品"的解释问题时应是谨慎的。虽然将"相似产品"一词在其他协定中赋予的含义可能与GATT 1994第Ⅲ：4条具有相关性，但在GATT 1994第Ⅲ：4条中，"相似产品"的解释在某些方面不必与其他含义完全一样。

在解释条约中的法律规定时，根据《维也纳条约法公约》（VCLT）第31.1条的规定，起点是使用术语的常规含义。因此，专家组通过审查TBT协议第2.1条的术语来开始审查。正如美国所解释的那样，TBT协议的序言规定了其目标和宗旨。特别地，TBT协议的序言部分陈述表明，各成员的目的是"希望进一步实现GATT 1994的目标"。基于上述考虑，专家组得出结论：解释TBT协议第2.1条的方法必须首先将TBT协议作为TBT协议第2.1条的直接背景来处理。GATT 1994第Ⅲ：4条下的判例可以是相关的，因为GATT 1994第3.4条与TBT协议第2.1条的措辞几乎相同。同时，专家组认为，TBT协议第2.1条作为一项具有公共卫生目标的技术法规，不应单从竞争的角度来解释。FFDCA第907（a）（1）（a）条是一项技术法规，其直接目的是出于公共卫生原因对具有特征风味的香烟进行监管。综上所述，我们必须特别注意一项技术法规的公共卫生目标的重要性，以及如何根据这一目标评估相关产品的某些特征、其最终用途以及消费者对这些产品的看法。

进行相似性检查的第一步是确定必须进行比较的境内和进口产品，这个问题既出现在国民待遇分析的"相似性"步骤中，又出现在这种分析的"不利待遇"步骤中。在印度尼西亚提交的材料中，其最初将美国国内相似产品定为薄荷香烟；在回答专家组问题时，印度尼西亚的相似性论证主要集中在丁香香烟与薄荷香烟之间的比较。在后来的陈述中，印度尼西亚认为，相似性论证可以包含薄荷香烟和普通香烟。专家组根据DSU第6.2条指出：若将普通香烟纳入相似性分析中则会超出专家组的职权范围。因此，专家组的相似性分析将集中于进口丁香香烟与美国国内薄荷香烟。

根据GATT边境税调整工作组报告，评估相似性时应分析的第一个因素是产品的属性、性质和质量。因此，专家组在根据TBT协议第2.1条进行的分析中，将检查与FFDCA第907（a）（1）（a）条的直接目的相关的物理特性——香烟中存在特征风味。在"EC-石棉"案中，上诉机构解释称：在某些情况下，具有完全不同物理特性的产品可能有类似或相同的最终用途，但这并不意味着它们是等效的。在本案中，专家组面临的问题是，产品必须在多大程度上共享物理特征才能成为相似产品。

专家组对丁香香烟的物理特性进行分析。从当事各方提供的证据，专家组认为，丁香香烟由烟草和调味物质混合而成，用带过滤嘴的纸包装呈现给消费者。丁香香烟与薄荷香烟一样，属于美国税收的"A类"香烟。具体而言，丁香香烟的烟草含量一般为60%～80%、20%～40%的丁香添加剂，通常含有弗吉尼亚烤烟和爪哇烟草。丁香香烟通常包括一种"酱汁"，可作调味原料，这种"酱汁"中含有香草、糖、薄荷、甘草、浓缩水果和酒，被某些制造商吹捧为丁香香烟的一种独特的物理特征。丁香香烟中的丁香酚可以制成牙科手术中常用的麻醉剂，美国据此认为丁香香烟可能使烟民口腔麻木，严重的情况下甚至会引起吸入性肺炎或直接肺毒性，对吸烟者的健康造成危害。而印度尼西亚指出，没有临床证据证明丁香香烟中的丁香酚会使口腔麻木，薄荷香烟中使用的薄荷醇同样也会麻痹口腔。美国卫生与公众服务部向美国国会报告香烟中可能对吸烟者构成健康风险的成分清单中未包含美国提出的丁香酚和香豆素。由于没有证据证明丁香香烟比美国国内生产的普通香烟、薄荷香烟毒性更大，或构成更大的健康风险，因此这几种香烟的物理特性也没有差别。

专家组开始对薄荷香烟的物理特性进行审查。按重量计算，薄荷香烟约占烟草的90%。一般类别的薄荷香烟由弗吉尼亚烤烟、马里兰白利烟草、东方烟草和再造烟草混合制成。薄荷香烟的主要添加剂是薄荷醇，作为特色风味或特定口味存在。薄荷醇是从薄荷植物、玉米薄荷中提取或通过合成、半合成方法生产的化合物。2011年发布的TPSAC报告确定薄荷醇通过以下方式添加到卷烟中：第一种，在混合过程中喷洒烟；第二种，将其涂于包装箔上；第三种，将其注入烟草流；第四种，将其注入过滤器；第五种，在过滤器中插入可破碎的胶囊；第六种，将薄荷醇线放入滤嘴；第七种，上述各项的任何组合。不管采取上述何种情况，薄荷醇都会扩散到整支香烟中。薄荷醇可能具有冷却、止痛或刺激的特性，可能还会降低对包括尼古丁在内的有毒化学物质的敏感性。

专家组开始对丁香香烟和薄荷香烟的物理特征进行比较。在讨论丁香香烟和薄荷香烟的比较之前，专家组认为重要的是要解决"特征风味"的定义，因为它是FFDCA第907（a）（1）（a）条的核心要素之一。在回答专家组的问题时，美国解释说，参议院在FFDCA第907（a）（1）（a）条立法记录中虽然未定义"特征风味"一词，但它意为指代生产产品所赋予的独特风味、味道或香气的添加剂。专家组认为，为了受FFDCA第907（a）（1）（a）条的监管，香烟必须含有一种能产生独特风味、味道或香气的添加剂。

根据当事方提出的论点和证据以及前面所述的关于丁香香烟和薄荷香烟特征的描述，专家组可以得出以下结论：第一，丁香香烟和薄荷香烟均由烟草与添加剂混合制成。两者的主要成分都是烟草，其含量从60%到90%不等。第二，虽然丁香香烟和薄荷香烟的主要成分都是烟草，但它们与普通香烟的区别在于添加剂，添加剂会产生一种与普通烟草不同的独特风味。丁香香烟含有大量丁香芽，薄荷香烟只含有大约1%的薄荷醇。第三，两类香烟都含有不同的成分组合，使每个香烟品牌具有独特的味道。换句话说，每个品牌都由自己特定的成分和添加剂组成。丁香香烟和薄荷香烟之间存在区别，比如两者的成分构成，但这种差异是次要的。香烟的添加剂是两者物理特征的主要方面。因此，专家组认为，总的来说，两类香烟的物理性质是相似的，因为它们具有相同的主要特征，即以烟草为主要成分，并添加一种添加剂，赋予其特有的风味、味道和香气。

尽管有上述结论，专家组仍将丁香香烟和薄荷香烟的相同点和不同点与其他"相似产品"标准上的证据进行权衡，以全面确定有争议的产品是否可以被定性为"相似产品"。换句话说，专家组将检查丁香香烟和薄荷香烟的物理特性的证据，即香烟的最终用途、消费者的口味和习惯、产品的关税分类标准。

印度尼西亚认为包括丁香香烟和薄荷香烟在内的所有香烟的最终用途都是一样的，即供消费者吸烟。而美国认为，香烟实际上有许多最终用途，包括：第一，满足对尼古丁上瘾的需求；第二，提供一种与香烟的味道和烟雾的香气相关的愉快体验。关于美国提议的"提供愉快体验"的第二种最终用途，印度尼西亚争辩说，这不是一种最终用途，而是一种消费者行为。专家组同意印度尼西亚的观点，香烟的最终用途是吸食，人们吸烟的原因有很多，但这并不意味着香烟有多种最终用途。所以，丁香香烟和薄荷香烟具有相同的最终用途，即吸食。

在"EC-石棉"案中，上诉机构将"消费者偏好"定义为"消费者愿意选择一种产品而不是另一种产品的程度"，即吸烟者在多大程度上愿意选择丁香香烟而不是薄荷香烟，以达到同样的最终目的。首先，由于FFDCA第907（a）（1）（a）条以减少青少年吸烟为合法目标来管制香烟的含量，因此专家组需要先对消费者的具体范围进行界定。印度尼西亚认为，相似性分析的相关消费者是吸烟者，不应按年龄组进行分析，如果专家组决定按年龄组进行分析，适当的群体应是"青年（18岁以下）"和"成年人（18岁及以上）"。美国认为相关消费者是刚达到法定吸烟年龄的年轻人。美国认为，应在同类产品分析的消费者口味和习惯标准中，以及在与该措施的公共卫生基础相关的情况下，对处于开始吸烟窗口期的年轻人与经常吸烟的老年人之间的使用模式进行评估和考虑。在专家组看来，应该根据FFDCA第907（a）（1）（a）条的目标进行消费者口味和习惯的审查，需要考虑到年轻人，还应该考虑潜在的消费者，即尚未吸烟或偶尔吸烟但没有上瘾的年轻人。薄荷香烟和丁香香烟都对年轻人有吸引力，是因为它们都含有一种添加剂，这种添加剂使它们具有一种独特的味道，从而掩盖了烟草的刺激性。从当事各方提交的证据来看，年轻吸烟者和潜在的年轻吸烟者的看法是，薄荷香烟和丁香香烟在开始吸烟的目的上是相似的。

关于产品的关税分类标准,印度尼西亚提出,丁香香烟和美国国产香烟在6位数水平上具有相同的国际关税分类。①美国指出,如果争端事项不是为了财政目的,而是为了保护人类健康,那么对两种不同产品的财政待遇在"同类产品"分析中应占很小的比重。专家组参考上诉机构对审查两种产品关税类别的相似度的建议,认为在这方面,丁香香烟和薄荷香烟都属于HS编码分目240220。

根据上述结论,专家组认为丁香香烟和薄荷香烟属于TBT协议第2.1条所指的产品。

针对是否存在差别待遇的问题,美国认为若存在较不优惠的待遇:其一,必须确定同类进口产品和美国国内产品因原产地而受到不同待遇;其二,必须确定这种不同待遇是否给予进口产品较不优惠待遇。印度尼西亚不同意美国对"较不优惠待遇"的定性,并认为美国的提法将消除事实歧视的概念。专家组对有关禁令进行回顾,美国国内没有薄荷香烟以外的特色口味的香烟,薄荷香烟约占市场的25%,在美国青年吸烟的香烟中占很大比例。禁止薄荷以外的特色口味的香烟的影响是会增加其他成员的生产商的生产成本,特别是印度尼西亚的生产商。此外,专家组指出,TBT协议第2.1条的目的和宗旨是禁止在技术法规方面对进口产品和成员境内同类产品的歧视。如果允许成员将其境内产品排除在这些法规的适用之外,则这一目的将无法实现。综上所述,专家组认为,通过禁止丁香香烟而豁免薄荷香烟的禁令,确实给予了进口丁香香烟和美国国内香烟差别待遇,符合差别待遇的定义。

3. FFDCA第907(a)(1)(a)条是否与TBT协议第2.2条不一致

专家组面临的根本问题是,考虑到不履行禁令将产生的风险,美国丁香香烟禁令对贸易的限制是否超过了实现合法目标所必需的程度,是否违反了TBT协议第2.2条。美国在立法中将FFDCA第907(a)(1)(a)条的目的定义为"禁止制造和销售具有吸引青少年的某些'特征性香味'的香烟"。

然而,尽管当事各方都同意禁令的目标是减少青少年吸烟,但它们对FFDCA第907(a)(1)(a)条的目标存在两点分歧:一是"青少年"一词的含义,印度尼西亚认为"青少年"指的是未成年人(即18岁以下的人群),而美国则认为是所有处于12~26岁的人;二是FFDCA第907(a)(1)(a)条是否只有一个目标,美国认为将薄荷香烟排除在外,反映了该措施的第二个"目标",即避免禁止一种成瘾品产生的负面影响。专家组认为,当事各方在FFDCA第907(a)(1)(a)条具体目标上的分歧并不需要明确确定。一方面,TBT协议第2.2条的分析结果并不依赖于以上任何一个观点;另一方面,双方都没有解释专家组在如此精确的水平上确定措施的目标的必要性。

专家组更支持印度尼西亚的观点,即禁止丁香香烟的目标是降低18岁以下人群的吸烟率。正如印度尼西亚指出的,FSPTCA第2条列出了美国国会关于烟草使用者

---

① HS编码分类: (1) 240210 Cigars, Cheroots, Cigarillos (Containing Tobacco); (2) 240220 Cigarettes (Containing Tobacco); (3) 240290 Other Cigars, Cheroots, Cigarillos, Cigarettes。

的调查结果,其中1/4的被调查人员是18岁以下人群。关于第二个问题,专家组认为单一技术规定可以追求多个目标,无论从事实还是法律角度来看都是完全可能的。此外,专家组同意印度尼西亚的观点,即美国希望避免禁止数以万计的成年人对化学和心理上成瘾的产品产生潜在负面影响的论点,并不是FFDCA第907(a)(1)(a)条本身的"目标",而是排除薄荷香烟范围的理由。出于这些原因,专家组得出结论,禁止丁香香烟的目标是降低青少年(即18岁以下人群)的吸烟率。

在确定FFDCA第907(a)(1)(a)条所追求的目标之后,专家组继续审查该目标的合法性。正如上述机构在"EC-沙丁鱼"案中所指出的那样,虽然制定一项措施的目标是成员的特权,但需要专家组来确定这些目标的合法性。印度尼西亚认为,禁止丁香香烟的目的不"合法",该措施是对国际贸易的"变相限制"。根据印度尼西亚的说法,美国没有将薄荷香烟列入FFDCA第907(a)(1)(a)条是政治妥协的结果,同时也避免了如果薄荷香烟被禁止,美国就业机会的潜在损失。专家组认为,TBT协议第2.2条明确提到"保护人类健康"是该条款所涵盖的"合法目标"之一,"保护人类健康"在价值层面享有最高程度的重要性。虽然申诉方可以设法证明一项措施没有"合法"的目的,而且表象可能具有欺骗性,但印度尼西亚在本案中的论点似乎等于说美国的行为是恶意的。在美国《伯德修正案》中,上诉机构回顾其先前关于美国虾类和美国热轧钢的报告,承认"争端解决机构在适当的案件中有依据确定成员是否没有善意行事"。然而,上诉机构明确表示,不能轻易作出这样的裁决。即使为了讨论的目的而接受印度尼西亚的主张,专家组认为这不会影响禁止丁香香烟旨在减少青少年吸烟的结论。基于这些理由,专家组的结论是,印度尼西亚未能证明禁令的目的不"合法"。

专家组继续审查丁香香烟禁令是否比实现合法目标所必需的更具限制性。专家组的审查主要集中在四个问题上。第一,关于GATT 1994第XX(b)条的裁决是否与TBT协议第2.2条中的"为实现合法目标所必需的必要限度"标准的解释相关。第二,丁香香烟禁令是否超过了美国所寻求的保护水平。第三,丁香香烟禁令是否对减少青少年吸烟的目标产生了实质性贡献。第四,是否存在较少限制贸易的替代措施,能够以与美国所追求的保护水平相当的方式对实现目标作出等效贡献。

印度尼西亚认为,专家组针对GATT 1994第XX(b)条的检验适用于TBT协议第2.2条,而美国认为应该采用基于SPS协议第5.6条的不同方法。专家组反驳了美国的观点,认为在涉及保护人类健康的目标时,TBT协议第2.2条的措辞与GATT 1994第XX(b)条类似,两者内容上建立了直接联系,因此GATT 1994第XX(b)条的相关判例适用于TBT协议第2.2条。

专家组就美国提出的TBT协议第2.2条应与GATT 1994第XX(b)条解释不同的论点异议辩驳。首先,专家组指出,TBT协议第2.2条和GATT 1994第XX(b)条之间的措辞差异并不影响对这些条款的解释,这两项条款的功能区别只影响当事方之间的举证责任,而不影响对条款的解释。其次,与GATT 1994第XX(b)条相比,TBT协议第2.2条规定的举证责任确实有所不同。然而,这一差异并不排除适用根据GATT 1994第XX(b)条发展起来的判例来解释TBT协议第2.2条中"贸易限制超过必要"

的标准。最后，美国依据SPS协议的脚注之一，主张在GATT 1994第XX（b）条下采用不同的标准。专家组指出，这一主张没有根据，因为以前的专家组或上诉机构的报告都没有根据GATT 1994第XX（b）条提出不同的标准。总之，专家组的结论是，美国提出的论据并不能让人信服。

美印双方都同意，所寻求的"保护水平"与措施是否"为实现合法目标所必需的必要限度"相关。尽管TBT协议第2.2条并未明确提及该概念，但TBT协议在序言中指出，任何成员都不应受阻于采取其认为适当的用于"保护人类生命或健康"的措施。此外，专家组和上诉机构在分析GATT 1994第XX（b）条下的措施时也考虑了"保护水平"，尽管这些词在该条款中并不存在。印度尼西亚认为，禁止丁香香烟的措施超过"为实现合法目标所必需的必要限度"，因为它远远超过了美国所寻求的保护水平。印度尼西亚声称，美国通过FSPTCA追求的保护水平是遏制但不禁止青少年使用烟草产品，禁令是最限制贸易的监管工具，在某些情况下可能是实现健康目标的唯一选择。美国认为，为了保护青少年健康，完全禁止丁香香烟是合理的，因为高水平的保护旨在消除青少年过度使用的行为。专家组认为，印度尼西亚有责任证明该禁令超出了美国寻求的保护水平。由于缺乏关于美国所寻求的保护水平的直接证据，因此很难得出禁令大大超过该水平的结论。印度尼西亚的观点没有说服力，禁止某些类型的香烟并不一定意味着超出了所寻求的保护水平。基于这些论点，专家组的结论是，印度尼西亚未能证明对丁香香烟的禁令超过了美国所寻求的保护水平。

根据GATT 1994第XX（d）条，决定一项措施是否"必要"是一个诸多因素相互权衡的过程，要考虑诸如对执法的贡献、受保护的利益的重要性、对进出口的影响等因素。印度尼西亚认为，禁止丁香香烟对减少青少年吸烟没有实质性的帮助，并提出了与健康风险、青少年消费模式、其他调味烟草产品在阻止青少年吸烟方面的有效性有关的证据。印度尼西亚对这些论点负有举证责任，专家组将对这些论点分别加以审查。专家组首先指出，印度尼西亚关于丁香香烟与其他类别香烟健康风险的比较就本案而言没有相关性，本案的要点与FFDCA第907（a）（1）（a）条的目标一致，应该是论证丁香香烟与其他类型的香烟相比是否更加有毒或有害。专家组承认，青少年吸食薄荷香烟和普通香烟的人数远远多于吸食丁香香烟的人数。然而，专家组并不认同禁止丁香香烟不会对减少青少年吸烟作出实质性贡献的观点。参考"巴西－翻新轮胎"案的判例，上述机构强调，确定一项措施是否产生重大贡献不应涉及将其与假设的替代措施进行比较。因此，专家组驳回了印度尼西亚的论点，即未能证明其他调味烟草产品破坏了丁香香烟禁令对减少青少年吸烟的实质性贡献。

如果一项措施对其目标作出了重大贡献，下一步就是确定是否有限制贸易较少的替代办法可以提供同等的贡献。在本案中，印度尼西亚辩称，除了禁止丁香香烟外，还有其他措施可以减少青少年吸烟。然而，专家组认为，印度尼西亚未能充分确定具体的替代措施。列出许多可能性而不展示它们的等效贡献是不够的。此外，与现有的丁香香烟禁令相比，每一项建议的替代措施似乎都涉及更大的无法实现目标的风险。在评估替代措施时，如果替代措施带来更高的不履行风险，则可能不被视为合法的替代措施。因此，专家组认定，印度尼西亚没有提供足够的证据证明存在限制贸易较少的替代措施，这些措施将对减少青少年吸烟的目标作出与美国所寻求的水平相当的贡献。

专家组在评估丁香香烟的禁令是否与TBT协议第2.2条不一致时，采取了两阶段分析方法。第一阶段，确定FFDCA第907（a）（1）（a）条的目标是否合法，前面的分析已经充分证明了其合法性。第二阶段，根据GATT 1994第XX（b）条的判例与解释TBT协议第2.2条中的"为实现合法目标所必需的必要限度"标准有关。印度尼西亚未能证明该禁令超出了美国寻求的保护水平，也未能证明它对减少青少年吸烟没有实质性贡献。此外，印度尼西亚没有提供证据表明，有较少限制贸易的替代措施可以在理想的保护水平上对实现这一目标作出同等贡献。

综上所述，该禁令不违反TBT协议第2.2条。

三、案件评述

争议措施禁止在美国生产和销售丁香香烟并将薄荷香烟排除在禁令之外。印度尼西亚是世界上丁香香烟的主要生产国，在禁令颁布之前，美国消费的绝大多数丁香香烟都是从印度尼西亚进口的。印度尼西亚的主要主张是，对丁香香烟的禁令是歧视性且不必要的，美国在制定和实施FFDCA第907（a）（1）（a）条方面的行为与TBT协议下的一些程序，跟其他要求不一致。专家组认为，根据FFDCA第907（a）（1）（a）条是TBT协议附件1.1条所指的"技术法规"，该禁令与TBT协议第2.1条中的国民待遇义务不一致，因为它给予丁香香烟的待遇不如给予薄荷味香烟的待遇。专家组认定丁香香烟和薄荷香烟属于TBT协议第2.1条意义上的"相似产品"。然而，该禁令不违反TBT协议第2.2条，因印度尼西亚未能证明该禁令对贸易的限制超过了实现TBT协议第2.2条意义上的合法目标（在本例中是减少青少年吸烟）所必需的程度。此外，专家组认为美国在实施这些措施时没有给予出口成员足够的解释和准备时间。

此案例凸显了WTO争端解决机制在处理国际贸易争端中的作用，尤其是在公共健康与国际贸易规则之间寻求平衡的复杂性。它也表明，即使出于保护公共健康的善意，成员在实施技术性贸易措施时也必须遵守WTO规则，确保所有成员受到公平对待。

DS406案对中国的启示在于，中国在制定国内政策时应确保与国际贸易规则相一致，避免引发贸易争端。同时，中国需要在追求公共健康等国内目标时，平衡国际贸易利益，确保政策措施必要且合理。此外，提高政策透明度和与贸易伙伴的沟通，积极参与国际规则制定，加强争端解决能力，都是中国应采取的策略。这不仅有助于维护国家利益，也有利于国际贸易秩序的稳定与发展。

案例思考

1. 在评估 FFDCA 第 907（a）（1）(a) 条是否与 TBT 协议第 2.1 条不一致时，专家组是如何分析"相似产品"的？
2. 印度尼西亚主张的丁香香烟与薄荷香烟之间的相似性在专家组的分析中起到了什么作用？

数字资源 5-1
相关协议条款

专业词汇

- 《技术性贸易壁垒协议》
- 技术性贸易壁垒
- 技术性措施
- 技术法规
- 标准
- 合格评定程序
- TBT 通报
- TBT 评议
- 必要性原则
- 贸易影响最小原则
- 等效技术法规

思考题

1. 如何理解技术性措施的双面性？
2. 中国应如何应对国外的技术性贸易壁垒，并利用 TBT 协议保护本国出口？

第六章

WTO反倾销规则及案例

倾销行为作为国际贸易中的一种不正当竞争手段，对进口成员的产业构成了严重威胁。为了保护进口成员境内产业免受倾销的损害，同时防止对反倾销的滥用，确保国际贸易的公平与秩序，WTO制定了一套完善的反倾销规则。本章将深入剖析反倾销规则，结合实际案例加以解读，探究反倾销规则在国际经贸合作中的重要作用。

章首案例：中国诉加拿大、韩国和美国新闻纸反倾销案

1997年11月10日，吉林造纸（集团）有限公司、江西纸业集团有限责任公司等9家新闻纸企业向外经贸部提出了对来自加拿大、韩国、美国的新闻纸进行反倾销调查的申请。外经贸部根据《中华人民共和国反倾销和反补贴条例》的规定，决定对原产于加拿大、韩国和美国的进口新闻纸开展反倾销立案调查。对原产于加拿大、韩国和美国的进口到中国的新闻纸征收反倾销税，实施期限自1998年7月10日起，为期5年。

1999年6月4日，外经贸部正式公告最终裁决，对来自加拿大、韩国、美国的新闻纸反倾销成立，并自公告之日起对进口到中国的加拿大、韩国、美国生产的新闻纸征收幅度不等的反倾销税。这场历时18个多月的反倾销案以中国企业的胜诉告终。

资料来源：丁邦开，刘恩媛.对中国首例反倾销案的述评[J].财经研究，2000（3）：50-53，64，部分节选，有改动。

第一节 反倾销规则解读

一、反倾销规则的主要内容

WTO的反倾销规则包括《关于执行1994年关贸总协定第六条的协议》及相关规范性文件。《关于执行1994年关贸总协定第六条的协议》也称《反倾销协议》，由三个部分18项条款和2个附件组成。

反倾销规则的目的在于平衡两种潜在的利益冲突：进口成员要求采取反倾销措施防止境内产业受到损害，而出口成员要求反倾销措施本身不应成为对公平贸易的阻碍。反倾销规则不在于要求各成员对倾销行为进行严厉制裁，而在于约束各成员不滥用反倾销措施，谨慎把握反倾销尺度。

二、反倾销的确定

反倾销是指，当某种倾销对进口成员的相关产业造成实质损害，或构成实质损害威胁，或实质阻碍进口成员建立相关产业时，进口成员为抵制这种倾销，可对倾销产品征收不超过该产品倾销幅度的反倾销税。

实施反倾销措施必须同时满足三个条件：第一，必须证明进口产品存在倾销，即出口价格低于正常价值；第二，必须证明这种倾销对进口成员的相关产业造成实质损害，或实质损害威胁，或实质阻碍了该成员境内某一相关产业的建立；第三，必须证明倾销与损害之间存在因果关系。

1. 倾销的确定与倾销幅度

倾销是一种国际市场上的价格歧视行为。如果一项产品从一成员出口到另一成员境内市场，该产品的出口价格在正常的贸易过程中，低于出口成员旨在用于其境内消费的同类产品的可比价格，即以低于其正常价值的价格进入另一成员境内市场，则该产品即被认为存在倾销。

确定一项进口产品是否存在倾销要经过三个步骤：第一，确定出口价格；第二，确定正常价值；第三，把被指控倾销产品的出口价格与该产品的正常价值做比较，如果前者低于后者，即存在倾销。

出口价格是进口商在正常贸易条件下实际支付或应支付给出口商的价格。如果不存在出口价格，或者对有关当局来说，由于出口商与进口商、第三者之间有联合或补偿安排而使出口价格不可靠时，出口价格则以下述价格为基础构成，即：进口产品首次转售给独立买主的价格；在该产品不是转售给独立买方，也不是以进口的条件转售的情况下，则当局可以在合理的基础上决定其构成。

正常价值是指出口成员旨在用于本成员境内消费的同类产品的可比价格。《反倾销协议》规定，可以采取三种办法来确定正常价值，即境内销售价格、向第三方的出口价格、结构价格。

确定正常价值的三种方式

1. 境内销售价格

境内销售价格是指被指控倾销的产品于调查期间在出口成员境内市场上的销售价格。这种价格应在正常商业竞争中形成，并具有一定的销售数量，即要有代表性。

2. 向第三方的出口价格

向第三方的出口价格是指被指控倾销产品的成员在调查期间向合适的第三方出口的同类产品的可比价格。当被指控倾销的产品在出口成员无销售或销售很少，不具有代表性而不能以境内销售价格作为正常价值时，则采用该产品向第三方出口的可比价格。但该价格也要有代表性。

3. 结构价格

当境内销售价格和向第三方的出口价格都没有代表性而无法作为正常价值时，就得采用结构价格。结构价格是指将被指控倾销的产品在原产地的生产成本、合理数额的管理费和销售费、其他成本以及利润相加得出的估算价格。

对出口价格和正常价值的比较应在同一贸易水平上进行，通常是指在出厂价的水平上和尽可能接近于在作出销售的同一时间基础上比较。应根据每一案件的具体情况，对影响价格比较的不同因素作出适当的补偿，包括销售条件不同、税收的差异、贸易水平的高低、数量和物理性能的不同，以及任何表明将会影响价格比较的其他因素。

倾销幅度通常应在加权平均正常价格与全部可比的出口交易的加权平均价格之间进行比较的基础上予以确定，或在正常价值与每笔交易的出口价格进行比较的基础上予以确定，或如果出口价格因不同进口商、地区或时间差距较大，用其所计算出的加权平均正常价格与每笔出口交易的价格进行比较。其计算方法是用正常价值减去出口价格，再除以出口价格，乘以100%。倾销幅度一般就是征收反倾销税的税率。

2. 损害的确定

损害是指因倾销行为对一成员境内产业造成实质性危害，或实质性损害威胁，或对这种产业的建立构成严重阻碍。这里所说的境内产业是指进口成员境内生产相同或类似产品产业的生产者全体，或虽不构成全体，但包括其国内生产相同或类似产品产业的大部分生产者。如果两个或两个以上成员通过一体化具备单一的、统一的市场，则整个一体化区域内的产业也被称为境内产业。损害确定应根据确实的证据作出。

3. 倾销与损害之间的因果关系

倾销与损害之间的因果关系，应以当局对其所拥有的全部相关证据的审查为基础。当局也应审查除倾销的进口产品之外的其他已知的因素，这些因素同时造成对产业的损害，由其他因素造成对产业的损害不得归咎于倾销的进口产品。这些因素包括以非倾销价格出售的进口产品数量和价格、需求的减少或者消费模式的变化、境外与境内生产商之间的竞争、贸易限制措施、技术的发展以及出口实绩和境内产业的生产能力。

三、反倾销措施与反倾销税

反倾销只允许使用一种反倾销措施——征收反倾销税。

1. 反倾销措施

反倾销措施包括临时性反倾销措施、价格承诺，以及最终反倾销措施。

临时性反倾销措施是指，当进口成员主管机构经过调查，初步认定被指控产品存在倾销，并对境内同类产业造成损害时，在全部调查结束之前，可采取临时性反倾销措施，以防止在调查期间境内产业继续受到损害。临时性反倾销措施有三种形式：采取征收临时税的形式；采取更合适的担保方式，支付现金或保证金，数额应等于临时预计的反倾销税，但不得高于临时预计的倾销幅度；如果暂时估价也像其他临时性反倾销措施一样受同样条件的制约，只要指明正常税和预计的反倾销税税额，则暂不估算也可作为临时性反倾销措施。

价格承诺是指，被指控倾销产品的生产商和出口商在初裁后，与进口成员主管机构达成协议，出口商提高价格以消除产业损害，进口成员相应地中止或终止案件调查，而不采取其他措施。按价格承诺作出的价格提高不得超过需要抵消的倾销幅度，如果这种价格提高足以消除对境内产业的损害，则提价幅度可以小于倾销幅度。

最终反倾销措施是指，在全部调查结束后，对有充分证据证明被调查的产品存在倾销，境内生产同类产品的产业受到损害，且倾销与损害之间有因果关系，进口成员主管机构所采取的征收反倾销税的措施。

2. 反倾销税

反倾销税是在正常关税以外，进口成员海关对倾销产品征收的一种附加税。除达成价格承诺的产品外，进口成员海关应在非歧视原则的基础上，对所有造成损害的倾销产品征收反倾销税，其纳税人是倾销产品的进口商，出口商不得直接或间接替进口商承担反倾销税。反倾销税的税率不得高于所裁定的倾销幅度，若初裁的反倾销税率与终裁不同，其不足部分不再补交，多交部分则应退还。反倾销税应在直到能抵消倾销造成的损害前，一直有效，但反倾销税应自征税起5年内结束，除非进口成员主管机构以复审方式决定继续维持反倾销税。

3. 反倾销税的追溯征收

反倾销税的追溯征收是指在对某项进口产品裁定征收反倾销税后，在特定情况下，可以对以往进口的该产品追征反倾销税。具体情况如下。

1）第一种情况

在作出倾销造成产业损害或损害威胁的最终裁定时，如果由于缺乏临时性措施而使倾销产品在调查期间继续对进口成员境内产业造成损害，则最终确定的反倾销税可以溯及至可以适用临时性措施的时候开始计征。如果反倾销调查在初步裁定存在倾销时已制定出临时性措施，在追溯性计征反倾销税时，如最终确定的反倾销税额超过已支付或应支付的临时性反倾销税，则其差额不再征收；如果最终确定的反倾销税额低于已支付或应支付的临时性反倾销税额或交付的担保金，则其差额应给予退还，或重新计算税额。

2）第二种情况

如果反倾销调查最终裁定进口商有造成损害的倾销史，或者进口商知道或理应知道出口商在进行倾销，并且倾销肯定会对进口成员产业造成损害，或者损害是由于短期内大量新产品涌入而造成的，那么反倾销税可以对那些在临时性措施适用之前90天内进入消费领域的倾销产品追溯计征。

3）第三种情况

如果对倾销产品作出的最终裁决是损害威胁或严重阻碍的裁决，而损害尚未发生，则反倾销税只能从该损害威胁或严重阻碍的裁决作出之日起开始计征。在临时性措施适用期间交付的现金押金应予以退还，担保应尽快解除。

四、反倾销程序

1. 申请方申请

对反倾销的调查应由进口成员境内产业或其代表，发起书面申请。申请方应提供足够准确和充分的证据与尽可能完整的相关陈述，证明发起该调查是正当的。

2. 主管机构审查立案

进口成员主管机构接到申请书后，对申请材料的准确性和充分性以及申请企业的代表性进行审查，并就是否立案作出决定。若有关证据不充分，主管机构将驳回申请，迅速终止调查。

3. 调查

主管机构审查立案后，应通知与案件有利害关系的出口商、进口商及申请方，并向出口商和生产者等发出调查问卷，被调查方应在规定时间内填写交回。在调查过程中，有利害关系的当事方都要提供充分的书面证据，一般还要举行听证会，以便所有有利害关系的当事方进行辩护。

以下两种情况应终止调查：一是，倾销幅度最小，即按出口价格的百分比表示小于2%；二是，实际或潜在的倾销产品的数量或者损害可忽略不计，即进口数量不足出口成员境内市场上同类产品的3%（除非占进口成员境内市场上同类产品不足2%的那些单个出口成员，其集体总量超过了该进口成员同类产品进口量的7%）。

4. 初裁

对反倾销案的裁决一般分为两个阶段，即初裁和终裁。如果初裁确定存在倾销和损害，就可采取临时性反倾销措施，并继续调查至终裁。此时如果出口商主动作出价格承诺，调查程序可以中止或终止。

5. 终裁

主管机构作出初裁之后，经过进一步对证据的收集与核实，对倾销和损害作出的最终裁决则为终裁。如果裁决是肯定的，则要确定最终应征收的反倾销税率，由海关按此税率对进口产品征收反倾销税。

6. 行政复审

行政复审是指裁定征收反倾销税一段合理期限以后（一般为1年），应任何利害关系当事方提出的要求，对倾销案进行复审，以降低甚至取消或加征反倾销税；或在征税5年期满时，应原申诉方的要求进行复审，以决定是否继续征税。

如果终裁后5年内有利害关系的当事方均不提出复议，则进口成员应在征收反倾销税5年后，自动撤销对此产品的反倾销措施，除非经过复审确定反倾销税的终止有可能导致倾销和损害的继续或再次发生。此规定又称"日落条款"。

7. 司法审议

有利害关系的当事方如果不认同主管机构的裁决及复审，可上诉至该成员境内法院，寻求司法审议。

五、发展中国家成员的特别规定

《反倾销协议》虽然没有明确规定发展中国家成员享有特殊优惠待遇，但在适用反倾销措施时，发达国家成员对发展中国家成员的特殊情况必须给予特别的考虑，即在发达国家成员进行反倾销调查和采取措施的过程中，发展中国家成员的具体经济状况和产业特点应该被充分理解和尊重。发达国家成员应当在反倾销程序的各个阶段，认真评估发展中国家成员企业所面临的困难，避免对其造成不必要的伤害。

反倾销税作为一种贸易救济手段，可能会对发展中国家成员的根本利益产生重大影响。因此，在决定是否对发展中国家成员产品征收反倾销税之前，发达国家成员应尽可能采取《反倾销协议》规定的建设性补救措施。这些措施包括但不限于价格承诺、降低税率或延长适用期限等，以减轻对发展中国家成员经济的冲击。通过这些建设性补救措施，可以在保护发达国家成员企业利益的同时，最大限度地减少对发展中国家成员企业的不利影响，促进全球贸易的健康发展。

迄今，我国向反倾销规则谈判小组提交了多份提案。其中最重要的是2003年3月6日提交的"TN/RL/W/66号"书面提案。该提案全面阐述了我国的立场和主张，即对发展中国家成员给予有实质内容的、更进一步的特殊与差别待遇。对此，我国提出以下几点建议：一是，当发达国家成员对来自发展中国家成员的产品采取反倾销措施时应当强制实施"较低税率规则"；二是，提高"可忽略的进口量"和"微量倾销幅度"百分比；三是，当发达国家成员对来自发展中国家成员的产品采取反倾销措施时，只要出口商提出的价格承诺提议可以抵消确定的倾销幅度，该发达国家成员调查当局就应当接受其提议；四是，当一项反倾销措施是发达国家成员针对来自发展中国家成员的产品而采取时，该措施应当在5年后自动终止。

总之，发展中国家成员在全球贸易环境中的特殊地位和需求应当得到更加周到的考虑和支持，以确保公平竞争和经济的全面发展。

六、机构、磋商和争端解决

1. 反倾销措施委员会

《反倾销协议》规定设立反倾销措施委员会，由各成员代表组成，可酌情设立附属机构，定期举行会议。委员会负责监督执行协议，向成员就协议的实施以及促进协议目标的实现的任何事项提供磋商机会。委员会及其附属机构在履行职责时，经有关成员和有关企业的同意，可向其认为适当的任何信息来源方进行咨询和寻求信息。

2. 磋商和争端解决

倾销本身不能成为争端解决起诉的对象，因为争端解决只能涉及成员政府，而倾销是出口商的行为。但当一成员认为另一成员采取有重大影响的临时反倾销措施、对其最终征收反倾销税的行为、要求其接受价格承诺等，其利益受到损害时，可以适用《关于争端解决规则与程序的谅解》，向争端解决机构提出起诉。这种起诉可通过磋商和争端解决机制解决。如果磋商不成或进口成员已采取最终反倾销措施，该成员可将此事提交争端解决机构处理，通过有约束力的争端解决机制加以解决。

反倾销问题的争端解决涉及《反倾销协议》规定的审议标准。争端解决机构应要求设立的专家组在审查时，只能决定当局确立的事实是否适当以及它们对事实的评估是否公正和客观，不能评判进口成员的某种措施是否违反了其应承担的义务。如果专家组确立的事实是适当的，评估是公正的和客观的，那么即使专家组可能作出不同的结论，也不能推翻该项评估。也就是说，若有不止一个可行的解释而进口成员按其中之一行事，也被认为是合理的。

第二节 反倾销规则与中国

一、《中华人民共和国加入WTO议定书》与反倾销

《中华人民共和国加入WTO议定书》第15条规定，其他成员在对中国企业发起反倾销调查时，如果中国企业不能证明其所处产业具备市场经济条件，则反倾销当局可以采用替代方价格进行倾销的认定和计算。该条款被解读为是对中国"非市场经济地位"的定性，在客观上鼓励、便利了一些成员运用反倾销规则并将其作为贸易保护手段。

根据《反倾销协议》，决定产品是否存在倾销行为应比较产品的出口价格与"基准价格"。对"市场经济主体"来说，"基准价格"由其境内市场价格认定；对"非市场经济主体"来说，境内价格不能作为"基准价格"，要选择替代方价格作为"基准价格"。由于反倾销发起成员在替代方的选择上具有极大自由裁量权，一旦发起成员选择生产成本高的第三方作为替代方，中国企业将极易被认定为存在大幅倾销并被征收高额反倾销税。美国、欧盟、日本等长期利用这类手段对中国实施歧视性待遇。

但根据WTO的相关规定，《中华人民共和国加入WTO议定书》第15条应在中国入世15年后终止使用，即自2016年12月11日开始，使用"替代方"标准针对中国展开反倾销调查的做法将失去多边框架下的法律支撑。

为此，欧盟委员会向欧洲议会及欧洲理事会正式提交修改其反倾销法律制度的提案，取消"非市场经济主体"名单，但提出以"市场扭曲"替代"非市场经济地位"的概念和标准，变相延续原有做法。美、日则称目前不应赋予中国"市场经济地位"，将维持对华反倾销的"替代方"做法。

中方对此表示强烈不满并坚决反对，强调所有WTO成员必须彻底履行《中华人民共和国加入WTO议定书》第15条的义务，全面终止"替代方"做法，应严格依照WTO《反倾销协议》等规则，公正、合理、透明地对从中国进口的产品开展反倾销调

查，不能变相延续"替代方"做法。对于2016年12月11日后坚持在对中国反倾销调查中使用"替代方"做法的少数成员，中方将依据WTO规则采取必要措施，坚决捍卫自身合法权益。

关于中国的"市场经济地位"问题

"市场经济地位"在反倾销调查中起着关键作用，决定了倾销幅度的计算方式。如果发起反倾销调查的成员认定被调查产品的出口成员为"市场经济主体"，那么在调查过程中将依据该产品在出口成员境内的实际成本和价格来计算其正常价格；如果认定出口成员为"非市场经济主体"，则会引用与出口成员经济发展水平相似的"市场经济主体"（即"替代方"）的成本数据来计算正常价值，从而确定倾销幅度，而不使用出口成员的原始数据。

以美国为例，根据我国商务部2018年向美国商务部提交的美国对华反倾销案例评论，美国采用"替代方"做法认定的被调查产品正常价值是同案中"市场经济主体"同类产品的数倍，最高达15倍。虽然，按照2001年《中华人民共和国加入WTO议定书》第15条的规定，在中国入世15年后，"替代方"做法将不再适用。但是，一方面，一些发达国家成员不认为在过渡期结束后WTO成员有终止适用"替代方"方法的法律义务；另一方面，欧盟和美国先后出台《贸易现代化法案》《贸易优惠扩展法》等政策，以"市场扭曲"或"特殊市场情形"等条款替代原"非市场经济地位"条款，以便对中国继续使用"替代方"做法。

为此，加入WTO以后，中国一直与相关成员进行完全承认中国"市场经济地位"的谈判。2004年4月14日，新西兰率先承认中国的完全"市场经济地位"。这意味着中国在获得完全"市场经济地位"问题上首次取得突破。截至2016年，全球范围内已有80多个经济体承认中国完全"市场经济地位"，但占中国进出口总额45%的前三大贸易伙伴（欧盟、美国和日本）不承认中国的完全"市场经济地位"。中国于2016年就美欧对华反倾销采用的"替代方"做法向WTO提出争端解决机制下的磋商请求，WTO争端解决程序正式启动。

无论中国能否在WTO框架下取得发达国家成员认可的"市场经济地位"，中国首先需要处理好自身的问题。例如：让过剩产能行业实现出清；理顺价格机制；对内对外扩大开放；等等。中国应充分尊重并努力维护WTO框架，提出必要的改革建议。中国的市场化改革仍在推进，中国也十分有必要让世界看到中国的市场化改革进程。

二、中国遭遇反倾销的现状

改革开放以来，中国的对外贸易经历了前所未有的快速发展，在规模和体量方面，中国已连续多年位列全球第一。但是在新一轮贸易保护主义浪潮席卷的背景下，中国在海外市场遭遇的反倾销贸易壁垒也越发严重。据中国贸易救济信息网统计，1995—2023年，全球发起的贸易救济案件中，反倾销6246起。1995—2023年，全球对中国发起的贸易救济案件中，反倾销1634起。

1995—2023年，在对中国开展反倾销调查的国家或地区中，既包括发达国家或地区，又包括发展中国家或地区。如图6-1所示，排名前三的申诉国家/地区分别为印度303起，美国191起，欧盟159起，其中，美国与欧盟同为发达经济体，并且在与中国的贸易中，长期存在巨额顺差现象，为促进经济的发展和提升国际地位，各国和地区均增强了贸易保护主义，不断利用WTO规则的漏洞，对中国发起反倾销措施。而印度和中国同为发展中国家，经济贸易结构相似，竞争也较为激烈，因此近年来对中国发起的反倾销调查数量增多，且超越美国，排名第一。从行业而言，对华反倾销案件中涉及的行业范围比较广，总体来看，对华反倾销案件中所涉及的行业集中在制造业。

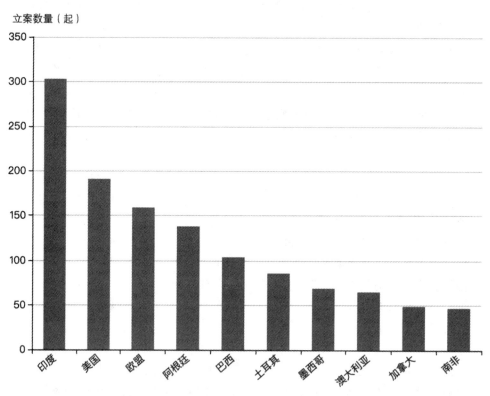

图6-1 1995—2023年对华反倾销案件申诉国/地区分布图（前十）

数据来源：中国贸易救济信息网

遭遇反倾销对于我国出口企业的影响是双面的。

一方面,遭遇反倾销增加了出口企业的生产和出口成本。由于反倾销调查和关税的实施,企业不得不支付额外的法律和行政费用,同时还需要承担反倾销税,直接增加了企业的生产和出口成本。这些额外成本削弱了企业的价格优势,使其产品在国际市场上变得不具竞争力,进而导致利润下降。此外,反倾销调查还可能损害企业的声誉,影响其在国际市场上的形象,从而进一步影响其销售和市场份额。

另一方面,遭遇反倾销也会加剧出口企业面临的竞争压力,这种压力在一定程度上能够"倒逼"企业改变策略,实现转型升级。在遭遇反倾销的情况下,企业不得不寻找新的市场或优化其产品结构,以保持其市场份额和竞争力。这种压力促使企业加大研发投入,提升技术水平,改进生产工艺,从而提高生产效率和产品质量。通过提升产品附加值和增强技术创新能力,企业能够在激烈的国际市场竞争中找到新的立足点,增强自身的竞争力。此外,企业可能会通过优化资源配置,将资源集中在具有核心竞争力的产品上,减少或停止边缘产品的生产和出口,从而实现内部资源的高效利用和生产率的提高。

因此,遭遇反倾销对我国出口企业的影响是一个复杂的过程,它既带来了挑战,又提供了转型升级的机会。出口企业应充分利用反倾销的竞争压力,积极推动技术创新、加大自主品牌的研发和设计,掌握核心竞争力,实现出口企业尤其是加工贸易型出口企业从价值链下游向上游的逐步攀升,不断提高企业生产率。

面对国际上频繁的反倾销调查,中国企业也需要加强法律意识,熟悉国际贸易规则和反倾销相关法律法规。在反倾销诉讼过程中,企业应积极应诉,提供充分的证据和数据,争取最佳的诉讼结果。此外,企业还应加强与政府和行业协会的合作,争取更多的政策支持和资源共享。

专栏 6-4

欧盟对中国太阳能板的反倾销调查

2012年7月,欧盟的一些太阳能板制造商向欧盟委员会提交了对中国光伏产品的反倾销调查申请。这些制造商声称中国企业以低于正常市场价值的价格出口太阳能板到欧盟,损害了本地产业。中国是全球最大的太阳能板生产国,而欧盟是其重要的出口市场之一。2012年9月6日,欧盟委员会正式启动了对中国太阳能电池板及其关键组件的反倾销调查,随后启动了对中国太阳能产品的反补贴调查,这两个调查被合称为"双反"调查。

在调查过程中,欧盟委员会需要确定中国企业是否存在倾销行为,即以低于生产成本的价格销售产品,以及这些行为是否对欧盟的太阳能产业造成了实质性损害。2013年6月，欧盟委员会作出了初步裁决，宣布对中国太阳能板征收临时反倾销税，税率从11.8%到47.6%不等。2013年12月，欧盟委员会进行了最终裁决，宣布了最终的反倾销和反补贴措施，决定对从中国进口的太阳能板征收高额关税，这些措施预计将持续5年。

2018年8月31日，欧盟委员会宣布将不再延长对中国太阳能板的反倾销和反补贴措施，自2018年9月3日起，这些措施正式解除。欧盟委员会认为，取消这些限制措施符合欧盟整体利益的最大化，有利于欧盟的可再生能源发展和市场需求。

欧盟的反倾销措施对中国光伏产业造成了严重打击，约30万从业人员受到冲击。2012年在美国上市的多家中国光伏企业财报表现不佳，欧盟反倾销立案将使这些企业面临更大的压力，甚至可能退市。例如，2012年上半年，赛维LDK净亏损额10.8亿元，负债总额266.76亿元；大全新能源净亏损2080万美元；英利新能源连续四个季度亏损，上半年亏损额高达1.4亿美元。

欧盟对中国光伏产品的"双反"措施并非明智之举，是"搬起石头砸自己的脚"，导致中欧"双输"的局面。对中国光伏产品征收反倾销关税虽会让少数欧洲光伏制造商受益，但中国制造太阳能电池板所需的原材料、技术及设备大部分从欧洲等发达国家或地区进口，欧盟的反倾销措施伤及整个产业链内的大多数欧洲企业，并为此付出高昂代价。此外，欧洲的太阳能消费者不得不支付更高的成本，影响普通民众的利益。欧盟所需能源约一半依赖进口，能源一直是制约其经济发展的"软肋"，少了中国质优价廉的太阳能产品，欧盟推进其能源战略会面临更多挑战。

专栏 6-5

阿根廷对中国产草甘膦实施反倾销调查

2001年11月，美国孟山都公司与阿根廷当地合伙企业阿塔诺尔公司联合向阿根廷对外贸易委员会提出申诉，指控中国草甘膦以低于正常价值的价格在阿根廷销售，对其造成了损害。2002年4月，阿根廷政府对中国产草甘膦正式立案进行反倾销调查，调查期限为2000年8月1日至2002年3月31日。

2002年5月，中国五矿化工进出口商会组织我国涉案企业积极应诉。阿根廷是我国草甘膦的重要出口市场，据我国海关统计，2002年我国在全球范围内出口草甘膦达2.67亿美元，其中对阿根廷出口3426万美元。

如果不应诉，则有可能将被迫全部退出阿根廷市场。最后，我国三家主要的对阿根廷出口企业——浙江新安化工集团股份有限公司、镇江江南化工厂（现名镇江江南化工有限公司）和中化上海进出口公司（现名中化农化有限公司）同时决定奋起应诉。在之后近两年的时间里，这三家企业为了中国的草甘膦行业与阿根廷方进行了顽强的抗争，直到最后胜诉。

2004年2月4日，阿根廷政府对本案作出终裁，宣布终止对中国草甘膦反倾销案的调查，并且不对中国产草甘膦征收反倾销税。至此，本案以我方胜诉告终。

本案成功的经验：一是要积极应诉，本案组织了强大的应诉团队，包括企业、律师、商会、政府和我国驻阿根廷使馆经商处等，调动了一切可资调动的资源，打赢这场官司。二是要敢于抗争。在我方的积极努力和抗争下，最终放弃了"替代方"转而接受了中国企业的"正常价值"，成为本案进展的关键拐点。

三、合理运用反倾销规则

近年来，我国企业在遭遇国外反倾销的同时，也面临了不少国外产品的倾销行为。我国应合理运用WTO反倾销协议，保护国内市场免受不公平贸易行为的影响，同时积极应对其他国家对中国产品实施的反倾销措施。

在实施反倾销措施方面，我国需要加强反倾销专门机构的建设，严格按照WTO规则进行调查和评估，确保措施的合法性、透明性和公正性，保护国内产业免受倾销的损害。此外，还要完善反倾销预警机制。目前，我国已经在汽车、钢铁、化肥等行业建立了产业损害预警机制，但还不够广泛和高效，其他行业的反倾销预警机制亟待建立和完善。反倾销预警机制涉及社会组织的各个方面，是一项复杂的系统工程。为此，一是要完善进口产品价格监控体系，及时发现有倾销嫌疑的进口产品，预先向进出口商提出警告；二是要建立反倾销产品预警信息资料库和海外市场准入信息数据库，及早了解商业信息，及时发布最新预警信息。

在应对反倾销方面，我国企业应积极应诉，通过提供翔实的证据和信息来反驳倾销指控，维护自身利益。政府和有关行业协会应利用WTO争端解决机制，为受到不公正待遇的企业争取权益。

我国要深入研究WTO反倾销规则，加强国际合作，通过对话和协商解决贸易争端，减少贸易摩擦。同时，注重我国政策与国际贸易规则相协调，确保国内政策的制定和实施符合WTO规则。我国还应加强企业和政府在贸易救济领域的能力建设，提高应对国际贸易争端的效率。

总体而言，我国在运用WTO反倾销规则时既要注重保护国内市场和产业，又要积极应对国际市场的挑战，通过合法、合理的方式维护贸易公平和国家利益，促进国内产业的健康发展和国际贸易环境的稳定。

> **专栏 6-6**

<h4 style="text-align:center">原武钢诉俄罗斯冷轧硅钢片倾销案</h4>

冷轧硅钢片分取向和无取向两种。据我国海关统计，俄罗斯向我国出口被控冷轧硅钢片仅1996年就有62071.532吨，比1995年增长56.9%。俄罗斯出口取向硅钢片的年平均价格1997年比1996年下降10.5%，1998年比1997年下降21%，无取向硅钢片的降幅更大。如此大规模的倾销使我国唯一生产冷轧硅钢片的武钢（2016年后与宝钢集团重组，现名中国宝武武钢集团有限公司）深受其害，我国当时的国家经济贸易委员会（以下简称国家经贸委）事后调查发现，中国国内产业类似产品的价格被迫大幅度下调，中国国内产业类似产品销售量和销售收入下降，市场份额逐年递减，生产能力大量闲置，库存增加，失业率上升……作为一种供不应求的产品，1998年武钢冷轧硅钢片的生产能力是31.5万吨，而产量只有25.23万吨。

1997年3月，武钢正式向对外贸易经济合作部提出了反倾销调查申请。对外贸易经济合作部、国家经贸委最终决定于1999年3月12日正式公告立案，与此同时，国家经贸委会同有关部门组成冷轧硅钢片产业损害调查小组，对产业损害及损害程度进行了调查。调查结果表明，倾销存在，损害存在，两者之间存在因果关系。对外贸易经济合作部和国家经贸委据此作出初步裁定：对原产于俄罗斯的进口冷轧硅钢片开始实施临时反倾销措施。征收临时性的反倾销税后，1999年武钢的产量、销量和销售收入分别比1998年上升了13%、50%和47%，1999年底的库存比1998年底下降70%。1999年12月初裁后，市场需求进一步好转。

2000年9月11日，对外贸易经济合作部发布2000年第8号公告，宣布从1999年12月30日起，对原产于俄罗斯的进口冷轧硅钢片开始征收6%～62%的反倾销税。

至此，这起全国第二例、冶金行业第一例的中国反倾销案，武钢人取得了最终的胜利。

第三节 案例精解：印度尼西亚诉澳大利亚关于A4复印纸的反倾销措施（DS529）

一、案例导入

1. 案例简介

申诉方：印度尼西亚。

被申诉方：澳大利亚。

第三方：加拿大、中国、欧盟、埃及、印度、以色列、日本、韩国、俄罗斯、新加坡、泰国、乌克兰、美国、越南。

该争端涉及澳大利亚对印度尼西亚某些A4复印纸出口商，即PT Indah Kiat Pulp and Paper Tbk（以下简称Indah Kiat）和PT Pindo Deli Pulp and Paper Mills（以下简称Pindo Deli）征收反倾销税的措施。印度尼西亚对2017年4月18日第2017/39号反倾销公告中规定的对Indah Kiat和Pindo Deli征收反倾销税提出疑问，该公告由工业、创新和科学部助理部长兼工业、创新和科学部政务次官发布，接受了澳大利亚反倾销委员会（ADC）专员在2018年3月17日第341号报告中提出的建议和建议理由，并于2017年4月19日在委员会网站上公布于众。根据这些措施，澳大利亚对来自印度尼西亚的某些A4复印纸出口商征收反倾销税，Indah Kiat的税率为35.4%，Pindo Deli的税率为38.6%。

2. 时间节点

2017年9月1日，印度尼西亚要求与澳大利亚就对A4复印纸实施反倾销令的措施进行磋商。由于磋商未果，经印度尼西亚申请和双方同意，专家组于2018年7月12日成立。2018年10月12日，根据专家组工作程序第1（3）段，专家组主席致函争端解决机构（DSB），要求DSB向成员分发部分时间表、专家组工作程序、专家组关于商业机密信息的附加工作程序。所有这些均由专家组于2018年10月5日通过。同日，专家组主席通过另一份函件告知DSB，由于秘书处缺乏人员，专家组的工作开始时间被推迟。专家组主席告知DSB，专家组将按照2018年10月5日通过的部分时间表开展工作，预计将于2019年下半年向各方发布最终报告。2018年11月30日，专家组主席要求DSB分发专家组关于澳大利亚、中国和俄罗斯提交的增强第三方权利请求的初步裁决。根据专家组工作程序第1（3）段，2018年11月29日向各方发布的初步裁决已分发给各成员。2019年2月26日，专家组主席请DSB分发一份函件，对第二次会议日期的变更以及随后时间表的变更进行说明。专家组主席告知DSB，专家组预计于2019年下半年向各方发布最终报告。2019年5月13日，专家组主席请DSB分发一份函件，其中包含专家组于2019年4月24日作出的决定，该决定拒绝了欧盟于2018年12月19日在第三方会议上提交并于2019年1月11日以书面形式提交的关于第三方观察专家组第二次实质性会议的请求。2019年12月4日，专家组报告已分发给各成员。

■ 二、专家组和上诉机构的分析

1. ADC不考虑印度尼西亚生产商的国内销售作为正常价值基础的决定是否与《反倾销协议》第2.2条不符

印度尼西亚称，ADC对Indah Kiat和Pindo Deli生产的A4复印纸正常价值的确定不符合《反倾销协议》第2.2条。在倾销裁定中，ADC使用的是构建值，而不是通过国内市场销售来确定正常价值。ADC不考虑国内市场销售的前提是发现印度尼西亚A4复印纸市场的市场情况不适合用于确定正常价值。

另外，印度尼西亚称，ADC的裁定不符合《反倾销协议》第2.2条，因为认定的情况不属于《反倾销协议》第2.2条所指的"特定市场情况"。同时，印度尼西亚认为，尽管可以进行适当的价格比较，但ADC在此基础上不考虑国内市场销售情况的行为不符合《反倾销协议》第2.2条的规定。印度尼西亚认为，ADC未能审查国内市场销售是否"允许进行适当比较"的问题，因此，仅以发现存在"特定市场情况"为依据而不考虑国内市场销售是不恰当的。印度尼西亚进一步辩称，由于ADC得出"特定市场情况"结论的依据是扭曲的投入成本，而印度尼西亚声称投入成本既影响国内价格又影响出口价格，因此ADC不可能按照《反倾销协议》第2.2条的要求认定被忽略的国内市场销售"不允许进行适当比较"。

第一，关于"特定市场情况"，专家组指出，"situation（情况）"是一种"state of affairs（事态）"或"set of circumstances（一系列情况）"。在《反倾销协议》第2.2条中，"particular（特指的）"和"market（市场的）"作为形容词对这一术语进行了限定。有关情况必须产生于"market"或与"market"有关，市场情况必须是"particular"的。根据"particular"这一限定词，市场情况必须是"distinct，individual，single，specific（有区别的、个别的、单一的、具体的）"。因此，必然需要对"特定市场情况"进行具体事实和个案分析。此外，专家组同意在"欧共体－棉纱"案中上述机构的意见，即"particular market situation（特定市场情况）"只有在使国内销售不适于进行适当比较的情况下才具有相关性。"特定市场情况"这一短语本身并不适合用来定义调查当局可能遇到的无法进行"适当比较"的所有各种情况。专家组认为，起草者选择使用这一短语应被视为经过深思熟虑的。因此，虽然"particular market situation"这一表述受到"particular"和"market"这两个限定词的限制，但对它的解释不能全面确定构成调查当局可能必须考虑的情况或事务。专家组认定，印度尼西亚没有证明ADC在认定印度尼西亚国内A4复印纸市场存在"特定市场情况"时不符合澳大利亚在《反倾销协议》第2.2条下的义务。印度尼西亚的论点并没有说服专家组，即导致用于生产出口和国内销售产品的投入成本降低的国内市场情况必然不构成"特定市场情况"。专家组也不认为，作为一般主张，除国内市场销售外，任何对出口销售产生或可能产生某种影响的情况都一定不能构成"特定市场情况"，因为专家组认为，至少在某些情况下，对国内销售和出口销售影响的不同会妨碍进行适当的比较。此外，专家组也不认为该条款中提到的"特定市场情况"一定会排除因补贴或其他政府行为而产生的任何情况。

第二，关于"允许进行适当比较"，"适当"一词的通常含义是"适合于特定或隐含的目的或要求；适合于情况或条件……适当、合适；正确、正确"。"比较"一词可理解为"比较或注意两个或两个以上事物的异同的动作或行为"。"允许适当比较"检验标准的作用是确定国内价格是否可以作为与出口价格进行比较的基础，以确定是否存在倾销。《反倾销协议》第2.2条中的"适当比较"指的是国内价格与出口价格之间的比较。因此，专家组根据《反倾销协议》第2.2条第二句进行审查的目的是确定的，在正常贸易的过程中，同类产品的国内销售是否由于特殊的市场情况或数量少而无法对出口价格和国内销售价格进行适当比较。专家组认定，ADC不考虑Indah Kiat和Pindo Deli的国内销售（因此也不考虑其国内价格）作为正常价值的基础，不符合《反倾销协议》第2.2条关于审查出口国市场销售是否因"特定市场情况"而"无法进行适当比较"的要求。具体而言，如果发现特定市场情况影响国内市场销售价格的唯一原因是用于生产国内和出口市场产品的投入成本降低，专家组在确定国内价格是否允许与出口价格进行适当比较时，有义务评估特定市场情况对国内价格的影响与对出口价格的影响。

综上，印度尼西亚未能证实ADC在认定印度尼西亚国内A4复印纸市场存在"特定市场情况"时不符合澳大利亚在《反倾销协议》第2.2条下的义务。专家组还认为，澳大利亚的措施不符合《反倾销协议》第2.2条第一句的规定，因为ADC在确定正常价值时忽略了Indah Kiat和Pindo Deli的A4复印纸的国内销售情况，而没有适当确定这种销售情况"无法进行适当比较"。

2.ADC决定在确定A4复印纸的正常价值时不使用Indah Kiat和Pindo Deli记录中的纸浆成本部分是否与《反倾销协议》第2.2.1.1条和第2.2条不一致

专家组认为，印度尼西亚是在决定不考虑Indah Kiat记录的纸浆成本后，根据《反倾销协议》第2.2条就ADC选择纸浆成本替代品提出索赔时作出上述声明的。这两项索赔的事实和法律依据是不同的。根据《反倾销协议》第2.2.1.1条索赔，印度尼西亚对ADC拒绝接受Indah Kiat和Pindo Deli记录的纸浆成本提出疑问，而根据其第2.2条索赔，印度尼西亚对ADC在拒绝接受记录的成本后选择的纸浆成本替代品提出疑问。专家组注意到，印度尼西亚还澄清说，"围绕澳大利亚如何以符合第2.2条的方式计算基准的讨论旨在向专家组解释澳大利亚本可以采取的其他依据，但澳大利亚采取的最终行动及其与澳大利亚的WTO义务的一致性才是最终的争议所在"。因此，专家组得出结论，印度尼西亚并没有承认WTO不需要使用Indah Kiat记录的纸浆成本。

专家组认为，澳大利亚的措施不符合《反倾销协议》第2.2.1.1条第一句，因为ADC在根据"通常"一词拒绝接受Indah Kiat和Pindo Deli记录的纸浆成本部分时，没有证明《反倾销协议》第2.2.1.1条第一句中的第一项和第二项条件均已满足，因此没有履行该条款中的全部义务。

3. ADC是否以不符合《反倾销协议》第2.2条的方式构建了Indah Kiat和Pindo Deli的A4复印纸的"生产成本"

《反倾销协议》第2.2条中的"原产地生产成本"被理解为"指在原产地生产某种产品所支付或将要支付的价格"。通常情况下，正如《反倾销协议》第2.2.1.1条第一句规定的义务所反映的，原产地的生产成本应根据出口商自己记录的成本信息计算。然而，正如上诉机构在"欧盟-生物柴油（阿根廷）"案中解释的那样：在《反倾销协议》第2.2.1.1条第一句规定的根据受调查出口商或生产商保存的记录计算成本的义务不适用的情况下，或在无法从受调查出口商或生产商处获得相关信息的情况下，调查当局可采用其他依据来计算部分或全部此类成本。

在计算正常价值时，ADC没有使用Indah Kiat和Pindo Deli的纸浆成本来计算它们各自生产A4复印纸的成本。专家组发现，ADC无视Indah Kiat和Pindo Deli的成本，违反了《反倾销协议》第2.2.1.1条的第一句话。因此，根据"欧盟-生物柴油（阿根廷）"案中上诉机构的声明，ADC在根据《反倾销协议》第2.2条的规定计算A4复印纸的正常价值时，使用第三方纸浆出口价格作为Indah Kiat和Pindo Deli纸浆成本替代品是没有法律依据的。因此，ADC使用巴西和南美对中国和韩国的纸浆出口价格作为计算印度尼西亚纸浆成本的基础不符合《反倾销协议》第2.2条的规定。

专家组还发现，澳大利亚的措施不符合《反倾销协议》第2.2条的规定，因为尽管有证据表明Indah Kiat是一家综合生产商，并以一定成本获得纸浆，但ADC未能提供合理和充分的解释，说明为什么在构建Indah Kiat的A4复印纸生产成本时，没有从用于替代Indah Kiat记录的纸浆成本的纸浆基准中减去利润。

专家组认为澳大利亚的措施不符合《反倾销协议》第2.2条，因为ADC未能提供合理和充分的解释，说明为什么在构建Indah Kiat的A4复印纸生产成本时，没有替换木片成本和利用Indah Kiat内部生产纸浆的其他成本，假定允许ADC替换扭曲的成本。

4. 澳大利亚计算和征收的反倾销税是否超出了《反倾销协议》第2条允许的倾销幅度，因而不符合《反倾销协议》第9.3条起首部分和《1994年关税与贸易总协定》第Ⅵ：2条的规定

专家组认为，ADC在计算正常价值时忽略了Indah Kiat和Pindo Deli的硬木纸浆成本，澳大利亚的行为不符合《反倾销协议》第2.2.1.1条规定的义务。专家组还发现，ADC的行为不符合《反倾销协议》第2.2条的规定，即：由于存在"特定市场情况"，ADC无视Indah Kiat和Pindo Deli A4复印纸的国内销售作为正常价值的基础，而没有适当审查国内销售是否仍然"允许适当比较"；没有为Indah Kiat和Pindo Deli建立"原产地生产成本"，在无权建立"原产地生产成本"的情况下，使用了第三方纸浆成本作为基准，没有对Indah Kiat的利润进行任何调整，也没有考虑替代Indah Kiat的木片成本而不是纸浆成本。印度尼西亚根据《反倾销协议》第9.3条和《1994年关

税与贸易总协定》第Ⅵ：2 条提出的主张取决于就《反倾销协议》第 2.2.1.1 条和第 2.2 条作出的裁定，从这个意义上说，这些主张是间接的。因此，专家组认为没有必要根据《反倾销协议》第 9.3 条和《1994 年关税与贸易总协定》第Ⅵ：2 条作出额外的裁定来解决这一争端。因此，专家组决定厉行司法节约，拒绝就印度尼西亚根据《反倾销协议》第 9.3 条和《1994 年关税与贸易总协定》第Ⅵ：2 条提出的申诉的是非曲直作出裁决。

三、案件评述

本案的争议措施为澳大利亚反倾销委员会（ADC）进行反倾销调查后，对印度尼西亚进口的 A4 复印纸产品实施反倾销措施。双方主要对是否存在"特定市场情况""允许适当比较""成本计算"等问题进行争辩。其中，在此次专家组会议之前，没有任何专家组或上诉机构的报告对《反倾销协议》第 2.2 条中出现的"特定市场情况"一词进行过解释，专家组认为，"特定市场情况"只有在其影响国内销售无法进行适当比较的情况下才具有相关性，并进一步认为，该短语本身并不适于定义为调查当局可能遇到的无法进行"适当比较"的所有情况，必须根据具体事实逐案分析。

该案专家组裁定澳大利亚当局没有评估"特定市场情况"是否阻碍国内价格与出口价格的"适当比较"。专家组认为只有经过上述评估才能确定国内价格与出口价格的比较是否受到阻碍。专家组的裁决表明"特定市场情况"的存在并不必然适用结构价格。调查机构必须评估"特定市场情况"是否阻碍了国内价格与出口价格的"适当比较"。如果特定市场情况将国内价格与出口价格降低到相同程度，两种价格能够适当比较，那么就不能使用结构价格，而应当以国内价格作为正常价值。但专家组未能指出调查机构应如何评估，以便确定"特定市场情况"是否对国内价格与出口价格产生了不对称影响。争端解决机构需要更具体的解释以限制调查机构的自由裁量权，避免滥用"特定市场情况"规则。本案对之后《反倾销协议》第 2.2 条中"特定市场情况"等名词的解释具有突破性的进展和借鉴性意义，各方以及专家组在陈述争议点和结论时也应重点关注相关名词的解释与应用。

案例思考

1. 专家组提到"适当比较"的标准是什么？在本案中，澳大利亚是否进行了适当的比较？

2. 如何确保国内价格与出口价格的比较是公平的，尤其是在存在"特定市场情况"的情况下？

3. 本案例对于未来处理类似反倾销争端有何借鉴意义？

数字资源 6-1
相关协议条款

专业词汇

- 反倾销规则
- 反倾销协议
- 倾销
- 出口价格
- 正常价值
- 境内销售价格
- 向第三方的出口价格
- 结构价格
- 倾销幅度
- 损害
- 境内产业
- 反倾销措施
- 临时性反倾销措施
- 价格承诺
- 最终反倾销措施
- 反倾销税
- 日落条款

思考题

1. 不同反倾销措施对于实施条件与实施期限各有什么规定？
2. 自行了解反倾销措施，分析反倾销规则如何平衡进口成员和出口成员的利益。
3. 中国在运用反倾销规则方面面临哪些挑战？应如何更好地理解和应用反倾销规则？

第七章

WTO补贴与反补贴规则与案例

在全球经济一体化的浪潮中，补贴与反补贴措施成为国际贸易的热点议题。作为世界贸易组织（WTO）成员，我国需要深入了解并熟练运用补贴与反补贴规则，以维护公平贸易秩序，保障国内产业的健康发展。本章将深入探讨WTO补贴与反补贴规则，启发读者更好地理解补贴与反补贴规则在国际贸易中的作用，思考中国的应对之道。

专栏 7-1

章首案例：中国诉美国对华油井管反补贴案

为遏制美国滥用反补贴措施势头，中方于2012年5月25日向WTO起诉美国对华油井管等产品实施的反补贴措施。经专家组和上诉机构两审，2015年1月16日，争端解决机构通过DS437案上诉机构和专家组报告，裁定中国在公共机构、补贴专向性、补贴计算外部基准等核心问题上胜诉，美国对中国出口产品采取的反补贴措施违反WTO规则，要求美方纠正其违规措施。

然而，美商务部执行DS437案裁决工作一直进展缓慢，且对部分涉案产品继续维持反补贴措施。2016年4月29日，中方就美国执行措施再次诉诸WTO，正式启动该案执行专家组程序。专家组和上诉机构经审理，认定美方执行措施仍然违反WTO规则。鉴于美方未能在合理执行期内执行WTO裁决，中方于2019年10月17日向WTO提出贸易报复授权申请，并据理力争，驳回美方多项不合理调整要求，促使仲裁庭作出对我国有利的裁决。2022年1月26日，WTO仲裁庭发布其史上第六大贸易报复额裁决，认定中方在货物贸易领域每年可对美方实施6.45亿美元贸易报复。

该案为中国诉美国对华油井管等产品实施反补贴措施违反WTO协议，经历近十年全部程序，包括原审专家组审理、原审上诉、合理执行期仲裁、执行之诉专家组审理、执行之诉上诉、贸易报复水平仲裁等程序，是中国经历WTO争端解决程序最完整的一个案件。

资料来源：于家欣.史上第6大贸易报复额裁决！中国何以胜诉美国？[EB/OL].[2024-11-15]. https: //m. chinanews. com/wap/detail/chs/zwsp/9663402. shtml，部分节选，有改动。

第一节 《补贴与反补贴措施协议》规则解读

《补贴与反补贴措施协议》（以下简称SCM协议），也称《反补贴协议》，由11个部分32项条款和7个附件构成。与《反倾销协议》类似，SCM协议的目的也是平衡潜在的利益冲突：对于补贴来说，一种利益是国内产业不应该在与享受政府补贴产品的竞争中处于不利地位，另一种利益是用于抵消补贴的反补贴措施本身不应阻碍公平贸易。

一、补贴的概念

1. 补贴

根据SCM协议第1条规定，补贴是指政府或任何公共机构提供的财政资助或任何形式的收入或价格支持，使企业或产业得到了利益。这里的财政资助形式包括资金的直接转移（如赠款、贷款等）；潜在的资金或债务的直接转移（如贷款担保等）；放弃或未征收在其他情况下应征收的政府税收（如税收抵免之类的财政鼓励等）；提供除一般基础设施外的货物、服务或购买货物，通过第三方机构实行以上行为。

专栏 7-2

空客和波音的补贴争端

空客和波音的补贴争端是现代国际贸易中最为复杂和影响深远的案例之一。该案例涉及美国和欧盟这两个全球最大经济体，分别通过各种形式的政府补贴支持其本国的主要飞机制造商波音公司和空客公司。这些补贴引发了长达数十年的法律争端,最终在世界贸易组织(WTO)框架下得以裁决。

这一争端始于2004年,当时美国向WTO提出诉讼,指控欧盟通过非法补贴支持空客公司。美国政府声称,欧盟的补贴包括低息贷款、政府资助的研发项目以及其他形式的财政支持,严重损害了波音公司在全球市场上的竞争力。作为回应,欧盟也向WTO提起诉讼,指责美国政府通过税收优惠、政府合同和直接资助等方式向波音公司提供非法补贴。

2005年,WTO成立了两个独立的调查组,分别对空客公司和波音公司的补贴问题展开调查。经过多年的深入调查和审理,WTO分别在2010年和2011年作出了初步裁决,认定美国和欧盟均向其主要飞机制造商提供了非法补贴。具体来说,WTO裁定,美国政府通过美国航空航天局(NASA)、美国国防部(DOD)以及一些州政府的税收减免和财政刺激政策,向波音公司提供了至少53亿美元的非法补贴。

与此同时,WTO也裁定,欧盟在过去40年向空客公司提供了高达180亿美元的违规补贴。这些补贴包括用于A380等多款飞机研发的低息贷款和其他财政支持。尽管WTO要求欧盟在6个月内撤销这些补贴或采取措施消除其负面影响,但欧盟并未完全执行这些裁决,这导致了美国继续对欧盟施加压力,并请求WTO成立争端解决专家组以迫使欧盟执行裁决。

2012年,WTO上诉机构确认了波音公司从美国政府获得了30亿~40亿美元的非法补贴。这些补贴不仅帮助波音公司在民用航空市场上获得了不公平的竞争优势,还阻止了欧盟继续为空客公司的新型A350飞机提供低息贷款。WTO的裁决再次强调,美国和欧盟都需要停止这些不公平的补贴行为,以维护全球航空市场的公平竞争。

然而,实际情况表明,双方在执行WTO裁决方面存在巨大分歧,并持续进行法律和贸易报复。例如,2019年,WTO授权美国对价值75亿美元的欧盟产品征收关税,以回应欧盟对空客公司的非法补贴。欧盟则在2020年获得了对39.9亿美元的美国产品征收关税的权利,以反制美国对波音公司的补贴。

尽管在2021年3月,美国时任总统拜登和欧盟委员会主席冯德莱恩达成协议,同意暂停因飞机补贴争端而征收的关税,以留出更多时间进行谈判,争端最终仍未完全解决。双方提出将暂停征收惩罚性关税5年,并成立工作组以达成最终谅解。然而,WTO的裁决表明,其对国家补贴的约束力有限,不能强制各国停止补贴行为,最终可能需要通过双边谈判与和解来解决争端。

资料来源:周涵婷.试论事实上的出口补贴——以美国诉欧盟大飞机产业贸易冲突案为例[M]//孙琬钟,左海聪.WTO法与中国论丛.北京:知识产权出版社,2012,部分节选,有改动。

根据这一定义，补贴只有在满足下列3个条件时才能成立：其一，提供了财政资助；其二，资助是成员领土内的公共机构提供的；其三，资助授予了某项利益。明确列出的补贴形式有如下几种。第一，政府直接转让资金，如赠予、贷款、资产注入等；潜在的直接转让资金或债务的直接转移，如政府为企业提供贷款担保等。第二，政府应征税收的减免。第三，政府提供除一般基础设施之外的货物或服务，或购买货物。第四，政府向基金机构拨款，或委托、指令私人机构履行上述三项职能。第五，构成《1994年关税与贸易总协定》第16条含义内的任何形式的收入或价格支持。

专栏 7-3

反倾销和反补贴的区别

反倾销和反补贴既有许多相同之处，又有根本的区别。

（1）倾销是企业行为；补贴则是政府行为或政府机构的行为。

（2）反倾销的实质是对外国产品在本国市场上的倾销所采取的抵制措施；反补贴的实质是进口国主管当局根据其国内相关产业的申请，为了保护受损的国内产业，恢复公平竞争，通过反补贴措施抵消进口产品享受的补贴。

（3）反倾销的实施条件是存在倾销、损害、倾销与损害之间的因果关系；反补贴的实施条件主要是专向性补贴，包括禁止性补贴和存在严重侵害的可诉补贴。

（4）反倾销规则只规范政府的反倾销措施；反补贴规则既规范政府补贴行为，又规范反补贴措施。

（5）反补贴调查开始前，进口成员应与出口成员进行磋商；反倾销调查开始前没有磋商的义务。

（6）反补贴措施中的价格承诺有两种形式。一是出口成员政府同意取消或限制补贴，或采取其他措施消除补贴的影响。二是出口商同意修改其出口价格，以消除补贴的有害影响。反倾销措施中的价格承诺不存在政府承诺的形式。

此外，反倾销和反补贴在微量和忽略不计的标准及其他方面均有区别。

2. 专向性补贴

SCM协议只约束专向性补贴，不约束非专向性补贴。专向性补贴是指授予机关只给予管辖范围内的企业或产业、或一组企业或产业的补贴，违背了非歧视原则。

判断补贴是否属于专向性补贴有如下几种方式。

（1）如授予机关或其运作所根据的立法将补贴的获得明确限于某些企业，则此种补贴属于专向性补贴。

（2）如授予机关或其运作所根据的立法制定适用于获得补贴资格和补贴数量的客观标准或条件，且该资格是自动的，此类标准和条件也经官方说明并严格遵守，则为非专向性补贴。

（3）适用上述原则的非专向性补贴也可根据其他因素认定为事实上的专向性补贴，此类因素包括有限数量的某些企业使用补贴计划、某些企业主要使用补贴、给予某些企业不成比例的大量补贴以及授予机关在作出给予补贴的决定时行使决定权的方式。

（4）有资格的各级政府所采取的确定或改变普遍适用的税率的行动为非专向性补贴。

二、补贴的分类

为了针对性地采取措施，SCM协议将补贴分为三类：禁止性补贴，也叫"红灯补贴"，被禁止使用；可诉补贴，也叫"黄灯补贴"，对贸易造成严重损害时可以起诉，也可以采取反补贴措施；不可诉补贴，也叫"绿灯补贴"，被允许使用，不得对其起诉或采取反补贴措施。其中，禁止性补贴和可诉补贴属于专向性补贴。

1. 禁止性补贴

禁止性补贴是禁止成员实施或维持的补贴。除了《农业协议》中另有规定的以外，禁止性补贴包括两类：法律或事实上视出口实绩为唯一条件或多种其他条件之一而给予的补贴，即出口补贴；视进口替代的情况为唯一条件或多种其他条件之一而给予的补贴。

2. 可诉补贴

可诉补贴是对其他成员的国内产业或利益造成不利影响的补贴，但不包括按《农业协议》实行的补贴。可诉补贴既不被一律禁止，又不能自动免于质疑，只有被认为造成严重侵害时，才可以起诉。换言之，可诉补贴可以由受到严重侵害的成员向WTO提出起诉，也可以根据国内立法采取反补贴措施。

认定某一成员因可诉补贴而利益受到严重损害，应存在以下情况。

（1）实施下列补贴：第一，某项从价补贴的数额超过价格的5%。第二，对某项产业的经营性亏损进行补贴。第三，对某企业的经营性亏损进行填补性补贴，这种补贴不是属于长期发展计划和避免严重社会问题而向该企业提供的一次性补贴，而是周期性的、不断重复的补贴。第四，直接债务的免除，即免除政府债权可以补贴抵消企业应付债款。

（2）造成如下后果：第一，阻止和妨碍其他成员的同类产品进入本国市场或进入第三方市场；第二，在同一市场上与其他成员同类产品的价格相比，受补贴产品的价格明显下降，或在同一市场上对其他成员的同类产业造成严重的价格抑制、价格下跌或销售量减少等后果；第三，与以往3年的平均市场份额相比，受到补贴的初级产品在世界市场上份额增加，并且呈现持续上升的趋势。

3. 不可诉补贴

不可诉补贴是WTO允许的补贴，受损害成员5年内不能提出起诉，且不能采取反补贴措施。它有以下两种类型。

（1）不具有专向性，而是那些具有普遍性的补贴，这种补贴不会引起成员的任何反补贴措施。

（2）政府对科研、落后地区以及环保的补贴，即使具有专向性，也属于不可诉补贴。这种不可申诉性补贴应符合以下条件：第一，为企业所从事的科研活动，或为高等教育、科研单位与企业在合作基础上所从事的科研活动提供的补贴，但不得超过基础研究支出的75%和应用研究支出的50%，且仅用于人员开支、科研设备、科研服务、管理方面的费用。第二，为扶持落后地区的发展而在一定的地域范围内对一切企业都适用的补贴。经济落后地区应符合以下标准：一是清楚表明地理区域以及经济与行政区划；二是该地区的人均国内生产总值低于该成员境内的85%，失业率高于该成员境内失业率的115%；三是为适应新的环保要求扶持改进企业现有设备而提供的补贴，这种补贴应是一次性的并且不得高于采用环保要求所需费用的20%。不可诉补贴既包括非专向性补贴，又包括满足以下条件的专向性补贴：对企业进行研究活动的援助，或对高等教育机构，或研究机构与企业签约进行研究活动的援助；按照地区发展总体框架对一成员领土内落后的非专向性地区的援助；为促进现有设施适应法律法规实行的新的环境要求而提供的援助。

专栏 7-4

中美可再生能源贸易争端：风能补贴与WTO规则的冲突与调整

2010年12月22日，美国根据WTO《关于争端解决规则与程序的谅解》和《补贴与反补贴措施协议》（SCM协议），请求与中国就中国向本国风力发电设备制造商提供的补助、资助和奖励措施进行磋商。这起被称为"中美风能补贴"案的争端，反映了全球两大经济体在可再生能源领域的激烈竞争。

美国在起诉中指控中国的财政部通过一系列政策文件，对中国境内从事风力发电设备生产制造的企业提供补贴，认为这些措施违反了SCM协议

第 3 条关于进口替代补贴的规定。具体来说，中国的补贴政策规定，只有使用国产设备和零部件的风力发电项目才能获得财政支持，这被美国视为对进口产品的歧视性待遇，从而损害了美国相关企业的利益。中国对此回应称，发展可再生能源是为了应对气候变化和保护环境，这些措施不仅符合《中华人民共和国可再生能源法》，还符合国际社会应对气候变化的共同目标。中国认为，美国的指控是不合理的，强调其相关政策对全球环保具有积极作用。

这一争端的核心问题在于WTO规则如何适用于可再生能源补贴。现有的SCM协议并未对可再生能源补贴与其他类型的补贴作出明确区分，这导致了贸易与环境政策之间的冲突。根据SCM协议的规定，如果政府提供的财政资助（具有专向性的补贴）对其他成员的贸易利益造成不利影响，那么这些补贴都可能被视为非法。进口替代补贴，即要求使用本国产品而非进口产品的补贴，被明确禁止。

在处理"中美风能补贴"案时，WTO必须面对如何平衡贸易自由化与环境保护的挑战。一方面，补贴可能对国际贸易产生扭曲效应；另一方面，发展可再生能源对有效应对全球气候变化至关重要。美国在指控中国时，也需要面对自身在可再生能源领域的补贴政策，包括联邦和州政府提供的税收减免和财政支持。2012年，中美双方通过磋商达成了临时解决方案，但这一争端并未就此终结。中美在可再生能源领域的竞争依然激烈，且这种竞争很可能继续扩展到其他绿色技术领域。双方的争端不仅影响了两国企业在全球市场的竞争格局，也给WTO在处理类似绿色补贴争端方面提出了新的挑战。

在本案中，WTO反补贴规则中的不可诉补贴是一个关键的法律概念，值得深入分析。不可诉补贴是指在特定条件下，某些类型的政府补贴不会被视为违反WTO规则，从而免于被其他成员诉讼或反补贴措施的制裁。SCM协议在其制定之初，确立了三类不可诉补贴，即"绿灯补贴"，包括研究和开发补贴、落后地区发展补贴、环境补贴。根据SCM协议第31条的规定，这些不可诉补贴的条款仅在协定生效的前5年内有效，自2000年起，WTO成员再也无法正式将其援引为抗辩理由。这使得后来出现的许多环境和研发补贴被归为可诉补贴，面临更多的法律挑战。

中国提供的风能补贴如果发生在不可诉补贴条款失效之前，可能被视为合法。然而，由于这些条款已经失效，中国无法以不可诉补贴为理由进行抗辩。这就引发了一个重要的问题：现有WTO规则是否需要调整，以适应当今全球经济环境下的绿色经济和可持续发展需求。考虑到可再生能源补贴的特殊性和重要性，有学者和政策制定者建议，应在WTO框架下重新引入并扩展不可诉补贴条款，以鼓励和保护合理的环境补贴。这样的调整可以帮助各国在推动绿色能源发展的同时，避免因补贴政策而陷入国际贸易争端。为解决这一问题，国际社会需要重新审视并修订相关规则，以平衡贸易自由化与环境保护的目标。通过建立明确的绿色补贴规则，WTO也可以在促进国际贸易的同时，积极参与应对气候变化的全球治理。

"中美风能补贴"案不仅是中美两国在可再生能源领域竞争的缩影，也是WTO规则在新时代面临的重要考验。通过这一案例，国际社会可以更加清晰地认识到，在全球应对气候变化和推动可持续发展的大背景下，如何制定和完善贸易规则以应对新兴挑战的重要性。未来，WTO需要在其反补贴规则中引入更加细致的绿色补贴条款，以便在鼓励可再生能源发展和维护公平贸易之间找到更好的平衡。通过这样的改革，WTO可以更好地应对新时代的全球贸易和环境挑战。

资料来源：黄志雄，罗娟.中美可再生能源贸易争端的法律问题——兼论WTO绿色补贴规则的完善[J].法商研究，2011（5）：35-43，有改动，部分节选。

三、补贴的救济

除非另有规定，对不同补贴的救济应遵循《关于争端解决规则与程序的谅解》规定的方法和程序。

1. 对禁止性补贴的救济

一成员如果有理由认为另一成员正在实施禁止性补贴，则可请求与实施补贴的成员进行磋商，以达成双方同意的解决办法。若提出磋商请求后30天内不能达成双方同意的解决办法，参加磋商的任意成员可提交争端解决机构。争端解决机构应立即成立专家组，专家组可就所涉措施是否属禁止性补贴请求常设专家组（PGE）协助，但PGE的结论必须被专家组接受。专家组应向争端各方提交最终报告，争端解决机构应在30天内通过该报告，或者争端方向上诉机构上诉此报告。如果所涉措施被视为禁止性补贴，被诉成员应在规定的期限内立即撤销该补贴，否则起诉成员可以得到授权并实行反措施。

2. 对可诉补贴的救济

一成员如果有理由认为另一成员正在实施的任何补贴对其国内产业造成损害，使其利益丧失，或减损，或产生严重侵害，则可请求与实施补贴的成员进行磋商，以达成双方同意的解决办法。若提出磋商请求后60天内不能达成双方同意的解决办法，参加磋商的任意成员可提交争端解决机构。争端解决机构应立即成立专家组，专家组应向争端各方提交最终报告，争端解决机构应在30天内通过该报告，或者争端方向上诉机构上诉此报告。如果所涉措施被视为构成严重侵害，被诉成员应在规定的期限内采取适当方式以消除不利影响或撤销该补贴，否则起诉成员可以得到授权实行反措施。

3. 对不可诉补贴的救济

一成员如果有理由认为另一成员正在实施的不可诉补贴导致对其国内产业产生严重不利影响，则可请求与实施补贴的成员进行磋商，以达成双方同意的解决办法。如在提出磋商请求后60天内，未能达成双方接受的解决办法，则提出磋商请求的成员可将此事项提交委员会。如果委员会确定存在此类影响，提供补贴的成员应予以修改，以消除这些影响，否则委员会应授权提出请求的成员采取与确定存在的不利影响的程度和性质相当的反措施。不可诉补贴仅临时适用5年，若5年后仍然实施，即可被视为专向性补贴。

四、反补贴措施与反补贴调查

反补贴措施是指，进口成员主管机构根据有关国内产业的申诉，对受补贴的进口产品进行反补贴调查，并采取征收反补贴税或承诺等方式，抵消进口产品所享受的补贴，恢复公平竞争，保护受到损害的国内产业。

1. 反补贴调查

1）申诉

申诉方要能代表有关国内产业（*其总产量占国内同类产品总产量的50%以上*），并提供充足证据以证明存在补贴和损害以及两者之间的因果关系。

2）磋商

在接受申诉后、发起调查前，应邀请可能接受调查的成员进行磋商，以期达成双方同意的解决办法。调查期间仍可继续磋商。

3）调查

进口成员主管机构对申诉书进行审查，若证据不足，应拒绝申请，终止调查。若主管机构未收到申诉书，在有充分证据的情况下也可发起调查。调查不得妨碍通关程序。

4）暂停或终止

在以下两种情况下，可暂停或终止反补贴调查：出口成员政府同意取消或限制补贴，就补贴产生的影响采取其他相应措施；出口商同意将价格调整至进口成员政府满意的水平。

2. 反补贴措施

如最终确定了补贴的存在和补贴的金额、损害的存在，以及受补贴产品的进口与损害之间存在因果关系，则可单方面决定对申诉产业采取反补贴措施。反补贴措施包括：临时措施、承诺、征收反补贴税（对任何进口产品征收的反补贴税不得超过认定存在的补贴金额）。除非经主管机构复审，任何反补贴措施的履行期限不得超过5年。

专栏 7-5

欧盟对中国车企发起反补贴调查

近年来，随着电动汽车市场的迅猛发展，中国成为全球电动汽车的重要生产基地。然而，欧盟质疑中国电动汽车企业的补贴政策，并于2023年正式启动了对中国电动汽车企业的反补贴调查。这一调查引起了中欧双方以及全球汽车行业的广泛关注和讨论。欧盟委员会在启动反补贴调查时，声称中国政府通过各种形式的补贴，使中国电动汽车在价格上具备了不公平的竞争优势。欧盟希望通过调查，确定中国电动汽车的比较优势是否由国家补贴推动，并评估这些补贴是否对欧盟产业造成了实质性损害。根据WTO规则，如果确认补贴行为存在且对欧盟产业造成损害，欧盟有权对相关产品征收反补贴税。

面对欧盟的指控，中国电动汽车制造商迅速作出回应。蔚来汽车欧洲业务负责人张辉在德国《商报》汽车峰会上公开反对欧盟的反补贴调查，呼吁公平、开放的市场和贸易环境。长城汽车成为第一个正式回应欧盟委员会调查问卷的中国汽车制造商，强调公平贸易环境的重要性，并对欧盟的做法表示担忧。德国汽车行业对欧盟的反补贴调查持保留态度。保时捷首席财务官卢茨·梅施克表示，德国汽车制造商将反对任何形式的新关税，认为这项调查对欧盟帮助不大，反而可能损害严重依赖对华出口的德国汽车行业。大众汽车集团首席执行官奥利弗·布鲁姆默则指出，中国汽车制造商的强大市场地位源于其自身实力，而不是补贴的结果。

欧盟内部对这一反补贴调查的态度存在分歧。法国支持这一调查，认为可以保护本国汽车制造商的利益，而德国则担心调查可能对其在华业务产生负面影响。意大利和北欧国家态度不一，中东欧国家则可能与德国站在同一阵营。欧盟内部的这种分歧使这一贸易争端的解决进一步复杂化。值得注意的是，启动反补贴调查并不必然意味着欧盟会对中国电动汽车征收反补贴税。欧盟需要确认中国电动汽车的比较优势是天然存在的还是由国家补贴推动的，并评估这些补贴是否对欧盟产业造成了实质性损害，同时考虑征收关税是否符合欧盟整体利益。

德国汽车工业协会对反补贴措施的有效性表示怀疑。即使欧盟征收反补贴税，也可能最终由欧盟消费者承担更高的价格，这不仅不会增强欧洲企业的竞争力，反而可能损害欧盟内部市场的公平竞争。在第三方市场，中国电动汽车的价格优势依然存在，关税措施的效果有限。欧盟的反补贴调查不仅影响了中欧电动汽车市场的现有格局，也引发了全球对贸易保护主义和公平竞争的广泛讨论。对于欧盟而言，如何在保护本土产业和保持市场开放之间找到平衡点，成为亟待解决的难题。中国则需要进一步优化自身产业政策，增强企业竞争力，同时积极应对国际贸易争端。

资料来源：青木，任重.中国车企回应欧盟反补贴调查.[EB/OL].[2024-12-20].https://world.huanqiu.com/article/4F6aCe2DAB6，部分节选，有改动。

第二节 补贴反补贴规则与中国

一、中国面临反补贴的形势及现状

入世以后，伴随着我国出口的快速增长，我国与国外的贸易摩擦也越来越频繁。在世界经济下滑、贸易保护主义抬头这一国际背景下，反补贴正被包括美国、欧盟等发达经济体视为对华贸易救济的新办法来保护其国内产品免受"中国制造"的威胁。我国已连续多年成为全球遭受反补贴调查最多的国家，金属、钢铁、纺织和化工等行业纷纷成为国外对华反补贴调查的主要目标。

自2004年加拿大首次对我国进行反补贴调查以来，针对我国的反补贴调查逐年增加，以"反补贴"名义引发的贸易摩擦形势严峻。截至2024年年中，国外共对我国发起227起反补贴调查。其中，134起案件作出肯定性终裁并征收反补贴税，17起案件在复审后停止征税，48起案件裁定未造成实质性损害或损害威胁；共有12个国家和地区对我国发起反补贴调查，其中美国120起，加拿大33起，澳大利亚24起，欧盟20起，印度11起（图7-1），排名前三的行业分别为金属制品工业62起，钢铁工业34起，化学原料和制品工业26起（图7-2）。

目前需要关注的对华反补贴国家可以分为三类：第一类是已经多次对华进行反补贴调查的国家和地区，如美国、加拿大、欧盟等，这类经济体的反补贴法律规则成熟，具备丰富的反补贴实践经验，对华反补贴已经进入稳定多发期；第二类是尽管反补贴实践经验不丰富，但可能会扩大对华反补贴调查的经济体，如印度是同中国经常发生贸易摩擦的国家，自2008年开始尝试对华使用反补贴工具，但是印度自身也经常使用补贴并面临反补贴，对华反补贴动向并不会很严重；第三类是已经承认中国市场经济地位的经济体，如澳大利亚、新西兰等，因为不存在法律规则的障碍，并且这些经济体也较多地使用反补贴工具，它们是否对华发起反补贴调查案件完全取决于与中国的贸易竞争关系。

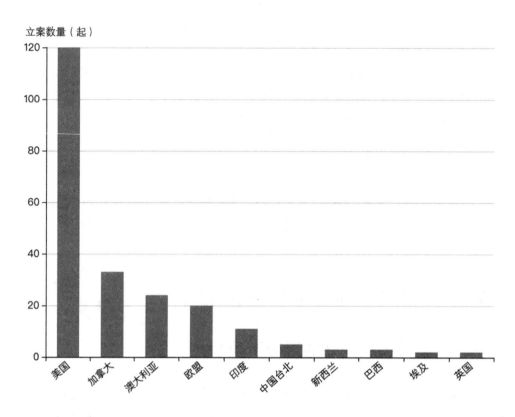

图7-1　对华反补贴申诉国/地区分布图（前十）

数据来源：中国贸易救济信息网

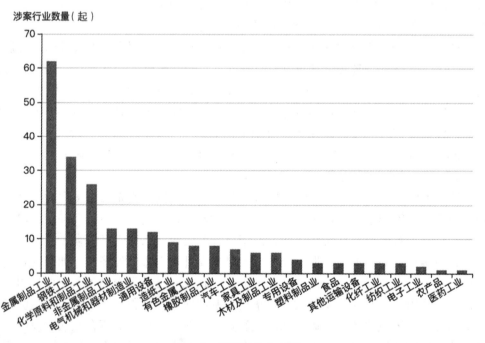

图7-2　涉案行业分布图

数据来源：中国贸易救济信息网

从近年来的反补贴案件中可以看出，国外对华反补贴表现出了以下几个特征。

1. 反补贴案件涉及行业范围的广泛性

反补贴案件波及行业逐渐从钢铁、有色金属、纺织、造纸等劳动密集型、高耗能、高污染和资源性产品行业，向信息产品、清洁能源产品等高新技术产业扩散。案件的调查范围，则几乎涵盖货物劳务税、所得税、财产行为税等所有主体税种，并且从以初期的政策内容、法律依据为主，逐渐深入政策背景目的、征收管理程序、报表数据层面。

2. 反补贴调查给政府和相关企业带来过于沉重的诉讼负担

反补贴调查不像反倾销，是一个非常复杂的过程，短时间内无法完成。这是因为在反补贴调查过程中，对出口成员的政策、措施等进行调查，需要出口成员的政府和企业同时配合，反补贴调查一旦开始，政府和企业就将面临烦琐的问卷调查与高额的司法程序费用。过重的诉讼负担有可能导致受调查的政府及企业因负担不起极其高额的应诉费用，不能出庭为自己辩护，而往往只能撤出进口成员市场。

3. 复杂程度和受影响因素较反倾销更多

反补贴作为我国近年来贸易摩擦的新热点，经常与反倾销这一贸易壁垒同时使用，但反补贴往往比反倾销更难以应对，不确定因素更多。例如，在中国光伏产品继续遭遇欧盟"双反调查"一案中，由于与中方达成"价格承诺"协议，一些中国光伏企业将被免于征收高额反倾销税，但对产自中国的太阳能电池及相关部件产品的反补贴调查却仍在继续。

二、中国运用补贴与反补贴规则策略建议

1. 完善国内法律体系

中国应进一步完善反补贴法律体系，以提高法律的层次和操作性，确保法律规定与国际标准接轨。此外，政府应通过制定实施细则和补充规定，解决现行法律中存在的模糊和不明确之处，确保法律在执行过程中不被滥用或曲解，从而有效防范国外对我国实施不公平的反补贴措施。

2. 建立和完善预警机制

政府和行业协会应共同构建反补贴预警体系，对重点敏感出口产品进行监测和价格协调工作。预警体系应包括对出口价格、出口国家和地区的持续监控，及时发

现并化解潜在的贸易风险。预警机制的作用在于提前判断产业损害的可能性和程度，以便企业尽早采取应对措施，降低损害程度。这不仅有助于维护国内产业的健康发展，也能有效减少反补贴调查的发生频率。具体措施包括建立信息共享平台，及时发布预警信息，以及定期组织培训，提升企业应对贸易风险的能力。

3. 加强国际合作与沟通

政府和企业应积极参与国际组织和多边贸易谈判，加强与主要贸易伙伴的沟通与合作，争取更多的发展中国家待遇。在国际舞台上，通过合法合理的方式，维护自身权益，争取更有利的贸易环境。与其他国家合作，共同抵制不公平的贸易保护主义行为，可以有效减轻国外反补贴调查带来的压力，并促进国际贸易的健康发展。例如，通过签署双边或多边贸易协定，建立更加稳定和公平的国际贸易环境，确保我国企业在国际市场上的竞争力和市场份额。

4. 提升企业应对能力

企业应加强对国际贸易规则和反补贴措施的研究，提升法律意识和应对能力。面对反补贴调查，企业应积极配合政府和行业协会，提供完整准确的信息，确保在调查过程中处于有利地位。企业应通过法律手段和正当程序，维护自身合法权益。此外，企业还应注重内部培训，提高员工对反补贴措施的认知和应对能力，确保在面对国际贸易摩擦时能够迅速有效地作出反应。例如，企业应建立专业的法律团队，负责研究和应对国际贸易中的法律问题，确保在面对反补贴调查时能够迅速提供有效的应对方案。

我国应积极有效应对国外反补贴调查，维护国内产业的健康发展和国际市场的公平竞争环境。这不仅需要政府的主导作用，还需要企业和行业协会的积极配合，共同构建科学合理的补贴与反补贴体系。

专栏 7-6

历经半年成功应诉 嘉兴一企业涉美"双反调查"初裁获全国最低税率

2021年3月，嘉兴市商务局透露，浙江兴意金属制品有限公司（以下简称浙江兴意）成功应诉美国反倾销、反补贴调查，并获得全国最低税率。这家企业主要生产金属储物柜，60%的产品销往美国市场。2020年7月，美国企业向美国商务部申请对中国的金属储物柜生产企业进行反倾销、反补贴调查。作为市场占有率第一的企业，浙江兴意成为浙江省内唯一一家强制应诉的企业，如果失败，将被征收455.72%的惩罚性税率，并影响全国同类企业的平均税率。

为了应对调查，浙江兴意迅速成立了多部门专项应诉小组，浙江省商务厅和嘉兴市、县两级商务部门也成立工作组，多次走访浙江兴意并推荐有经验的法律资源。在多方努力下，2021年2月，美国政府初步裁定浙江兴意的反倾销、反补贴税率总计为49.38%，国内其他金属储物柜生产企业的税率也将参考这一结果。这不仅使浙江兴意保住了美国市场，还为全国同类企业赢得了市场空间。

尽管初裁结果令人振奋，但这并不意味着"双反调查"已经结束。浙江兴意将继续贴合实际需求，增强客户黏性，同时开拓欧洲和南美市场，减少对美国市场的依赖。这一成功案例展示了浙江兴意在面对国际贸易摩擦时的应对策略和取得的成效，对其他企业具有重要的借鉴意义。

资料来源：中央嘉兴市委，嘉兴市人民政府.历经半年成功应诉 嘉兴一企业涉美"双反调查"初裁获全国最低税率[EB/OL].[2024-12-16].https：//cacs.mofcom.gov.cn/article/flfwpt/jyjdy/cgal/202103/168282.html，部分节选，有改动。

第三节 案例精解：加拿大诉美国对软木木材的反补贴措施（DS533）

一、案例导入

1. 案例简介

申诉方：加拿大。

被申诉方：美国。

第三方：巴西、中国、欧盟、日本、哈萨克斯坦、韩国、俄罗斯、土耳其、越南。

本争议涉及美国对加拿大软木木材产品的某些反补贴措施。

2. 时间节点

2018年3月15日，加拿大请求WTO成立专家组。在2018年3月27日的会议上，争端解决机构（DSB）推迟了专家组的成立。在2018年4月9日的会议上，DSB成立了一个专家组。巴西、中国、欧盟、日本、哈萨克斯坦、韩国、俄罗斯、土耳其和越南保留其第三方权利。2018年6月27日，加拿大请求总干事组成专家组。2018年7月6日，总干事组建了专家组。2019年11月15日，专家组主席通知DSB，鉴于该争端的复杂性，专家组预计在2020年上半年发布其最终报告。专家组主席指出，报告一旦以所有三种正式语言分发给各方，就会向公众公布，分发日期取决于翻译工作的完成情况。2020年8月24日，专家组报告分发给各方。

二、专家组的分析

1. SCM协议第14（d）条是否要求美国商务部考虑使用加拿大某些"区域市场"内的立木基准作为其利益评估的起点

第14（d）条第一句与政府提供物品有关，要求除非提供物品的报酬低于适当报酬，否则不得将提供物品视为给予利益。第二句涉及确定"有关物品"的适当报酬的方法。将第14（d）条的第一句和第二句放在一起理解，可以得出第14（d）条第二句所指的"有关物品"是政府提供的物品。换句话说，"有关物品"是政府实际出售的物品，调查当局试图确定其报酬是否适当。

为了确定政府提供的有关物品的报酬是否适当，第14（d）条要求调查当局使用与提供方该物品的"现行市场条件"有关的基准。因此，第14（d）条要求调查当局选择与提供方政府提供的有关物品的"现行市场条件"相关的基准。换句话说，正如以前的专家组所指出的，基准必须反映政府提供的物品的"实际情况"。

专家组认为，反映政府提供物品实际情况的基准价格，一般来自该物品的现行市场条件。由于该价格产生于与政府提供的物品相同或相似的市场条件，因此它本质上与政府提供的物品的现行市场条件有关。

如果调查当局收到的记录证据表明，政府提供的货物的现行市场条件反映了在提供方各地销售的相同或类似货物的现行市场条件，在这种情况下，从提供方任何区域选定的市场确定的基准价格将满足第14（d）条的要求。这是因为，考虑到提供方各地的现行市场条件都是一样的，因此，无论从提供方的任何地方选择市场决定的基准价格，该基准价格都与政府提供的物品的现行市场条件有关。

然而，如果调查当局收到的记录证据表明，政府提供的货物的现行市场条件与提供方其他地区销售的相同或类似货物的现行市场条件不同，则调查当局使用提供方任何区域的市场决定的价格作为基准，不足以满足第14（d）条的目的。在这种情况下，调查当局将需要做更多的工作，以确保如第14（d）条所要求的那样，所选定的基准与有关政府提供的物品的现行市场条件有关，即与所发现的政府提供的物品方面存在的实际情况有关。在某些情况下，调查当局可以这样做，即采用提供国任何区域相同或类似货物的市场确定价格，并对该价格进行适当调整，使之与政府提供货物的现行市场条件相一致。然而，专家组认为，根据政府提供的物品本身的现行市场条件确定的市场价格将更准确地反映该物品的现行市场条件。与此相反，对于与政府提供的物品相同或相似，但由于当时的市场条件与政府提供的物品的市场条件不同而产生的由市场决定的物品价格，必须经过仔细选择和调整，以便反映政府提供的物品当时的市场条件。因此，专家组认为，对与政府提供的物品相同或相似，但因现行市场条件不同于政府提供的物品的价格进行调整，即使这些价格是由市场决定的"国内"价格，也不是得出适当基准的首选方式。其根本原因与上诉机构的考虑相似，即对"国外"价格进行调整不是得出适当基准的首选方法。

综上，在美国市场委员会的决定中，专家组没有合理和充分的依据得出加拿大不列颠哥伦比亚省内陆地区、阿尔伯塔省、魁北克省和安大略省没有各自不同的现行市场条件的结论。在这方面缺乏合理和充分解释的情况下，专家组认为，美国商务部有义务考虑使用上述每个地区内由市场决定的基准作为其利益分析的起点。关于加拿大新不伦瑞克省，由于上一段所述的原因，专家组没有法律依据认定美国联邦贸易委员会负有这样的义务，因此将不评估加拿大关于美国联邦贸易委员会拒绝来自该地区的拟议基准的主张。

2. 新斯科舍省基准是否与阿尔伯塔省、安大略省和魁北克省的现行市场条件有关

专家组认为，加拿大已经证实，对于新斯科舍省和其他省份SPF木材①的不同树种组合不构成现行市场条件差异的结论，美国联邦贸易委员会没有提供合理和充分的解释。专家组还认为，美国商务部没有适当地确定新斯科舍省的活立木DBH②与阿尔伯塔省、安大略省和魁北克省的活立木DBH具有可比性，因为美国商务部是根据不同的依据计算这些省份的DBH数据的。此外，美国联邦贸易委员会还错误地根据采伐的树木来计算阿尔伯塔省和安大略省的DBH数据，而根据不一定可以经济采伐的树木来计算新斯科舍省的DBH数据。同时，专家组认为，对于将纸浆厂作为锯木厂副产品的消费者是否会造成新斯科舍省与其他省份的现行市场条件之间的差异，美国联邦贸易委员会没有提供合理和充分的解释。

同样，专家组认为，美国联邦贸易委员会的分析没有适当反映新斯科舍省与其他省份在运输相关成本方面的差异。最后，专家组认为，尽管新斯科舍省和阿尔伯塔省的采伐季节、森林再生期长短不同，但美国联邦贸易委员会未能适当考虑新斯科舍省的现行市场条件是否与阿尔伯塔省的现行市场条件相关。专家组的结论是，美国商务部错误地认定新斯科舍省的基准价格合理地反映了其他省份的普遍市场条件，从而违背了SCM协议第14（d）条规定的确定与提供有关物品的普遍市场条件相关的报酬是否适当的义务。

由于加拿大已证实新斯科舍省和其他省份的现行市场条件之间存在上述差异，专家组同意加拿大的观点，即美国联邦贸易委员会本应对基准价格进行必要调整，使基准价格与提供货物的市场的现行市场条件相关或参照。美国商务部没有对新斯科舍省的基准价格进行此类调整，违反了SCM协议第14（d）条的规定。

专家组还注意到，加拿大争辩说美国联邦贸易委员会的行为不符合其寻找"市

---

① 云杉-松木-冷杉的英文缩写，是产自加拿大的主要商用软木木材树种组合。
② 胸径，指乔木主干离地表面胸高处的直径。

场外"基准的义务,该基准应与阿尔伯塔省和安大略省的现行市场条件"尽可能可比"。然而,加拿大提出这一论点是为了"替代"其论点,即美国联邦贸易委员会本应使用阿尔伯塔省和安大略省的私人市场和原木基准,而不是新斯科舍省的基准。由于专家组支持加拿大的论点,即美国商务部本应考虑阿尔伯塔省和安大略省的基准,因此专家组无须就加拿大关于替代性外部基准的论点作出结论。

3. 加拿大关于新斯科舍省调查可靠性的主张

专家组认为,德勤公司在为调查收集数据时使用的"交易"的一般定义并没有说明必须报告立木价格,这就为调查参与者报告不同结构的交易价格留下了可能性。在这方面,专家组注意到美国声称调查明确指示调查对象报告它们为软木锯材支付的立木价格。但专家组注意到,德勤公司本身也表示"交易"一词是鉴于记录证据清楚地表明,在新斯科舍省,木材交易的结构有许多不同的方式,专家组认为,调查提供的"交易"一词的定义相当模糊,可能会导致调查参与者根据对该词的不同理解来报告价格。

专家组的结论是,加拿大已经确立了表面证据确凿的案件,而美国没有充分反驳,即调查中"交易"一词定义的模糊性使得调查不可靠。此外,专家组得出结论认为,与美国商务部不同,一个客观公正的调查机构在发现新斯科舍省调查中的错误时,不会像美国商务部在核查访问期间那样,依赖新斯科舍省的调查来确定基准价格。美国商务部也未能就调查中使用的换算系数是否可靠和准确提供合理和充分的解释。因此,专家组支持加拿大的主张,即由于依赖不可靠的调查,美国商务部未能满足SCM协议第14条起首部分的要求。对于加拿大根据SCM协议第19.4条和《1994年关税与贸易总协定》第Ⅵ:3条提出的申诉,专家组将厉行司法节约。

4. 加拿大就美国商务部未能考虑阿尔伯塔省、安大略省、魁北克省和新不伦瑞克省生产商支付的全部报酬提出的索赔

专家组的结论是,美国联邦贸易委员会的行为不符合SCM协议第14(d)条的规定,因为它没有将有关付款视为其他省份的权属人支付的木材报酬的一部分。由于没有对货币费用或实物义务产生的任何强制性付款进行调整,美国商务部低估了各省权属人对活立木的报酬,从而夸大了确定存在的利益或发现了不存在的利益。

专家组注意到,加拿大就其他省份的保有权持有人以强制收费或强制实物义务的方式支付的几笔款项提出了具体的论据和证据,认为美国联邦贸易委员会本应就每笔款项作出调整。专家组认为,专家组没有必要就每笔付款是否应作具体调整给出结论。相反,专家组的结论仅限于裁定,由于每项理由都是无效的,因此美国商务部未能就不作出所要求的调整提供合理和充分的解释。相反,美国司法部本应更仔细地研究其收到的与要求调整的每笔付款有关的证据。然后,美国商务部应当对付款进行调整,因为相关证据表明,为了从事采伐作业,权属持有人必须支付这些款项,或者解释为什么强制性付款尽管具有强制性,但不应计入报酬金额。

三、案件评述

本案的争议措施是美国对来自加拿大的软木木材采取反补贴措施。按理说，加拿大软木产量高，美国软木需求多，双方各有所求，是绝佳的经济拍档。但事实上，近些年来，加、美两国政府围绕软木贸易纠纷不断。2017年12月，美国商务部再度裁定加拿大软木存在倾销和接受政府补贴行为，对其征收反倾销税和反补贴税，新的一轮贸易战浮出水面。加拿大政府对林业公司征收的"立木费"①远低于美国的市场竞争成本，使得加拿大软木销售价格相对偏低，可以在美国同类产品面前保持明显优势，是导致美国对其不断发动贸易战的根本缘由，而与美国的软木纠纷，则成为困扰加拿大林业发展的一大难题。

案例思考

1. 专家组指出美国未能充分调整基准价格以反映实际情况，这是否表明美国的反补贴措施存在缺陷？如何才能更准确地确定基准价格？

2. 在当前全球化背景下，各国在采取反补贴措施时应如何平衡本国产业利益与国际贸易规则的要求？

数字资源7-1
相关协议条款

专业词汇

- 《补贴与反补贴措施协议》
- 补贴
- 专向性补贴
- 非专向性补贴
- 禁止性补贴
- 红灯补贴
- 可诉补贴
- 黄灯补贴
- 不可诉补贴

---

① 加拿大木材生产企业向加拿大各省政府缴纳的使用费，被称作"立木费"。出于税收、就业、环保、企业负担等种种考虑，加拿大各省制定立木费时，标准往往低于市场价格，从而使得其出口产品，在北美市场上具有一定的价格优势。美国木材生产企业则必须通过公开的市场竞拍，才能从私人手中获得采伐权。这样一来，美国软木企业采伐成本偏高，无法与加拿大竞争，并认为加拿大各省的立木收费标准太低，无形中为加拿大软木行业提供了财政补贴，使加拿大软木拥有特殊的价格竞争优势，这违反了公平贸易原则。

- 绿灯补贴
- 严重侵害
- 反措施
- 反补贴调查
- 反补贴措施
- 临时措施
- 承诺
- 反补贴税

 思考题

1. 了解可采取的具体反措施和反补贴措施以及它们的采取条件。
2. 如何理解补贴对国际贸易的影响？补贴是否总是有利于出口国？
3. 中国在对外贸易时，如何运用补贴与反补贴规则来维护国内产业的利益？
4. 随着我国经济实力的增强，我国在国际贸易中的地位和作用也在发生变化。请思考我国在未来应如何更好地参与制定和完善国际贸易规则，以促进全球贸易的公平与健康发展。

第八章
WTO保障措施规则及案例

在全球化日益加深的当下,WTO的保障措施规则在维护国家经济安全和对外贸易稳定中发挥着关键作用。本章将深入探讨保障措施规则,并与反倾销、反补贴进行对比。本章通过对保障措施的深入剖析,旨在启发读者探讨如何有效运用保障措施规则来应对国际贸易中的挑战,维护国家利益和全球贸易秩序的稳定发展。

专栏 8-1

章首案例:中国食糖保障措施案

食糖作为我国重要的农产品,产值和产量在国民经济中占据着举足轻重的地位。然而近年来,受到国内需求激增和国际糖价低迷的双重影响,我国食糖产业遭受到了前所未有的挑战。面对进口食糖的猛烈冲击,国内产业一度陷入困境,糖农和制糖企业均遭受了巨大的经济损失。

在这一背景下,保障措施成为我国食糖产业自我救赎的关键。2016年7月27日,广西糖业协会代表国内食糖产业向商务部提交了申请书,请求对进口食糖进行保障措施调查,并得到了云南、广东、新疆、内蒙古和黑龙江等地糖协的广泛支持。经过深入调查,商务部于2017年5月22日发布公告,裁定进口食糖数量增加与中国糖业受到严重损害存在因果关系,决定对关税配额外进口食糖征收保障措施关税,实施期限为3年。措施实施当年,进口食糖数量同比下降25.4%,全国糖农收入同比增加38.5亿元,制糖业扭亏为盈32亿元。

该保障措施为我国食糖产业转型升级争取了3年的缓冲期。以广西为例,当地糖业协会抓住机遇,大力推进"双高"(高糖高产)基地建设,提高糖料蔗的种植水平。同时,政府积极引导市场资本和制糖企业进行战略重组,提升了产业集中度。这些措施的实施不仅提高了制糖企业的生产效率,还稳定了市场价格，为糖农和制糖企业带来了实实在在的利益。

该案是我国入世以来发起的首例涉农保障措施案件，也是我国涉农产业依法、依规合理运用国际规则保护国内行业利益的一次积极尝试，达到了以时间换空间、促进产业转型升级的立案初衷，同时也为保障少数民族和边疆地区4000万糖农的生计、打赢脱贫攻坚战、实现全面小康作出了积极贡献。

资料来源：巫亭. 中国食糖保障措施被诉案：争议点分析及启示[J]. 对外经贸实务，2022（1）：51-55，部分节选，有改动。

第一节 保障措施规则解读

WTO的保障措施规则包括三大部分：一是《1994年关税与贸易总协定》第19条和《保障措施协议》，《1994年关税与贸易总协定》第19条规定的行业性保护措施的目的是保护某一特定行业；二是《1994年关税与贸易总协定》第12条与第18条，规定的稳定国际收支平衡措施的目的是从整体上保护国民经济的发展；三是《农业协议》《纺织品和服装协议》中的特殊和过渡性保障措施条款。《保障措施协议》是《1994年关税与贸易总协定》第19条及第12条的具体化，由前言和14项条款及1个附件组成，附件已失效。

保障措施产生的背景

保障措施首次纳入国际条约，源于1942年美国与墨西哥签订的《互惠贸易协定》。该协定第11条规定："如果意外情况的发展和本协定所附减让表中列举的任何货物之减让的结果，使这种货物进口的数量大为增加，并在此等情况下对国内相同或类似产品的生产者造成严重损害或严重损害之威胁，任何一方政府在防止此等损害所必需的程度和时间内，应自由地全部或部分地撤回减让，或修改减让。"此后，美国与其他国家之间的双边贸易协定均含有类似上述措辞的条款。1947年2月，杜鲁门总统发布行政命令，要求每一项美国贸易协定都须载入此类条款。四年后，美国国会将该类条款规定在相关立法文件中。

在国际贸易组织设立过程中,因美国倡议并经各谈判方同意,国际贸易组织宪章和《关税与贸易总协定》均对保障措施进行了规定。在《关税与贸易总协定》中,起保障作用的条文主要有:第6条(反补贴与反倾销措施),第12条(为保障国际收支平衡而实施的数量限制),第18条(政府对经济发展的援助),第19条(关于对某些产品进口的紧急措施),第20条(一般例外),第21条(国家安全例外),第23条(关于利益的丧失或损害的补救),第28条(关于关税减让的修改),以及第35条(关于在特定缔约方之间不适用总协定的规定)。这些条款分别适用于总协定规定的不同场合,其中以第19条的规定尤为突出。

上述例外条款在维护关贸总协定成员利益方面起着重要的保障作用,但其频繁使用可能损害关贸总协定的贸易自由化宗旨,并为成员实施贸易保护主义提供了温床。为了防止成员滥用紧急保障条款和"灰色区域"措施的蔓延,乌拉圭回合达成了《保障措施协议》。该协议基于《1994年关税与贸易总协定》第19条规定,对于适度实施保障措施、遏制乃至消除"灰色区域"措施具有重要意义。

一、保障措施的概念

保障措施是指,当不可预见的发展导致某种产品的进口数量增加,对进口成员生产同类产品或直接竞争产品的境内产业造成严重损害或严重损害威胁时,进口成员采取的应对措施。保障措施有三大特点:一是针对其他成员正当贸易行为实施的;二是具有非歧视性,是对造成境内产业损害的所有进口产品实施的,而不是针对特定出口成员实施的,这一点体现了最惠国待遇原则;三是其实施须经必要的程序,并有产品范围、实施时间和实施程序的限制。

保障措施与反倾销、反补贴的主要区别

保障措施与反倾销、反补贴均属于贸易救济措施,但存在着多方面的区别。

1.三者性质不同

反倾销和反补贴针对的是不公平贸易条件下(价格歧视)的进口产品,保障措施针对的是公平贸易条件下(进口激增)的进口产品。

2. 三者的主体及行为方式不同

反倾销针对的主体是企业和特定行业，其行为方式是出口价格低于正常价格；反补贴针对的主体是出口成员政府，其行为方式是向出口成员的生产者、出口经营者提供资金或政策上的优惠措施，使其产品在国际市场上比未享受优惠措施的同类产品处于更有利的竞争地位；保障措施针对的主体也是企业和特定行业，其行为方式是不可预见的发展或因一成员承担规定义务而导致一产品的进口数量增加，以致对生产同类产品或直接竞争产品的境内产业造成严重损害或严重损害威胁。

3. 三者的实施对象不同

反倾销和反补贴主要针对一个或几个国家或地区，具有较强的针对性，而保障措施涉及的范围更加广泛，涉及的关系错综复杂。

4. 三者所指境内产业的范围不同

反倾销和反补贴中的境内产业，一般指境内同类产品的全体生产商，或其境内同类产品总产量占该产品的同类产品境内总产量主要部分的生产商。和出口商或进口商存在关联关系的境内生产商，或同时是进口产品进口商的生产商，均不包括在境内产业中。而保障措施框架下的境内产业，指在一成员领土内经营的同类产品或直接竞争产品的所有生产商，或者占同类产品或直接竞争产品境内生产总量主要部分的生产商，不仅包括同类产品的生产商，还包括直接竞争产品的生产商。

5. 三者对于救济措施的追溯问题规定不同

反倾销和反补贴都在相应的协议中规定了追溯适用的情形，而《保障措施协议》没有规定保障措施的追溯适用情形。

二、保障措施的实施条件

实施保障措施必须满足三个条件：一是进口产品数量激增，包括绝对增长和相对增长；二是进口产品数量激增是由于不可预见的情况和履行关贸总协定义务的结果；三是进口产品数量激增对境内生产同类或直接竞争产品的产业造成严重损害或严重损害威胁。

进口产品数量激增是采用保障措施的前提条件，不考虑出口商产品价格及成本等反倾销措施中的要素。在评估是否导致严重损害或其威胁时，成员的主管机构应评估所有相关产业的客观和定量因素，特别是相对于过去进口量和境内生产的增长，评估进口产品的增长速度、数量、市场份额、销售水平、生产量、生产率、利润与亏损、生产力利用及就业变化等。

严重损害是指对境内产业整体的重大损害，标准高于反倾销法和反补贴法中的实质损害，意味着产业处于非临时性、极度困难或濒临破产的境地。严重损害威胁是指即将发生的严重损害，其判定应基于事实，而非推测或极小的可能性。

笔记

进口产品数量激增与严重损害或严重损害威胁之间必须存在因果关系，即进口产品数量激增是严重损害的直接重要原因。当境内产业的损害由其他因素导致时，不得归咎于进口产品数量激增。保障措施对因果关系的要求比反倾销法和反补贴法更为严格。

三、保障措施的实施方式

一成员应仅在防止或补救严重损害并便利调整所必需的限度内实施保障措施，且选择对实现这些目标最合适的措施。确税原则是，采取保障措施应当限于防止或补救严重损害并便利调整境内产业所必需的限度内。

实施保障措施的方式包括增加关税、数量限制、配额等。如使用数量限制，则该措施不得使进口量减少至低于最近一段时间的水平，该水平应为可获得统计数字的、最近3个代表年份的平均进口量，除非提出明确的正当理由表明为防止或补救严重损害而有必要采用不同的水平。如使用配额，实施限制的成员可就配额的分配问题与所有有关供应成员达成协议，若无法达成协议，可根据以往某一代表期内的供应量占该产品进口总量或进口总值的比例进行配额分配，同时适当考虑可能已经或正在影响该产品贸易的任何特殊因素。

保障措施存在一项非歧视原则的例外，即配额调整，是指在境内工业出现严重损害（而不仅是威胁）的情况下，在某些产品进口总额中，对占有进口额比例不相称的成员进行适当控制，以某种歧视性方式分配进口额。但需要在保障措施委员会的主持下进行磋商，并向委员会明确证明：在代表期内，自某些成员进口产品增长的百分比与有关产品进口的总增长不成比例；配额调整的理由是正当的；配额调整的条件对所有有关供应商都是公正的。

在迟延会造成难以弥补的损害的紧急情况下，一成员可根据关于存在明确证据表明增加的进口已经或正在威胁并造成严重损害的初步裁定，采取临时保障措施。临时保障措施应采用提高关税的形式，期限不得超过200天，如随后进行的调查未能确定增加的进口对一成员境内产业已经造成威胁或造成严重损害，则应迅速退还多征收的关税。

实施或延长保障措施的成员应与可能受该措施影响的出口成员进行磋商议定适当的贸易补偿，一般是降低一些对其他有关成员具有出口利益的产品关税。若未能在磋商的30天内达成满意的解决办法，则受影响的出口成员有权在规定期限内对实施保障措施成员的贸易中止实施实质相等的减让或其他义务。但中止的权利不得在保障措施有效的前3年内行使（只要该保障措施符合协议规定且是由于进口产品的绝对增长而采取的）。

四、保障措施的实施期限

一成员仅应在防止或补救严重损害并便利调整所必需的限度内实施保障措施。

该期限不得超过4年,只有按程序与规定确定保障措施对于防止或补救严重损害仍然有必要,且有证据表明该产业正在进行调整,才可予以延长。一保障措施的全部实施期,包括任何临时措施的实施期、最初实施期及任何延长,不得超过8年。发展中国家成员保障措施的全部实施期可再延长2年。

若一保障措施的预计期限超过1年,为便利调整,实施该保障措施的成员应在实施期内按固定时间间隔逐渐放宽该措施。如保障措施的期限超过3年,则实施该措施的成员应在不迟于该措施实施期的中期审议有关情况,应适当地撤销该措施或加快放宽速度。延长的保障措施不得比最初期限结束时更加严格,且应继续放宽。

对于已经受协议生效后的保障措施约束的一产品的进口,在与先前实施保障措施的期限相等的期限内(发展中国家成员为一半的期限),不得对其再次适用保障措施,不适用期至少为2年。但是期限等于或少于180天的保障措施可在满足以下条件时再次适用:对该产品的进口采取保障措施已至少过去1年,且该保障措施自采用之日起5年内,未对同一产品实施2次以上。

五、保障措施的实施程序

1. 调查

一成员只有在其主管机关根据以往制定的程序进行调查并公开后,方可实施保障措施。该调查应包括对所有利害关系方作出的合理公告,及进口商、出口商和其他利害关系方可提出证据及其意见的公开听证会或其他适当方式,包括对其他方的陈述作出答复并提出意见的机会,特别是关于保障措施的实施是否符合公共利益的意见。主管机关应公布一份报告,列出其对所有有关事实问题和法律问题的调查结果和理由充分的结论。

2. 通知

一成员应在采取临时保障措施之前,立即通知保障措施委员会以下内容:与严重损害或严重损害威胁相关的调查程序及其原因、因增加的进口所造成的严重损害或严重损害威胁的调查结果、实施或延长保障措施的决定。作出后两项通知时,成员应向委员会提供所有有关信息,包括增加的进口所造成严重损害或严重损害威胁的证据、对所涉及的产品和拟议措施的准确描述、拟议采取措施的日期、预计的期限以及逐步放宽的时间表。作出延长保障措施的通知时,还应提供有关产业正在进行调整的证据。通知不要求任何成员披露会妨碍执法、违背公共利益、损害特定企业合法商业利益的机密信息。

3. 磋商

提议实施或延长保障措施的成员应向受该措施影响的成员进行事先磋商,对拟采取的措施交换意见并达成谅解。磋商结果应由有关成员立即通知WTO货物贸易理事会。

六、"灰色区域"措施的禁止和取消

"灰色区域"措施是指介于合法与非法之间，没有明确法律地位的各种贸易保护措施。其实质是利用国际贸易规则，尤其是关贸总协定法律框架中的漏洞而采用的变通或规避措施。

《保障措施协议》规定对"灰色区域"措施予以禁止和取消，主要内容如下。

（1）除非符合本协议规定，一成员不得对某些产品的进口采取或寻求《1994年关税与贸易总协定》第19条规定的紧急限制措施。

（2）一成员不得在出口或进口方面寻求、采取或维持任何自愿出口限制、有序销售安排或其他任何类似措施，包括单个成员采取的措施以及根据两个或两个以上成员达成的协议、安排和谅解所采取的措施，已生效的任何此类措施，应使其符合本协议规定或逐步取消。

（3）各成员不得鼓励或支持企业采用或维持等同于上述"灰色区域"措施的非政府措施。

BCI对新疆棉花的"灰色区域"贸易限制案例

2021年3月下旬，瑞士良好棉花发展协会（BCI）决定暂停对新疆棉花的认证，并与部分会员企业联合抵制新疆棉花，对中国棉花产业及相关企业在国际市场上的正常竞争和贸易产生了显著的限制影响。BCI作为一个国际非政府组织，其决定构成了对华的"灰色区域"贸易措施，游离于国际法规则的管制之外。这种措施的危害性在于其透明度低且具有模糊性，既不完全合法，又不完全非法，处于《1994年关税与贸易总协定》所规定的合法和不合法保护性工具之间的灰色地带。然而，这种措施却能够实质性地损害公平竞争并扭曲正常贸易秩序。

随着全球化的发展，国家为了增进其国家利益和实现外交目标，越来越多地借助"灰色区域"实施战略措施。这些措施主要在经济层面展开，具有强烈的战略逻辑和动因。例如，BCI的决定不仅影响了中国的棉花产业，还反映了全球棉花产业标准的话语权之争。通过控制棉花认证，BCI试图维持其在国际市场上的垄断地位，并对中国棉花产业施加压力。

针对这种"灰色区域"贸易措施,中国政府也采取了相应的反制措施。2021年6月10日,全国人大常委会通过了《中华人民共和国反外国制裁法》,为应对类似BCI这样的国际非政府组织采取的限制性措施提供了法律依据。根据该法,相关部门可以将这些组织列入反制清单,并采取相应的制裁措施。此外,受损企业或个人也可以依据该法向法院提起诉讼,要求停止侵害并赔偿损失。

总之,BCI的决定以及由此引发的"新疆棉事件"揭示了国际贸易中"灰色区域"措施的复杂性和危害性。面对这种挑战,中国通过《中华人民共和国反外国制裁法》及相关法律体系,采取了必要的法律手段进行反制,以维护国家利益和企业的合法权益。这不仅是对单边制裁和贸易保护主义的有效回应,也是对国际贸易秩序的有力捍卫。

资料来源:刘俊梅.INGO对华"灰色区域"贸易措施的国际法规制困境与应对[J].重庆社会科学,2023(12):156-169,部分节选,有改动。

七、对发展中国家成员的特殊和优惠待遇

WTO的《保障措施协议》为发展中国家成员提供特殊和差别待遇,主要表现在两个方面。第一,如果来自一个发展中国家成员的产品在进口成员境内市场中的份额不超过3%,根据《保障措施协议》第9.1条的规定,进口成员不得对该产品实施保障措施,这有助于保护发展中国家成员的出口免受限制性措施的影响。第二,《保障措施协议》第9.2条规定,对于发展中国家成员,保障措施的最长实施期限可以由通常的8年延长至10年,给予这些发展中国家成员更长时间的适应期来应对市场变化。这些规定体现了WTO对发展中国家成员在国际贸易中面临的特殊情况的考虑,旨在帮助它们更好地融入全球经济并促进其发展。

相较于发达国家成员,发展中国家成员使用保障措施更加频繁。除了受到特殊和优惠待遇的保护外,还有其自身的原因。发展中国家成员境内产业结构相对单一,技术水平较低,产业利益集团较为集中且强大,对政府决策具有较大影响力。这使得发展中国家成员政府在面对某些产业的进口压力时,更倾向于采取保障措施以保护境内产业。此外,发展中国家成员政府往往财政资金匮乏,重视通过限制进口来增加政府收入,这无疑也增加了保障措施的吸引力。

贸易量较小的发展中国家成员之所以敢频繁使用保障措施,是因为其贸易伙伴的报复成本高于从保障措施中获得的利益损失。根据国际经济学理论和多边贸易体系的逻辑,贸易大国容易从贸易条件的改善中获得更大的贸易利益,但同时也面临着更高的"补偿"要求及遭到贸易伙伴报复的风险。而贸易量小的发展中国家成员由于其市场规模有限,对国际市场价格影响较小,且涉及的贸易伙伴少,因此多边的交叉报复不容易实现,使得这些发展中国家成员能够更放心地使用保障措施。

八、监督与争端解决

《保障措施协议》规定建立货物贸易理事会下属的保障措施委员会,对所有成员开放。委员会主要有以下职责。

(1) 监督并每年向货物贸易理事会报告本协议的总体执行情况,并为改善本协议提出建议。

(2) 根据受影响成员的请求,调查本协议中与保障措施有关的程序性要求是否得到遵守,并向货物贸易理事会报告其调查结果,如各成员提出请求,在各成员根据本协议规定进行的磋商中提供协助。

(3) 审查"灰色区域"措施,监督其逐步取消,并酌情向货物贸易理事会报告;根据采取保障措施成员的请求,审议中止减让或其他义务的提议是否实质性相当。

(4) 接收和审议本协议规定的所有通知,并酌情向货物贸易理事会报告。

(5) 履行货物贸易理事会可能确定的、与本协议有关的任何其他职能。采取保障措施而产生的争端,适用《关于争端解决规则与程序的谅解》。

九、针对中国的特殊保障措施

在我国的入世谈判中,一些成员担心我国加入WTO后出口产品快速增长而对其境内市场和境内产业造成冲击和损害,针对中国的出口产品设立了"针对具体产品的过渡性保障机制",简称特殊保障措施。该特殊保障措施的实施期限为中国加入WTO之日起12年。

《中华人民共和国加入WTO协定书》规定,原产于中国的产品当进入任何一个成员境内时,其数量的增加或者所依条件,若对该成员境内生产同类或直接竞争产品的各生产商,造成或威胁造成市场扰乱时,该成员可对该中国产品实施保障措施;若某一个成员认为其他成员根据《中华人民共和国加入WTO协定书》相应条款对中国产品采取的保障措施,造成或威胁造成中国产品进入其市场的重大贸易转移时,该成员可对该中国产品实施保障措施。

该条款中的市场扰乱是指,一项中国产品与进口成员境内产业生产的产品同类或直接引发竞争,它的快速增加,不论是绝对增加还是相对增加,凡属于造成境内产业实质损害或威胁实质损害的主要原因,就存在市场扰乱。贸易转移是指,由于中国采取了节制出口或者某一成员对进口的中国产品采取了保障措施后,使得来自中国的该同类产品进入另一成员的数量增加。

特殊保障措施是保障措施的一种,但是实施条件比保障措施宽松。很多国家据此做了专门针对中国的相关法律修改,对中国十分不利。

特殊保障措施与一般保障措施的区别

特殊保障措施是针对中国制定的，与一般保障措施有所区别。

1. 实施对象不同

一般保障措施应当非歧视地对来自所有进口成员的同一产品实施，不区分产品的来源；但特殊保障措施显然容许其他成员"歧视性"地针对中国产品采取保障措施。

2. 实施条件不同

一般保障措施的实施以严重损害或严重损害威胁为前提；但特殊保障措施的实施前提却是造成或威胁造成市场扰乱和重大贸易转移。显然特殊保障措施的实施条件极为宽松。

3. 实施程序不同

受中国出口产品影响的成员在与中国进行磋商时，如果认为中国的出口产品造成其他成员的市场扰乱或是产生了重大贸易转移，中国应采取诸如自动限制出口等措施以防止或补救此种结果。也就是说，即使未经过WTO争端解决程序，中国也有义务采取自动限制出口等WTO已经禁止的"灰色区域"措施。

4. 实施期限不同

过渡期内特殊保障措施的实施期限最长不得超过3年，如果是因相对的进口增长引起的保障措施，其最长期限不得超过2年；而一般保障措施初始期限最长为4年，延长后可达8年。另外特殊保障措施实行超过2年或3年后，中国有权对采取该措施的成员的贸易暂停实施大体相等的关税减让或者规定的义务；但其他成员在一般保障措施中的这项权利，自出口产品被实施保障措施之日起就可以行使。

中美轮胎特保案

2009年4月20日，美国钢铁工人联合会依据美国《1974年贸易法》，向美国国际贸易委员会提出了对中国输美商用轮胎的特殊保障措施案申请，要求美国政府对中国出口的用于客车、轻型卡车和迷你面包车等的轮胎实施进口配额限制。经过美国时任总统奥巴马批准，美国将自2009年9月26日起，对中国进口的轮胎征收3年期高达18亿美元的惩罚性关税。

2009年12月9日，中美双方磋商未果，中国政府提请世界贸易组织（WTO）争端解决机构设立专家组。2010年12月13日，专家组宣布美国限制中国轮胎进口的特殊保障措施并未违反WTO规则，美国国际贸易委员会提出的2004—2008年美国从中国进口的轮胎产品数量剧增导致国内产业受损的说法成立。之后，中国就专家组裁决报告所涉及的法律和法律解释的若干问题提出上诉。但上诉机构基本维持原意见，并未支持中国的主张。

"中美轮胎特保案"不仅影响了中美两国的经贸关系，也对全球贸易环境产生了深远影响。中国政府在整个争端解决过程中展现出了理性应对，充分利用WTO规则所提供的所有平台进行了抗争。尽管最终裁决未能支持中国的立场，此案反映了中国作为一个负责任的国家，在争端解决过程中坚持通过WTO规则所提供的途径寻求解决方案，展现了对国际贸易法制的尊重和维护。

资料来源：

[1]韩静静."中美轮胎特保案"的分析及启示[J].法制博览，2017（19）：160-161，部分节选，有改动。

[2]黄超凡.新一轮中美贸易战的影响及应对措施——中美轮胎特保案引发的思考[J].北方经贸，2021（7）：19-21，部分节选，有改动。

第二节 保障措施规则与中国

一、对中国发起的保障措施案件概述

中国贸易救济信息网相关数据显示，1995—2024年，全球发起的贸易救济案件中，反倾销6604起，占比83.44%，反补贴733起，占比9.26%，保障措施486起，占比6.14%，特别保障措施89起，占比1.12%，其他3起，占比0.04%。

如图8-1所示，2014—2024年全球对华保障措施案立案数量呈现波动趋势。其中，2019年达到高峰，立案数量为30起。此后，数量逐渐减少，到2022年降至最低，仅4起。1995—2024年，全球对华保障措施案总计400余起，其中，排名前三的申诉国家或地区分别为印度尼西亚43起，印度42起，土耳其34起（图8-2）。排名前三的行业分别为化学原料和制品工业71起，钢铁工业55起，非金属制品工业42起。1995—2024年，中国对外发起的保障措施案仅3起。

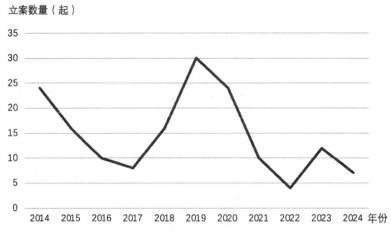

图8-1　2014—2024年全球对华保障措施案立案数量趋势

数据来源：中国贸易救济信息网

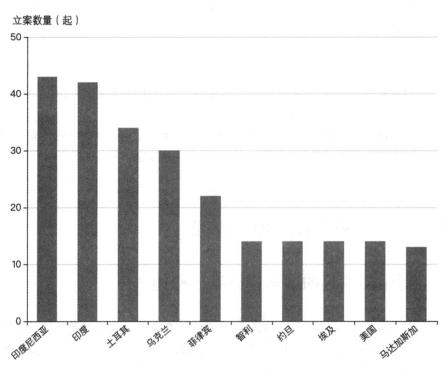

图8-2　1995—2024年全球对华保障措施案申诉国家或地区分布图（前十）

数据来源：中国贸易救济信息网

二、保障措施对贸易的影响

保障措施作为一种贸易救济手段，在WTO框架下为各成员提供了保护境内产业免受进口激增影响的合法途径。对各成员而言，保障措施既有可能是应对其他成员贸易行为的手段，又可能是自身产业受到冲击时的防御机制。

在面对其他成员实施的保障措施时，出口企业需要应对额外的贸易壁垒，这会导致出口量下降和利润减少，因此保障措施对受影响成员出口贸易量的限制、企业利益的损害以及对出口市场的冲击是非常明显的。此外，保障措施的实施还会引发连锁反应，其他成员可能会效仿，从而进一步增加出口贸易的难度。但保障措施对受影响成员的出口贸易也可能产生一定的积极影响。其一，它会倒逼企业优化产品出口市场结构，减少对单一市场的依赖，从而实现出口市场的多元化。其二，面对保障措施的限制，企业为了提高产品竞争力，将逐步增加高附加值、高技术含量产品的出口比例，从而提升整体出口产品的质量和档次。

从实施保障措施的角度来看，一成员可以通过征收关税和数量限制等手段保护那些受到进口激增影响的境内产业，给予它们调整和恢复的机会。这可能有助于保护就业、维护产业稳定，并为产业升级和结构调整提供时间。然而，实施保障措施也可能带来一些负面影响，如增加境内消费者和下游产业的成本，限制市场选择和竞争，可能引发贸易伙伴的报复措施等，最终影响其整体经济利益和国际贸易环境。

综合来看，保障措施对一成员的影响是复杂和双面的。正确使用保障措施可以帮助成员平衡境内外经济利益，保护和促进境内产业的健康发展。但同时，过度依赖或滥用保障措施可能损害国际贸易关系，降低成员境内经济的开放度和竞争力，甚至可能导致贸易保护主义的恶性循环。

保障措施规则是维护成员境内经济安全和对外贸易稳定发展的重要工具。我国应当深入研究和运用保障措施规则，加强法律体系和制度建设，提高保障措施运用的灵活性和有效性。同时应注重与其他成员的沟通与协调，共同推动国际贸易的健康发展。

第三节 案例精解：土耳其诉欧盟钢铁保障措施（DS595）

一、案例导入

1. 案例简介

申诉方：土耳其。

被申诉方：欧盟。

第三方：阿根廷、巴西、加拿大、中国、印度、日本、挪威、俄罗斯、韩国、瑞士、中国台北、乌克兰、阿联酋、英国、美国。

土耳其在其专家组请求中指出，有争议的措施是"欧洲联盟对某些钢铁产品进口实施的临时和最终保障措施以及导致实施这些措施的调查"。土耳其表示，这些措施"涵盖了专家组请求中具体提到的所有决定、通知、通报和条例"，并"包括欧盟就调查和有关保障措施采取的任何修正、补充、审查、替换、更新、延长、执行措施和任何其他相关措施"。

2. 时间节点

2020年7月16日，土耳其请求成立专家组。在2020年7月29日的会议上，争端解决机构（DSB）推迟了专家组的成立。

在2020年8月28日的会议上，DSB成立了专家组。阿根廷、巴西、加拿大、中国、印度、日本、挪威、俄罗斯、韩国、瑞士、中国台北、乌克兰、阿联酋、英国和美国保留其第三方权利。

经各方同意，专家组于2020年9月29日成立。

2021年3月12日，专家组主席通知DSB，考虑到工作程序以及与各方磋商后制定的时间表，专家组预计无法在2021年下半年之前向各方发布最终报告。专家组主席表示，这是由于案件的复杂性和规模，以及需要确保各方有充足的时间准备和陈述其案件，特别是考虑到全球COVID-19大流行所带来的挑战。专家组于2021年12月10日向各方发布了最终报告。2021年12月20日，土耳其根据《关于争端解决规则与程序的谅解》第12.12条要求专家组暂停工作。2022年1月19日、2月9日和2月23日，土耳其要求专家组延长暂停工作的期限。专家组批准了所有请求。

2022年3月22日，土耳其和欧盟双方联合向专家组和DSB通报，双方已根据《关于争端解决规则与程序的谅解》第25条商定了仲裁程序（WT/DS595/10）。通过这些商定的程序，欧盟和土耳其联合请求专家组根据《关于争端解决规则与程序的谅解》第12.12条无限期延长暂停工作的时间，但为落实双方的某些联合请求所必需的时间除外。专家组批准了这一请求。欧盟和土耳其还商定，如果到2022年4月25日，双方均未根据这些商定程序发出诉诸仲裁的通知，则专家组应恢复工作。土耳其和欧盟双方均未在该截止日期前发出诉诸仲裁的通知。因此，专家组恢复了工作，并于2022年4月29日分发了最终报告。

■ 二、专家组的分析

1. 产品范围

土耳其声称，最终保障措施不符合《1994年关税与贸易总协定》第XIX：1（a）条和《保障措施协议》第2.1、3.1、4.1（c）、4.2（a）、4.2（b）和4.2（c）条的规定。土耳其辩称：欧盟委员会对26种产品实施了26项不同的保障措施，但没有审查是否存在对每种产品单独实施保障措施的情况和条件；同时，欧盟委员会在调查和实施措施的不同阶段对产品范围采取了内部不一致的做法。

关于这两项论点中的第一项，专家组发现，欧盟委员会对其适用受质疑的最终保障措施的26种产品类别一并审查了每个必要情况和条件的存在，并对某些条件进行了产品类别和产品系列层面的分析,以补充这一分析。鉴于欧盟委员会对包含26种产品类别的产品实施了最终保障措施,欧盟委员会至少需要调查该产品是否存在必要的情况和条件。同时,这并不妨碍欧盟委员会在更细的层面上对该产品进行额外审查。在这种情况下,土耳其并没有证明,仅仅通过进行全面分析和在某些情况下进行更细分的分析,欧盟的行为不符合公布"调查结果和合理结论"(《保障措施协议》第3.1条)、"评估所有客观和可量化的相关因素"(《保障措施协议》第4.2(a)条)和公布"详细分析"(《保障措施协议》第4.2(c)条)的要求。

专家组还注意到,欧盟委员会在临时裁定和最终裁定中解释了其做法。特别是,欧盟委员会解释了为什么它认为将有关产品类别放在一起审查是适当的,具体为:在单个产品类别或产品系列的层面上进行了某些额外分析,以补充总体分析;当将某些产品类别排除在保障措施之外并因此排除在对所需情况和条件的分析之外时,解释了这一选择。

关于第二项,专家组认定,土耳其未能证实欧盟委员会无权以分类分析补充对整个产品的分析,或将进口没有增加的产品类别排除在分析和保障措施范围之外,而这些正是土耳其辩称欧盟采取的方法缺乏一致性的理由。鉴于专家组认为欧盟委员会对被调查产品采取的方法是允许的,并注意到欧盟委员会也对这一方法进行了较详细的解释。专家组认为,土耳其未能证明最终保障措施不符合《1994年关税与贸易总协定》第XIX:1(a)条和《保障措施协议》第2.1、3.1、4.1(c)、4.2(a)、4.2(b)和4.2(c)条的规定,不能据称欧盟委员会在处理被调查产品时存在内部不一致和偏见。

2. 不可预见的事态发展

土耳其认为,最终保障措施不符合《1994年关税与贸易总协定》第XIX:1(a)条的规定。其理由如下:一是,欧盟委员会没有确定不可预见的事态发展;二是即使确定了事态发展,这些事态发展也不是不可预见的;三是欧盟委员会没有证明进口的损害性增长是由于不可预见的事态发展造成的。欧盟不同意土耳其的这些说法。《1994年关税与贸易总协定》第XIX:1(a)条是一个由两个部分组成的条件句,每一部分都包含若干条款。第XIX:1(a)条第一部分以连词"if"开头,叙述了某些情况或条件。第XIX:1(a)条的第二部分以"缔约一方应享有自由"开头,描述了在满足该句第一部分所载的情况和条件时会发生的情况。也就是说,有关成员可以("应可自由……")中止《1994年关税与贸易总协定》的有关义务,从而实施保障措施。允许一成员实施保障措施的部分情况和条件是,"由于不可预见的事态发展……产品正以增加的数量和条件进口到该(成员)领土,从而造成或可能造成严重损害"。

专家组首先审议了"不可预见的事态发展"的含义,然后审议了"由于"一词的含义。"发展"的普遍含义包括在不断变化或发展的情况中构成一个新阶段的事件；正在出现或即将出现的事实或情况。不可预见的通常含义包括"未预料到或预计到……出乎意料"，而且不是"事先看到"。因此，"不可预见的事态发展"是指出现或暴露出来的事件、事实或情况，包括演变中的情况的一个新阶段，而这是没有预料到的。这一解释与以往争议中的结论相一致，即"不可预见的事态发展"是"意料之外"的事态发展。由于"发展"一词的普遍含义包括"不断变化或发展的情况中的新阶段"，因此已知事件可能会发展成不可预见的事态发展。

关于"由于"一词，专家组注意到"结果"一词的通常含义包括"某种行动、过程或设计的效果、后果或结果"。在《1994年关税与贸易总协定》第XIX：1（a）条中，"由于"一词将不可预见的事态发展与进口的损害性增长联系在一起，即设想进口的损害性增长是"由于"不可预见的事态发展而发生的，即是不可预见的事态发展的影响、后果或结果。专家组注意到，以前的报告将其描述为不可预见的事态发展与进口的损害性增长之间的"逻辑联系"。"逻辑联系"一词并未出现在《1994年关税与贸易总协定》第XIX：1（a）条中。然而，专家组对该条款的理解符合这一概念。专家组还注意到，《1994年关税与贸易总协定》第XIX：1（a）条在描述进口增加与境内产业所受损害之间的关系时，在"造成或可能造成严重损害"中使用了"造成"一词。相反，《1994年关税与贸易总协定》第XIX：1（a）条第一部分没有使用"造成"一词，而是使用了"由于"一词。用语的不同选择表明，不可预见的事态发展与进口增加之间的关系与因果关系不同，因果关系要求的是进口增加与严重损害之间的关系。

专家组指出，《1994年关税与贸易总协定》第XIX：1（a）条规定，一成员可在由于不可预见的事态发展和《1994年关税与贸易总协定》的影响等情况下对进口数量增加的产品采取保障措施，而"由于"一词并未确立因果关系要求。这意味着，调查当局无须提供与《1994年关税与贸易总协定》第XIX：1（a）条包含因果关系要求时相同数量的推理和证据来证实不可预见的事态发展与进口增加之间的"逻辑联系"。此外，专家组指出，确定进口增加是由于不可预见的事态发展所造成的确切要求，将取决于任何特定情况下的"事实性质"。

已公布的裁定表明，欧盟委员会为其关于产能过剩增加、产能过剩持续增加的意外性及其与政府支持的联系的声明提供了证据支持。然而，裁定并未指出支持欧盟委员会关于产能过剩与进口增加之间联系的声明的证据。相反，欧盟委员会关于产能过剩与欧盟进口增加之间关系的推理仅限于指出全球产能过剩和产量过剩的规模，断言产能过剩显然导致钢铁生产商寻求其他出口机会，注意到进口价格通常低于欧盟生产商的价格，并得出结论，即认为这导致了欧盟进口的增加。产能过剩很可能导致出口压力，而出口压力又导致对欧盟的出口增加，从而使欧盟对被调查产品的进口因产能过剩而增加。尽管如此，专家组注意到，除了对产能过剩的程度和进口增加的描述外，欧盟委员会的裁定没有提供其他证据来支持其关于两者之间联系的推理。专家组并不认为在这种情况下需要进行大量的分析来确定意外发展（即产能过剩）与进口增加之间的逻辑联系。然而，欧盟委员会并没有满足这一要求，因为它只是断言这种联系是存在的，而没有为其断言提供任何证据。

因此，专家组认为，欧盟实施最终保障措施，但没有证明进口增加是由于不可预见的事态发展造成的，这不符合《1994年关税与贸易总协定》第XIX：1（a）条的规定。

3. 义务的影响

土耳其称，最终保障措施不符合《1994年关税与贸易总协定》第XIX：1（a）条，因为欧盟委员会没有确定《1994年关税与贸易总协定》规定的相关"义务"，也没有解释任何此类义务如何限制了欧盟防止损害威胁的能力。专家组认为，虽然欧盟提出，其他成员在审查保障措施时，可以解释欧盟决定暂停履行《1994年关税与贸易总协定》的哪些义务，从而理解哪些义务具有阻止欧盟防止或补救严重损害的效果，但要求其他成员进行这一解释工作是不恰当的，因为欧盟更有能力确定，而且本应自己确定相关义务。在这方面，专家组注意到，认为《1994年关税与贸易总协定》的某些义务限制了其防止或补救进口增加造成的损害的能力，并因此暂停履行这些义务的成员，最有能力明确地确定这些义务。相反，不应要求受暂停影响的成员这样做，对采取保障措施的成员进行猜测。专家组一致认为，欧盟委员会没有在其公布的报告中指明其影响导致进口增加的义务，因此认定最终保障措施在这方面不符合《1994年关税与贸易总协定》第XIX：1（a）条的规定。

4. 进口增加

土耳其声称，最终保障措施不符合《保障措施协议》第2.1条和第4.2（a）条以及《1994年关税与贸易总协定》第XIX：1（a）条的规定，因此据称欧盟委员会关于进口增加的结论有误。专家组驳回了土耳其的论点，即某些产品类别和系列在调查期结束时进口量的减少使欧盟委员会的"增加"结论无效。专家组还认为，土耳其没有证实其关于"增加"不充分的主张。专家组的结论是，土耳其没有证实与"增加"调查结果有关的任何不一致之处。

三、案件评述

该争端涉及欧盟分别于2018年和2019年对从土耳其进口的部分钢铁产品采取的最终保障措施。欧盟实施这些措施的理由是全球钢铁产能过剩加剧，对钢铁采用贸易限制和贸易防御措施的增加以及美国对钢铁业实施的"第232条措施"导致过多的钢铁产品进口到欧盟市场，而进口的增加威胁到欧盟工业，因此欧盟采取配额内免税和配额外增收25%的保障税。该案例中，土耳其对欧盟针对钢铁产品的保障措施予以质疑，认为这些措施违反了《保障措施协议》和《1994年关税与贸易总协定》的相关条款。WTO争端解决机构为此案作出了裁定。

该案例为WTO成员如何平衡境内产业保护与国际贸易自由化提供了重要参考。首先，它强调了透明度和程序公正的重要性，即在实施保障措施时，必须确保所有相关方都有机会参与并表达意见。其次，该案例提醒成员在采取保护措施时，需要考虑到措施对国际贸易秩序和其他成员可能产生的影响。最后，该案例也表明了WTO争端解决机制在解决成员间贸易争端中的有效性，通过正式的争端解决程序，成员可以寻求公正的裁决。

案例思考

1. 本案例中，专家组提到了对"不可预见的事态发展"的解释。这一解释与以往争议中的结论是否一致？为什么？
2. 在国际贸易中，如何确保各成员在采取保障措施时遵循公平、透明和非歧视性原则？

数字资源 8-1
相关协议条款

专业词汇

- 保障措施
- 《保障措施协议》
- 配额调整
- 临时保障措施
- 全部实施期
- "灰色区域"措施
- 特殊保障措施
- 市场扰乱
- 贸易转移

思考题

1. 《保障措施协议》对"灰色区域"措施的"逐步取消"有何规定？
2. 请分析保障措施对进口成员和出口成员可能产生的经济影响。
3. 我国应如何应对特殊保障措施，维护国家利益和促进国内产业的健康发展？

第九章
WTO服务贸易规则及案例

在全球化浪潮的推动下，服务贸易作为世界经济不可或缺的组成部分，正日益成为国际竞争与合作的重要领域。《服务贸易总协定》(GATS)的缔结与实施，不仅为各国服务贸易的开放与规范提供了坚实的法律框架，还促进了全球服务市场的融合与发展。本章将深入剖析《服务贸易总协定》的核心内容，使读者对全球服务贸易体系有一个全面的了解，深刻认识到服务贸易自由化的重要性。

章首案例：安提瓜诉美国网络赌博服务争端案

2004年4月7日，WTO上诉机构就安提瓜和巴布达（以下简称安提瓜）投诉美国禁止通过互联网提供赌博服务的贸易争端发表报告，对此前专家组报告的若干认定进行了修正，但仍裁定美国的禁止措施违反了其依据《服务贸易总协定》(GATS)具体承诺减让表和该协定有关条款所承担的义务。该争端是首次涉及主权国家基于公共道德或公共秩序的理由，禁止通过互联网提供赌博服务的案例，具有重要的示范效应。

安提瓜原为英属西印度群岛中的两个小岛，1981年独立后建立了以网络赌博服务为主要产业之一的经济发展战略。1999年，安提瓜的网络赌博服务占国内生产总值的10%，政府收入的1/6来自这一行业。然而，美国是全球最大的赌博市场，各州和联邦法律普遍禁止网络赌博，美国政府也对外国网络赌博公司施加了严格限制。安提瓜认为，美国的禁止措施严重损害了其网络赌博行业，导致该国经济遭受重大损失。

在磋商未果的情况下，WTO争端解决机构成立专家组处理该争端。安提瓜主张，美国的措施与其在GATS框架内所作的具体承诺不符，违反了市场准入和国民待遇等原则。专家组需要确认两点：一是，美国是否对开放其赌博服务业作出了承诺；二是，如果作出了承诺，是否可以依据GATS第14条中有关保护"公共道德"或"公共秩序"的规定采取禁止措施。专家组认定，美国的具体承诺减让表中"其他消遣性服务（不包括体育）"应包括赌博和博彩服务，美国在其减让表中对跨境提供赌博和博彩服务作出了市场准入承诺，而其相关禁止措施相当于"零配额"限制，违反了GATS的有关规定。

关于美国能否援引GATS第14条的例外条款，专家组认为，美国有关措施虽意图保护"公共道德"或维持"公共秩序"，但未能证明这些措施是"必需"的。美国未能证明其在禁止远程提供赌博和博彩服务前，曾寻求并穷尽与WTO法相符的替代措施。尽管美国认为其措施必要，以防止洗钱和未成年人赌博等问题，但专家组和上诉机构认定，美国未能证明其措施在实施上不存在对外国服务提供者的歧视。

2005年1月，美国和安提瓜分别就专家组报告中的特定法律问题提起上诉。上诉机构最终确认，美国在GATS框架内对赌博服务作出了市场准入承诺，其禁止措施虽意图保护公共道德，但未能满足"必需"的标准，因而违反了GATS的规定。

该案例展示了WTO争端解决机制在处理服务贸易争端中的复杂性和细致性，特别是在涉及公共道德和公共秩序等敏感问题时的法律解释。安提瓜诉美国网络赌博服务争端不仅是一个重要的法律案例，也突显了WTO规则在成员境内管辖事项中的影响深度。专家组和上诉机构的裁定，对未来服务贸易自由化谈判和争端解决具有重要的指导意义，同时也表明，WTO体制内自由贸易与公共道德的关系问题将持续成为关注的焦点。

资料来源：武汉大学国际法研究所.安提瓜诉美国网络赌博服务争端评析[EB/OL].[2024-12-26]. https: //translaw.whu.edu.cn/info/1161/7931.htm，部分节选，有改动。

第一节 WTO服务贸易规则解读

一、GATS的主要内容

GATS是乌拉圭回合达成的一项新的独立的多边贸易规则，由三大部分组成：一是协定条款本身，又称为框架协定，二是部门协议，三是各成员的市场准入承诺单。此外，GATS还由关于服务贸易的几项部长级会议决定。GATS由序言和6个部分29

个条款组成,前28条为框架协议,规定了服务贸易自由化的原则和规则,第29条为8个附件,对一些较特殊的服务部门做了针对性的规定。

GATS产生的背景

1979—1982年经济危机后,美国经济增长缓慢,货物贸易逆差日益增加,但在服务贸易领域却占据明显优势,连年顺差。作为全球最大的服务贸易出口国,美国急切希望打开其他国家的服务贸易市场,通过大量出口服务来弥补贸易逆差,推动经济增长。然而,各国对服务贸易的不同限制成为美国实现利益最大化的障碍。因此,美国积极倡导全球服务贸易自由化。

在东京回合谈判中,美国政府根据《1974年贸易法》的授权,试图将服务贸易纳入谈判议题,但由于当时有更迫切的问题需要解决,服务贸易减让谈判未能正式提出。不过,东京回合达成的《海关估价协议》和《政府采购协议》中写入了一些服务贸易内容。随后,美国国会在《1984年贸易与关税法》中授权政府就服务贸易进行谈判,并允许对不妥协的国家采取报复措施。尽管发展中国家和部分发达国家最初抵制美国的提议,但欧盟在调查发现其服务贸易出口量高于美国后,转而坚决支持美国。日本虽为服务贸易最大进口国,呈逆差形势,但由于在国际贸易中顺差,加之为调和与美国的贸易摩擦,也始终支持美国的立场。

发展中国家对服务贸易自由化的态度从坚决抵制到逐步接受。当美国首次提出服务贸易问题时,绝大多数发展中国家坚决反对,理由包括:服务业中的许多部门如银行、保险、证券、通信、咨询和专业服务(如法律、会计等)是资本和知识密集型行业,发展中国家在这些行业中缺乏竞争优势;发展中国家的服务部门尚未成熟,难以承受发达国家激烈竞争的冲击,过早自由化可能会挤垮这些尚处于幼稚阶段的民族服务业;部分服务行业涉及国家主权、机密和安全。因此,在这些行业具备竞争力之前,发展中国家不愿实施开放。

随着发达国家对服务贸易谈判的认识逐步统一,发展中国家的抵制态度有所松动。一些新兴发展中国家和地区的某些服务业已取得一定优势,如韩国的建筑工程承包具有国际竞争力,新加坡的航空运输业在资本、成本和服务质量上具有明显优势,这些国家希望通过谈判扩大本国优势服务的出口。此外,大部分发展中国家在发达国家的压力下逐渐认识到,如果不积极参与服务贸易谈判,服务贸易规则将由发达国家制定,发展中国家只能被动接受，利益受损更大。因此，许多发展中国家先后表示愿意参加服务贸易谈判。

GATS 的宗旨是在透明度和逐步自由化的条件下，扩大全球服务贸易，并促进各成员的经济增长和发展中国家成员服务业的发展。GATS 考虑到各成员服务贸易发展的不平衡，允许各成员对服务贸易进行必要的管理，鼓励发展中国家成员通过提高其国内服务能力、效率和竞争力，更多地参与世界服务贸易。GATS 适用于各成员采取的影响服务贸易的各项政策措施，包括中央政府、地方政府和当局及其授权行使权力的非政府机构所采取的政策措施。

二、服务贸易范围

服务贸易一般是指国际服务贸易，是国际服务输入和输出的一种贸易方式。贸易一方向另一方提供服务并获得收入的过程称为服务出口或服务输出，而购买他人提供服务的一方称为服务进口或服务输入。服务贸易有广义和狭义之分：狭义的国际服务贸易是指为国际货物贸易服务的运输、保险、金融以及旅游等无形贸易；广义的国际服务贸易还包括现代发展起来的除了与货物贸易有关的服务以外新的贸易活动，如通信、旅游、建筑、商业、教育、健康与环保服务、卫星传送和传播等。

GATS 涵盖了广义的服务贸易范围，把服务贸易分为 12 个部门，具体又分为 55 个分部门、100 多个子部门。但分类体系尚不完善，分部门、子部门以及具体服务项目尚不齐全，在大多数情况下，成员减让表中承诺部门还伴随着联合国《暂定总产品分类》（CPC）的对应数字编码，对每个部门分部门与子部门涵盖的服务活动给予详细的描述。

（1）商务服务：专业服务、计算机及相关服务、研究和开发服务、房地产服务、无操作人员的租赁服务、其他商务服务。

（2）通信服务：邮政服务、速递服务、电信服务、视听服务、其他通信服务。

（3）建筑和相关工程服务：建筑物的总体建筑工作、民用工程的总体建筑工作、安装和组装工作、建筑物竣工和修整工作、其他。

（4）分销服务：佣金代理服务、批发服务、零售服务、特许经营、其他分销服务。

（5）教育服务：初等教育服务、中等教育服务、高等教育服务、成人教育服务、其他教育服务。

（6）环境服务：污水处理服务、废物处理服务、环境卫生和类似服务、其他环境服务。

（7）金融服务：所有保险和保险相关服务、银行和其他金融服务（保险除外）、其他金融服务。

(8) 健康和社会服务（专业服务中所列内容除外）：医院服务、其他人类健康服务、社会服务、其他。

(9) 旅游和与旅行相关的服务：酒店（含餐饮）和餐馆、旅行社和旅游经营者服务、导游服务、其他。

(10) 娱乐、文化和体育服务（视听服务除外）：文娱服务（包括剧场、现场乐队与马戏团表演等）、新闻机构服务、图书馆/档案馆/博物馆和其他文化服务、体育和其他娱乐服务、其他。

(11) 运输服务：海运服务、内河运输服务、航空运输服务、航天运输服务、铁路运输服务、公路运输服务、管道运输服务、所有运输方式的辅助服务、其他运输服务。

(12) 其他未包括的服务。

三、服务贸易方式

1. 跨境交付

跨境交付（cross-border supply）是指一成员服务提供者在其境内向在任何其他成员境内服务消费者提供服务，以获取报酬。它的特点是服务的提供者和消费者分处不同国家，在提供服务的过程中，就服务内容本身而言已跨越了国境。它可以没有人员、物资和资本的流动，而是通过电信、计算机的联网实现，如一国咨询公司在本国向另一成员客户提供法律、管理、信息等专业性服务，以及国际金融服务、国际电信服务、视听服务等。也可以有人员或物资、资金的流动，如一国租赁公司向另一国用户提供租赁服务以及金融、运输服务等。这类服务贸易充分体现了国际贸易的一般特征，是国际服务贸易的基本形式。

2. 境外消费

境外消费（consumption abroad）是指一成员的服务提供者在其境内向来自任何其他成员的服务消费者提供服务，以获取报酬。它的特点是服务消费者到任何其他成员境内接受服务。例如，病人到国外就医，旅游者到国外旅游，学生、学者到国外留学进修等。

3. 商业存在

商业存在（commercial presence）是指一成员的服务提供者在任何其他成员境内建立商业机构（附属企业或分支机构），为所在国和其他成员的服务消费者提供服务，以获取报酬。它的特点是服务提供者（个人、企业或经济实体）到国外开业，如投资设立合资、合作或独资的服务型企业（银行分行、饭店、零售商店、会计师事务所、律师事务所等）。

4. 自然人流动

自然人流动（movement of natural persons）是指一成员的自然人（服务提供者）到任何其他成员境内提供服务，以获取报酬。它的特点是服务提供者在其他成员境内向在该成员境内的服务消费者提供服务，服务结束后即离开。例如，专家教授到国外讲学、做技术咨询指导，文化艺术从业者到国外提供文化、娱乐服务等。

四、GATS规定的义务

GATS规定了两类义务，一类是一般义务和纪律，另一类是具体承诺。一般义务和纪律适用于各个部门；具体承诺则是指经过双边或多边谈判达成协议所承担的义务，只适用于各成员承诺开放的服务部门。这种将一般性义务与具体承诺的义务分开来的做法，给予发展中国家成员逐渐开放市场的灵活性。

1. 一般义务和纪律

一般义务和纪律主要包括最惠国待遇、透明度、发展中国家成员的更多参与等基本原则。

1）最惠国待遇

最惠国待遇是指各成员应立即和无条件地给予其他成员的服务和服务提供者以不低于其给予任何其他国家相似服务和服务提供者的待遇。成员应非歧视地平等对待不同成员的服务和服务提供者。如果某成员在某个服务部门允许外国竞争，则在该部门对所有成员的服务提供者都应给予平等机会。如果无法取消与上述规定不符的措施，则应在协定生效前申请最惠国待遇的例外，并规定5年后重新评审，通常应在10年内取消。成员要增加新的例外需要遵循关于豁免的程序。

2）透明度

GATS规定，各成员应公布其所采取的所有与服务贸易或对GATS产生影响的法律和措施。这条规定与《关税与贸易总协定》相似，但GATS还要求各成员建立一个或多个咨询点，以便尽快回答其他成员的询问。由于在无关税管理的情况下，国内规章是对服务贸易有重要影响和控制力的手段，GATS规定这些规章及措施的管理应当合理、客观、公正。对于已作出具体承诺的服务部门所适用的法律法规，各成员还应将任何变动情况通知WTO及其成员。此外，各成员还应采取迅速审议提供服务的行政决定的方式，如法院。

3）发展中国家成员的更多参与

GATS对发展中国家成员的利益给予了较充分的重视。促进发展中国家成员的更多参与是GATS的一项基本义务。其目的是提高发展中国家成员境内服务业的能力、效率和竞争力；改善它们进入分销渠道和信息网络的机会；开放对它们具有出口利益的服务部门和服务交付方式。发达国家成员及其他有能力的成员应在协定生效的两年内建立联系点,以便向发展中国家成员的服务提供者提供有关信息(如商业和技术方面的服务信息、登记、认可,获得提供服务的专业技术,获得服务技术的可能性等)。发达国家成员将采取措施帮助发展中国家成员扩大服务出口(如在商业性技术方面加强发展中国家成员的国内服务业,为发展中国家成员的服务出口提供市场准入的条件等)。协定允许发展中国家成员根据国内政策目标和服务业发展水平逐步实现服务贸易自由化;允许发展中国家成员开放较少的市场(部门与交易的种类),根据发展情况逐步扩大市场的开放程度;允许发展中国家成员对外国服务或服务提供者进入本国市场设置条件;在自由化谈判中,对发展中国家成员不应坚持完全对等;对最不发达国家成员给予特别优先考虑。

此外,GATS还允许符合规定的服务贸易经济一体化的存在;要求成员在已作出具体承诺的部门中,保证所有影响服务贸易的普遍适用的措施以合理、客观和公正的方式实施;要求成员承认在特定国家已获得的教育或经历、已满足的要求、或已给予的许可或证明;要求成员保证其领土内的任何垄断服务提供者在有关市场提供垄断服务时,不违背其具体承诺;鼓励成员通过磋商取消抑制竞争的商业惯例;鼓励成员在非歧视的基础上就紧急保障措施问题进行多边谈判;禁止成员对与其具体承诺有关的经常项目交易的国际转移和支付实施限制,但如果发生严重国际收支和对外财政困难或其威胁,可对其采取或维持限制;鼓励各成员通过谈判制定必要的多边纪律,以避免补贴对贸易的扭曲;以及其他例外。

2. 具体承诺

具体承诺主要包括市场准入、国民待遇和逐渐自由化。各成员应通过谈判达成具体承诺,列入其具体承诺减让表,并据此对服务和服务提供者给予相应待遇,减少或取消对服务贸易的不利影响,以实现更高的自由化水平。

1) 市场准入

市场准入是经过谈判达成的义务,实施对象包括成员的服务和服务提供者。市场准入承诺及有关国民待遇的任何限制和例外,是多边适用的谈判结果,承诺包含通过谈判达成的、有保证的国际服务贸易条件。GATS要求其成员应开放市场,给予其他成员的服务和服务提供者的待遇,不低于减让承诺表中确定的条款、限制和条件。市场准入条款旨在逐步消除以下六种限制措施:对服务提供者数量、服务交易或资产总值、服务业务总量或总产出量、雇佣人数、法律实体或合营企业形式的特定要求或限制,以及外国资本参与比例或外国资本投资总额的限制。除这些限制外的任何其他限制,只要不是歧视性的,均不在协定范围之内。

2) 国民待遇

GATS关于国民待遇的条款是整个协定中最重要的条款。该协定规定,在已承诺的部门中,给予外国服务和服务提供者的待遇不应低于给予本国相同服务和服务提供者的待遇。这种待遇适用于已作出具体承诺的部门，法律和规章不得在减让承诺表列入的服务部门中使外国企业处于不利地位。但这种待遇需要通过谈判减让，具体反映在减让承诺表中，并可对国民待遇规定条件和限制。只有作出具体承诺后，才须实施国民待遇原则。对未承诺的服务部门，无须实施国民待遇原则。

3）逐步自由化

GATS规定了服务贸易自由化的目标，确认服务贸易自由化是一个渐进的过程。该协定要求各成员在协定生效后每5年就进一步扩大服务贸易自由化问题举行一轮实质性谈判，不断推进服务贸易自由化，减少或消除限制服务贸易市场准入的措施。该协定还要求各成员制定承担具体义务的计划安排。

专栏 9-3

中美电子支付争端案

随着中国经济改革的深入，金融业特别是银行卡业务迅猛发展。截至2013年底，中国银行卡发行量已突破42亿张，人均持卡量达到3.11张，显示出巨大的市场潜力。在此背景下，中国银联应运而生，并迅速成长为全球最大的发卡机构。然而，中国银行卡市场的蓬勃发展也吸引了国际发卡机构如VISA、Mastercard等的关注，这些外资机构因政策限制，只能通过与中国银联合作发行双标卡的方式进入市场。

2010年，美国认为中国政府的一系列措施阻碍了外国电子支付服务提供商与中国银联的公平竞争，遂依据WTO争端解决机制向中方提出磋商请求。美方的指控主要集中在五个方面：一是发卡方要求，即中国强制要求银行卡标注银联标识；二是终端机具要求，即要求银行卡终端必须能受理银联标识卡；三是收单方要求，即收单商户需要张贴银联标识；四是特定人民币银行卡交易的清算服务只能由中国银联处理；五是唯一提供商要求和异地/跨行禁令，即中国银联被设为人民币银行卡交易的唯一电子支付服务提供商。

磋商未果后，美国于2011年2月请求设立专家组审理此案。经过一年多的审理，专家组于2012年7月发布了报告，裁定中国在GATS下就电子支付服务作出了承诺，且中国要求由银联办理港澳人民币清算业务构成市场准入限制，中国在银行卡发卡、终端、收单等方面给予银联的优越地位也违反了国民待遇义务。然而，专家组也驳回了美方关于银联成为唯一服务提供者和外国服务提供商可通过跨境交付方式提供服务的指控。

此案不仅关乎中国电子支付市场的开放程度，更对中国其他金融业的开放进程产生了深远影响,引发了业界对于如何平衡市场开放与国家安全、消费者权益保护等问题的广泛讨论。

资料来源:WTO官网。

五、GATS 的部门协议

在乌拉圭回合结束时,各成员政府同意就服务贸易领域继续进行谈判。在WTO成立后,成员就服务贸易项下的金融服务、电信服务、海运服务和自然人流动等四个部门相互开放市场进行谈判,并先后达成了四项协议,即《金融服务临时协议》《自然人流动服务协议》《基础电信协议》《金融服务协议》,而《海运服务协议》谈判暂停。

1. 自然人流动服务协议

1995年7月21日,WTO服务贸易理事会通过谈判达成的《自然人流动服务协议》,即GATS第三议定书。该协议于1996年1月30日生效。自然人流动服务谈判取得的成果很小,各成员改进承诺的幅度不大,只有极少数发达国家成员对自己的开放承诺表作出了极有限的调整。《自然人流动服务协议》的内容和规则应包括GATS及其《关于提供服务的自然人流动的附件》等。协议处理的是关于自然人在一成员境内临时停留权利,这种临时停留是由于提供服务的需要,不适用于寻求永久就业的人,也不适用于各成员就获得公民权、永久居留权或永久就业权所规定的条件。

2. 基础电信协议

《基础电信协议》,即GATS第四议定书,适用于电信作为提供服务手段的范围。1997年4月15日WTO成员谈判达成《基础电信协议》,并于1998年2月15日生效。协议的目的在于约束各成员在提供电信服务时不应以电信作为限制其他成员的服务提供者提供服务的行为,或对提供服务的行为造成障碍。在客观公正的基础上,非歧视地向WTO成员承诺部分或全部开放国内的基础电信服务市场。《基础电信协议》的内容和规则应包括GATS及其《关于电信服务的附件》等。该协议所涵盖的基础电信服务领域包括:电话、数据传输、电传、电报、传真、线路租用(即传输能力的出售或出租)、固定和移动卫星通信系统及其服务、模拟/数字蜂窝式移动电话、移动数据服务、无线寻呼和个人通信系统服务等。

3. 金融服务协议

乌拉圭回合多边贸易谈判结束时,谈判小组草拟了《金融保险服务部门协议

（草案）》，但由于美国等成员的意见分歧，未达成协议，为此，部长级会议作出了《关于金融服务的第二附件》和《关于金融服务的决定》。金融服务的谈判进行了两轮。《金融服务协议》于 1999 年 3 月 1 日生效，协议的主要内容是所附的 WTO 成员关于金融服务的具体承诺减让表和 GATS 第 2 条豁免清单。《金融服务协议》的内容和规则应包括 GATS 及其《关于金融服务的附件》《关于金融服务承诺的谅解》等。

《金融服务协议》要求放宽或取消外资参与本地金融机构的股权限制，放宽对商业存在（分支机构、子公司、代理、代表处等形式）的限制，以及对扩展现有业务的限制。该协议不仅包括银行、证券和保险三大金融服务的主要领域，而且包括资产管理、金融信息提供等其他方面。

服务贸易发展呈现五大主要趋势

近年来，随着科技的发展，服务的可贸易性不断提升。此外，叠加产业升级以及消费者偏好的改变，服务贸易在贸易总额中的占比不断增长。总体来看，服务贸易发展呈现出以下五大主要趋势。

第一，数字服务贸易逐渐成为服务贸易的主力军。随着人工智能、区块链、云计算、大数据等为代表的新一代数字技术发展，服务的可贸易性大幅提升，同时成本迅速下降、应用场景广泛扩展。根据联合国贸易和发展会议（UNCTAD）的统计数据，全球数字服务贸易占服务贸易比重已经超过 60%，并会持续保持高速增长。数字化转型同时赋予服务贸易更强的抗风险能力，在全球新冠疫情大流行的时候，受疫情影响，世界范围内服务贸易规模大幅下降，但也推动了数字技术在服务贸易领域的实际应用。视频会议、在线教育、远程医疗、服务外包等新模式逐渐成为工作常态，也在世界范围内带动服务贸易迅速增长。

第二，全球服务贸易规则不断重塑。数字贸易治理尤其是数字服务贸易治理受到了越来越多的关注。与之前的协定相比，目前以《全面与进步跨太平洋伙伴关系协定》（CPTPP）、《美墨加协定》（USMCA）、《区域全面经济伙伴关系协定》（RCEP）为代表的区域贸易协定，以及以《数字经济伙伴关系协定》（DEPA）等为代表的数字经济和数字贸易的专门协定，都对数字服务贸易规则议题范围进行了扩展，也对相关规则深度进行了提升。其中有关数据跨境流动治理、数字服务市场开放、数字贸易便利化、数字技术非强制转让、数字贸易包容性增长等规则更是成为大家关注的焦点议题。

第三，全球服务贸易结构在不断优化。以旅游、运输服务为代表的传统服务贸易虽然规模在增长，但其在服务贸易总规模中的占比却在下降。与之相对照的是，知识和技术密集型的服务贸易占比在提升。受技术发展推动，知识产权在促进创新和发展方面作用重大。预计知识产权相关服务会逐渐成为服务贸易的主角。

第四，服务贸易壁垒仍然存在，并且呈现出一定的行业差异。经济合作与发展组织（OECD）发布的《服务贸易限制指数（STRI）》显示，服务贸易壁垒最高的行业是航空运输、法律和会计服务，最低的则是分销服务、音像和货运代理。推动服务贸易自由化进程仍然任重道远。

第五，服务贸易与货物贸易的边界不断融合。在全球经济一体化的时代背景下，全球价值链驱动了制造业服务化的发展趋势。为提升利润水平、缓解销售波动风险，制造业企业不断向前端的研发设计和后端的服务环节转移，即所谓的"制造业服务化"。一些企业甚至完全实现了由生产产品向服务提供的业务模式转换，由此可见制造业服务化延伸了服务贸易的边界，使制造业企业向价值链高端迁移。

资料来源：周念利.服务贸易发展呈现五大主要趋势[EB/OL].[2024-12-18]. https://baijiahao.baidu.com/s?id=17750367521686671813&wfr=spider&for=pc，部分节选，有改动。

第二节 GATS与中国

一、中国服务贸易概况

近些年来，我国服务贸易的进出口额虽然略有波动，但总体上呈现上升趋势，特别是最近几年增长幅度有所加大，显示了中国服务贸易的快速增长和市场潜力。同时，服务出口额和进口额也呈现出相应的增长态势，显示出中国在服务领域的国际竞争力和市场需求的持续增强（图9-1）。服务贸易的增长反映了中国经济结构的优化和服务业的快速发展。随着全球化的深入和数字技术的进步，服务贸易已成为推动经济增长的重要力量。我国在教育、旅游、金融服务和专业服务等领域的服务出口不断扩大，同时，我国对国外专业服务和技术的需求也在增加，这推动了服务进口额的增长。

根据商务部数据，2023年，我国服务贸易稳中有增，规模创历史新高，全年服务进出口总额65754.3亿元，同比增长10%，其中出口26856.6亿元，下降5.8%，进口38897.7亿元，增长24.4%；服务贸易逆差达12041.1亿元。

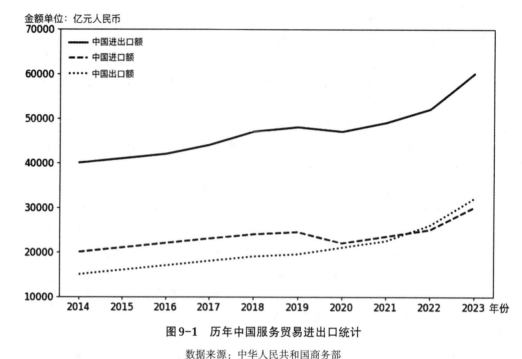

图9-1 历年中国服务贸易进出口统计

数据来源：中华人民共和国商务部

二、GATS对中国的影响及应对

1. GATS的影响

GATS为全球服务业的发展提供了框架和指导。GATS的最惠国待遇原则确保了服务贸易中的非歧视性，有助于维护我国在服务贸易领域的利益，减少发达国家可能采取的单边行动对我国的不利影响。同时，GATS的透明度原则增强了服务贸易的可预测性，促进了公平竞争。

GATS鼓励包括我国在内的发展中国家参与服务贸易，并通过经济技术援助为发展中国家提供支持，这为我国扩大具有比较优势的服务业出口提供了机遇。此外，GATS的规定允许发展中国家在特定情况下对其服务业采取适当的保护措施，这为我国服务业在开放过程中提供了灵活性，使我国能够逐步学习并吸收发达国家在服务业上的先进技术和管理经验。

GATS的实施促进了服务贸易的自由化，对我国吸引外资和增加就业具有积极作用。随着服务业市场的逐步开放，更多的外资进入，带动了国内市场的发展和经济的多元化。

然而，服务贸易自由化也带来了挑战。随着比较优势和竞争优势的发展，我国部分服务产业面临发达国家的竞争压力，特别是在资本、知识和技术密集型的服务行业。服务市场的开放是履行国际法律义务的一部分，但也需要考虑到我国服务业的整体水平和国际竞争力。服务贸易逆差的存在揭示了我国需要进一步提升服务业的竞争力。长期服务贸易逆差若未得到有效管理，可能对国际收支平衡造成影响，并对国民经济发展产生一定的制约。

此外，服务业的多样性和复杂性意味着在开放过程中必须谨慎处理涉及国家安全、社会公共利益以及文化教育等敏感领域的问题。GATS的规定在推动服务贸易自由化的同时，也对我国相关政策和法规的制定提出了更高要求，需要在维护国家利益和促进国际合作之间找到平衡点。

2. 我国运用GATS规则的策略建议

在应用GATS时，我国应制定清晰而合理的策略，以实现服务业的有序发展和国家利益的有效维护。我国可在规则允许范围内对外来服务施加必要限制，同时为国内服务业提供保护。GATS中的最惠国待遇是一般义务，而国民待遇和市场准入是具体承诺。因此，我们可以履行一般义务，而在具体承诺方面，对某些薄弱的服务部门保持合理的开放步骤。

我国可以充分利用最惠国待遇原则，享受各成员的平等待遇，避免其他成员的歧视性政策。同时，我国对国外服务者或服务产品也应依规给予最惠国待遇，避免歧视。国民待遇原则在GATS中是通过谈判确定的，适用于服务和服务提供者，包括外商投资企业。我们应清晰认识WTO下的GATS国民待遇条款的内涵及其在不同领域的特点，充分利用这一原则。我国企业在国外应依据WTO规则尽力争取国民待遇，进行公平竞争。对于其他成员不给予我国国民待遇的情形，应勇于利用WTO争端解决机制，积极与之磋商，启动专家组程序。

此外，我国应清理与WTO协定中的国民待遇条款不符的法律、法规，并主动修正，以免被迫修改。在实施国民待遇时，应根据服务行业竞争力的强弱，制定具体标准，明确外国服务及服务提供者在各部门中的待遇。对于竞争力强的行业，可承担更多国民待遇义务，而对于竞争力较弱的行业，可承诺较少的义务。同时，GATS允许成员在特定情况下对服务贸易进行限制，我国应善于利用这些例外条款，根据实际情况对服务贸易进行适度管理和控制。通过这些策略，促进服务业的稳健发展。

■ 第三节　案例精解一：巴拿马诉阿根廷与货物和服务贸易有关的措施（DS453）

■ 一、案件引入

申诉方：巴拿马。

被申诉方：阿根廷。

第三方：澳大利亚、中国、厄瓜多尔、欧盟、危地马拉、洪都拉斯、印度、美国、巴西、新加坡、阿曼、沙特阿拉伯。

阿根廷实施负面排除制度管控贸易往来。根据现行的阿根廷立法，用于税收透明目的的"非合作成员"是指，没有与阿根廷签署关于税务信息交换的协议或包含广泛信息交换条款的国际避免双重征税的公约的国家和地区；根据阿根廷联邦公共收入管理局（AFIP）的自主判断，没有与阿根廷展开必要谈判以签署上述协议或公约的国家或地区。巴拿马认为，阿根廷所实施的有关货物与服务贸易措施构成了歧视性壁垒，使得被排除在外的国家或地区无法享有与受惠国或阿根廷本土服务提供商同等待遇。涉及的主要争议措施有：利息或报酬支付的预扣税；财富不合理增长的假设；基于转让价格的交易估值；支出分配的收付规则；与再保险服务有关的要求；进入阿根廷资本市场的要求；分支机构注册要求；外汇授权要求。

2012年12月12日，巴拿马要求就阿根廷实施的有关货物和服务贸易的措施与其进行磋商。2013年5月13日，巴拿马要求成立专家组。2013年11月11日，总干事专家组成立。2015年9月30日，专家组报告被分发给各成员。2015年10月27日，巴拿马通知争端解决机构（DSB），决定针对专家组报告中涉及的某些法律问题提起上诉。2015年11月2日，阿根廷通知DSB，决定进行交叉上诉。该案件的争端措施汇总情况，如表9-1所示。

表9-1 争议措施汇总表

编号	具体事项
措施1	利息或报酬支付的预扣税
措施2	财富不合理增长的假设
措施3	基于转让价格的交易估值
措施4	支出分配的收付规则
措施5	与再保险服务有关的要求
措施6	进入阿根廷资本市场的要求
措施7	分支机构注册要求
措施8	外汇授权要求

资料来源：WTO专家组报告。

二、专家组的分析和结论

1. GATS是否适用于本案所涉八项措施

巴拿马主张GATS适用于本案所涉及的八项措施。而阿根廷辩称：巴拿马尚未建立起初步证明，证实所涉八项措施符合GATS的适用范围或超越理论层面论述措施对服务贸易的影响。阿根廷援引了"加拿大-汽车"案中专家组报告的裁决，认为巴拿马有责任证明相关服务是通过从巴拿马领土供应到阿根廷领土或通过在阿根廷建立商业实体的巴拿马服务供应商的方式。对于措施8，阿根廷认为外汇授权要求不在GATS的适用范围之内，因为影响资本回流的措施与服务贸易没有直接关系。

首先，要确定一项措施是否"影响服务贸易"，必须考虑两个关键法律问题：一是，是否存在服务贸易，也就是是否通过GATS第Ⅰ：2条（a）到（d）款所指定的四种供应方式之一来提供服务；二是，在GATS第Ⅰ：1条的含义下，该措施是否影响这种服务贸易。

专家组首先审查了问题一，即根据GATS第Ⅰ：2条的含义存在服务贸易。巴拿马与阿根廷争端的焦点集中于"加拿大-汽车"案中是否建立起普遍的法律标准，是否将评估有争议市场的实际情况视为一个普遍规则。根据该报告，阿根廷认为上诉方必须明确服务和服务供应商的归属国/成员，并在四种供应方式之一或多种方式之一中证明受到了有关措施的潜在影响。而在巴拿马看来，因为在GATS文本中没有关于存在有效服务贸易的法律依据，"是否存在服务贸易"的问题需要根据具体的争端中的有关事项来确定。根据GATS的第Ⅰ：1条和GATS的第Ⅰ：2条。基于文本，专家组得出结论：GATS适用并不仅限于两个成员之间是否存在实际的服务流动，或上诉方的特定服务供应商是否试图在被诉方市场提供服务，其适用更多地与影响"服务贸易"的措施有关。因此，专家组不同意阿根廷对"加拿大-汽车"案专家组报告的解释，而对于每项有争议的措施，巴拿马已经确定了根据GATS第Ⅰ：2条规定的相关服务和供应方式。鉴于上述情况，专家组认为存在服务贸易。

对于第二个问题，即该措施是否影响这种服务贸易。巴拿马主张，参考"欧盟-香蕉"案，GATS不仅涵盖直接"管理"或"监管"服务贸易的措施，还包括为其他目的（如货物贸易等）而设计的，对服务贸易产生影响的措施。而阿根廷指出，巴拿马未能证明相关服务是从巴拿马或其他成员的领土以第一或第三种方式提供给阿根廷领土的，因此无法证明有关服务贸易会受到争议措施的影响。专家组回顾了"欧盟-香蕉"一案，其认为：首先，GATS的范围涵盖了任何成员的措施，只要该措施影响了服务的提供，无论该措施是否直接管理服务的提供，GATS就会适用；其次，"影响"一词反映了协议起草者对GATS赋予广泛适用范围的意图；最后，对于阿根廷指出的证明问题，依照前面提到的GATS第Ⅰ：1条不要求上诉方证明特定服务或服务供应商的存在或者实际交易的存在的结论，这种证明是不必要的。在阿根廷的辩词中，其承认存在或可能存在对国际金融和其他服务市场平等竞争造成影响的措施，因此，有争议的八项措施符合GATS第Ⅰ：1条的"影响服务贸易"的定义。

此外，阿根廷就措施8单独提出抗辩，认为这一措施不直接与服务贸易有关，因此不符合GATS第Ⅰ：1条和第ⅩⅧ条的含义。而巴拿马认为，虽然对投资的资本收益的额外要求不直接影响境外直接投资的流入，但通过影响投资的流出，该措施对是否通过在阿根廷建立商业实体提供服务的商业决策等产生了影响。专家组对此作出裁决，认为措施8在GATS第Ⅰ：1条的含义下影响了服务贸易。首先，专家组探讨了在"欧盟-香蕉"案中，阿根廷中央银行（BCRA）规定外汇事先授权问题，BCRA

通信'A' 4940的措辞表明外汇授权要求适用于在阿根廷建立商业实体的服务供应商，它们可能决定从阿根廷市场撤离，因此可能决定将投资资金汇回。① 另外，专家组还回顾了GATS第XXVIII（c）条，其解释了有关商业实体的定义，即商业或专业机构，可以通过在各成员的领土内构建、收购或维持法人等方式来提供服务。这使得服务供应商在某些情况下可能会决定从阿根廷市场撤离并将投资资金汇走。综上所述，专家组认同巴拿马的观点，认为措施8同样适用GATS。

2.受争议的八项措施是否违反了GATS第Ⅱ：1条

GATS第Ⅱ：1条表明，巴拿马必须证明：第一，有争议的措施是否适用于GATS第Ⅱ：1条；第二，相关的服务和服务供应商是否具有相似性；第三，有争议措施是否符合对相似的服务和服务供应商提供了"立即且无条件"的"不低于优惠的待遇"。基于前面的论证，专家组明确肯定了有争议的八项措施适用于GATS第Ⅱ：1条。因此，专家组将重点论证：相关的服务和服务供应商是否具有相似性和有争议措施是否符合对相似的服务和服务供应商提供了"立即且无条件"的"不低于优惠的待遇"。

对于相似性的分析方法，巴拿马方认为争议事项仅基于服务供应商的原产地进行监管上的区分，因此无须提供有关服务和服务供应商的相似、服务和服务供应商之间的竞争关系的详细证明。然而，阿根廷主张，由于供应商在市场上的运营方式受到监管差异与相似性的影响，这种证明是有必要的。阿根廷还就巴拿马在GATS中将在产品贸易案例法律中发展的法定和事实区分转化到GATS的做法提出异议。阿根廷认为，这种区分不能直接应用于GATS，因为GATS提到"类似的服务和服务供应商"，而GATT的第Ⅰ和第Ⅲ条只提到"类似的产品"。

为了满足"不低于优惠的待遇"原则，有争议的措施必须适用于类似的服务和服务供应商，并且对这些服务和服务供应商提供相同的待遇。专家组首先基于GATS第Ⅱ：1条下相似性开始分析，在"中国—出版物和音像制品"案中，专家组曾得出这样的结论：当原产地是有关措施在境内服务供应商和境外服务供应商之间的差别待遇的唯一因素时，就符合"相似服务供应商"的要求；同时还指出差别待遇不仅仅与服务供应商的原产地相关，还与"其他因素"相关。在审查GATS第XVII条下的"相似服务"的表达方式的常规含义和背景后，专家组认为相似服务是彼此具有竞争关系的服务。阿根廷还强调，是否需要在确定相似性时检查（或不检查）"其他因素"取决于案例本身的具体情况，进而取决于所涉及服务的性质以及特殊情况。"其他因素"可能会影响到服务供应商之间的竞争关系、市场运作方式以及差异待遇的合理性。阿根廷认为境内供应商获得税收信息的可能性是影响竞争关系的"其他因素"，需要考虑服务供应商之间的差异待遇。在这种情况下，专家组分别对两个可能的其他因素进行审查：其一，境内供应商获得税收信息的可能性；其二，巴拿马和阿根廷就签署税收信息交换协议以及在进行协商时是否表现出合作的意愿。首先，

① 当涉及在境外的受益个人或法人时，外汇授权要求需要获得阿根廷中央银行的事先授权。

关于境外供应商获得税收信息的可能性作为"其他因素"的问题，阿根廷强调，为了提高税收透明度，有必要确保与境外供应商进行信息交换，以确定他们是否依法纳税。由于争议措施的实施中断了此类信息交换的法律限制，因此该因素与受争议措施直接相关。专家组认同了阿根廷的观点，认为境外供应商获得税收信息的可能性是与服务和服务供应商的相似性有关的"其他因素"，因为这个因素影响了非合作成员的服务供应商与合作成员的服务供应商之间的竞争关系，使得部分成员受到不利的监管措施的约束。但是由于与阿根廷就签署税收信息交换协议进行了协商，阿根廷也未能提供与此相关的证据。专家组转而同意了巴拿马的主张，即合作成员的服务和服务供应商与非合作成员的服务和服务供应商是类似的。

而后，专家组继续论证了有争议的八项措施是否符合对相似服务和服务供应商提供了"立即且无条件"的"不低于优惠的待遇"。对于GATS第Ⅱ：1条下"不低于优惠的待遇"的表述，协议本身并没有提供明确而具体的解释。阿根廷提议：由于TBT协议与GATS都致力于贸易自由化的目标，因此TBT协议第2.1条对"不低于优惠的待遇"的解释同样适用于GATS，这意味着如果对进口的负面影响仅来自合法监管的区别，那么措施就不会构成不合理的差别待遇。巴拿马认为阿根廷的观点是错误的，其认为TBT协议第2.1条的结论不能简单推广到GATT 1994或GATS的背景中。对上述双方观点进行审查后，专家组作出如下裁决：第一，GATS和TBT协议在一般例外条款方面存在区别，虽然其都涉及对"不低于优惠的待遇"的解释，但由于协议的特定性、规制环境的差异、涉及对象与主体的不同等因素，两者对同一概念的解释不能直接转移。第二，在对有争议的八项措施进行分别论证后，专家组认为阿根廷并没有给予非合作成员的服务和服务提供商（与合作成员相似服务和服务提供商所给予的待遇相比）的"不低于优惠的待遇"。

综上所述，所受争议的八项措施确实违反了GATS第Ⅱ：1条。

3. 措施5是否与GATS第ⅩⅥ：1条和ⅩⅥ：2（a）条不一致

回归到GATS本身，GATS第ⅩⅥ：2条规定了与市场准入有关的义务，其违反要件在"美国-赌博"案中有所体现。在该案中，上诉机构界定了在GATS第ⅩⅥ：2条下的法律标准，并强调判断是否违反该条款需要首先证明市场准入承诺，然后指明相关法律如何构成违反规定的"限制"。因此，在本案中，巴拿马需要证明阿根廷在GATS承诺中确实承担了市场准入义务，并说明措施5如何构成违反GATS第ⅩⅥ：2（a）条的"限制"。首先，对于阿根廷的市场准入承诺，专家组裁定阿根廷在其GATS承诺清单中对"再保险服务"采取了特定的市场准入承诺，并在模式1（跨境供应）下标记为"None"，表明在市场准入限制一栏中没有任何限制，即全面的市场准入承诺。承诺不会实施GATS第ⅩⅥ：2条所列的任何限制，包括第ⅩⅥ：2（a）条。其次，对于措施5是否构成了GATS第ⅩⅥ：2（a）条规定的跨境再保险服务不允许的限制，阿根廷认为由于GATS第ⅩⅥ：2（a）条仅涉及对服务供应商数量的限制，因此措施5不受GATS第ⅩⅥ：2（a）条限制；如果专家组认为措施5受到GATS第ⅩⅥ：2（a）条限制，那么它应被视为定性措施。最后，双方的论点涉及GATS第XVI：2（a）条的范围有两个不同问题：一是，措施5是否适用于服务供应商；二是，若情况属实，措施5是否构成GATS第XVI：2（a）条中关于服务"供应商数量"的限制。

专家组的分析始于对措施5是否适用于GATS第XVI：2（a）条中的"服务供应商"一词的审查。首先，专家组致力于解释"服务供应商"的含义，其发现在该协议的措辞中，GATS第XVI：2（a）条提到"服务供应商数量的限制"，包括数量配额、垄断、独家服务供应商或经济需求测试等形式；其中，分项（a）～（d）涵盖了具体限制"服务供应商"、交易、操作或就业的自然人数量或价值的措施；而裁决对措施5的审查发现：措施5并未直接限制服务供应商的数量，该措施实际上是与再保险业务、个体风险和价值阈值有关的规定，它并未明确规定或限制供应服务的自然人或法人的数量。因此，这些措施不满足GATS第XVI：2（a）条所要求的针对服务供应商数量的直接限制。根据上述情况，专家组驳回巴拿马关于措施5在GATS第XVI：2（a）条下的违规性主张。

同时，巴拿马还声称措施5违反了GATS第XVI：1条。其认为，阿根廷对境外再保险服务供应商的待遇不如其承诺中所规定的待遇，因此限制了部分外商进入阿根廷再保险服务市场的途径，这与GATS第XVI：2（a）条不一致。但由于巴拿马没有就GATS第XVI：1条的违规性主张进行单独论证，专家组因此认为巴拿马并未建立关于违规性的初步证据并不对该主张作出具体的裁决。

4. 措施1、2、3、4、7和8是否违反了GATS第XIV（c）条

巴拿马首先对阿根廷认为这些措施符合例外规定的主张提出怀疑，并且基于阿根廷在辩护中没有针对每个具体措施提供足够的独立、具体的论证的现实情况，质疑阿根廷采取"集体"或"综合"的辩护方式是否合理。专家组对这种质疑进行了评估，认为阿根廷的辩护方式虽然可以称为"集体"或"综合"，但并不违反规定，这是阿根廷自行选择其辩护方式的体现。在评估了阿根廷的辩护方式后，专家组进一步审查阿根廷关于措施1、2、3、4、7和8是否符合GATS第XIV（c）条例外规定的辩护，审查阿根廷是否能够证明这些措施是出于合理的目的，即维护金融稳定和保护国家利益；是否是在尽量避免对其他成员造成负面影响的情况下实施的。其裁决表明：除措施2外，其他措施均不符合GATS第XIV（c）条例外规定。

三、案件评述

在第589/2013号法令确立的标准下，阿根廷允许对来自合作成员和非合作成员的服务和服务供应商实行差别对待，此举招致长期作为非合作成员的巴拿马的不满。在本案所涉及的八项措施中，前四项均与税收政策密切相关。现阶段，国际税收制度主要依赖于国际组织，如经济合作与发展组织（OECD）的税收协定示范法的缓慢演进，在短时间内，国际税收领域见证了由G20领导的治理框架的确立。

作为G20成员之一，阿根廷所出台的税收举措响应了G20提升税收透明度的号召，通过差别待遇反向激励非合作成员与阿根廷签订税收交换协议。因此，本案所涉及的争端实质上是GATS与管理型国际税法体制发生冲突的体现，两者从不同维度影响税收分配关系，同时对国际贸易施加影响。我国应提升对此类冲突的重视程度，积极关注多层次多领域的税收协定，及时更新、协调国内立法，着力理顺国际税收制度和国内治理模式之间的关系。

案例思考

1. GATS如何适用于成员对服务贸易的管理措施？
2. 阿根廷对"非合作成员"实施的贸易措施如何影响服务贸易自由化？
3. 讨论并分析GATS框架下对服务贸易限制的合法性审查标准及其对国际贸易的影响。

数字资源9-1
相关协议条款

第四节　案例精解二：俄罗斯诉欧盟与能源部门有关的措施（DS476）

一、案件引入

申诉方：俄罗斯。

被申诉方：欧盟。

第三方：巴西、中国、印度、日本、乌克兰、美国、哥伦比亚、韩国、沙特阿拉伯。

欧盟所实施的第三次能源一揽子计划是欧盟为应对能源安全和气候变化挑战而制定的一项重要战略举措，该计划促进了欧盟内部天然气基础设施的发展。欧盟的第三次能源改革在"分拆机制"的原则下进行，要求将电网/天然气管道的运营与电力/天然气的生产和供应业务分离。根据欧盟的第三次能源改革方案，各成员国可以选择三种方案：完全所有权分拆（OU）模式、独立系统运营商（ISO）模式和独立传输运营商（ITO）模式进行所有权的分拆。俄罗斯认为，欧盟整体能源政策不合理地限制了来自俄罗斯的天然气进口，并且歧视俄罗斯的天然气管道运输服务和供应商。

2014年4月30日，俄罗斯要求就包括第三次能源一揽子计划在内的欧盟能源部门措施与欧盟及其成员国进行磋商。2015年5月11日，俄罗斯要求成立专家组。2015年6月19日，争端解决机构（DSB）推迟了专家组的建立。2015年7月20日，专家组成立。2016年3月7日，总干事专家组组成。2016年8月18日，专家组主席通知DSB，预计将在2017年5月向各方发布最终报告。2018年8月10日，专家组报告分发给各方。2018年9月21日，欧盟通知DSB，决定对专家组报告中的某些法律问题和法律解释提起上诉。2018年9月26日，俄罗斯通知DSB决定交叉上诉。2018年11月20日，在《关于争端解决规则与程序的谅解》（DSU）第17.5条规定的60天期限届满后，上诉机构通知DSB，它将无法在60天期限结束前，也无法在DSU第17.5条规定的90天时间框架内分发上诉机构在本次上诉中的报告。上诉机构通知DSB，一旦更确切地知道何时可以安排上诉的听证会，上诉机构将和各方进行适当沟通。

二、专家组的建议和结论

1. "管道运输服务"的范畴

俄罗斯将涉及争端的服务定义为"天然气管道运输服务"，并认为这一概念应该包括天然气的传输和供应以及与此相关的所有服务。俄罗斯认为，"传输"是能源行业的一个环节，指的是通过高压管道将天然气从生产商运送到地方分销企业或大型终端用户；"供应"的定义应包括与天然气供应和传输相关的所有服务；天然气的供应与生产、销售和传输重叠，天然气供应商不仅可以是生产商，也可以向市场提供管道运输服务。而欧盟则认为，俄罗斯对涉及的服务定义过于宽泛，与天然气市场的实际情况和活动的客观特征不符；管道运输服务是非常具体的服务，指的是通过管道将天然气从生产地点运送到低压区域供应给客户的地点。欧盟认为，天然气的分销和液化天然气（LNG）服务不属于"管道运输服务"的范畴。

专家组认为，俄罗斯作为申诉方有权确定争端中"服务"的范畴，但这并不意味着其对定义涉及服务有着无限制的自主权。审查服务范围的定义对于正确评估GATS下的索赔非常重要。专家组并不受俄罗斯提出的定义的约束，而必须先确定涉及服务的含义和范围，然后才能根据GATS评估俄罗斯的索赔。对于专家组而言，所面临的两个任务分别是，研究"天然气管道运输服务"这一短语的含义和范围；根据条约解释规则解释在克罗地亚、匈牙利和立陶宛减让表中俄罗斯就GATS第XVI：2和第XVII条项下提出索赔的相关条目的含义和范围。争端双方都同意涉及的服务是"天然气管道运输服务"，并且涉及的服务包括天然气的传输，而在是否将"供应服务"以及液化天然气（LNG）服务纳入"管道运输服务"的定义上存在分歧。因此，专家组必须就这两个问题展开讨论。

专家组首先审查了俄罗斯提出相关定义的理由。俄罗斯认为，天然气的分销不是独立的市场领域，生产商从定义上讲就是天然气供应商，而天然气供应商也向市场提供管道运输服务。天然气供应包括与天然气生产重叠的服务以及与天然气销售相关的服务。这种重叠关系对于理解欧盟和其他地区如何提供管道运输服务以及相关类型服务供应商之间的竞争关系至关重要。

专家组认为，俄罗斯关于"供应"和"供应服务"的解释并不完全清晰。俄罗斯认为"供应"指的是生产者向消费者提供天然气，将天然气的"供应"与"供应服务"等同起来。然而，在专家组看来，如果依照俄罗斯的定义界定"供应"和

"供应服务"的概念,将出现三个问题:一是,这些服务涵盖了GATS范围之外的活动,回顾GATS适用于影响"服务贸易"的措施,第Ⅰ条2(a)至(d)款所定义的任何一种方式进行"服务的供应",而"服务的供应"包括"服务的生产、分销、营销、销售和交付"(GATS第ⅩⅧ(b)条)。因此,天然气的"供应",即产品的供应,不属于GATS的范围。专家组依赖一个超出GATS范围的争议服务定义是不恰当的。二是,"传输"与"供应"重叠,存在冗余。无法界定"供应服务"的范畴使专家组将无法评估调查结果的范围。三是,无法明确受到调查结果影响的服务,且无法与部门和子部门相互排他原则相一致。根据互斥原则,一项服务不能同时属于两个不同的部门或子部门。俄罗斯对"供应服务"的定义导致了对术语的人为宽泛的解释,与这一原则相矛盾。综上所述,专家组作出裁决,"供应"和"供应服务"的概念不包括在术语"管道运输服务"的范围内。

对于液化天然气服务是否应该包含在"管道运输服务"这一概念中,欧盟认为必须区分液化天然气服务和管道运输服务,因为液化天然气服务的核心是天然气的液化、进口、装卸和再气化,但不涉及通过管道进行传输。欧盟还提出CPC 2.1,将液化天然气服务和管道运输服务分类为两个不同的类别作为证据。专家组指出,根据各方的说法,液化天然气服务主要包括天然气的液化和液化天然气的进口、装卸和再气化。因此,与液化天然气相关的基本活动并不涉及天然气的运输或传输。天然气的液化和液化天然气的再气化是在特殊终端进行的,天然气的运输或传输需要管道基础设施。专家组同意俄罗斯的观点,即液化天然气服务涉及 管道运输服务。然而,在专家组看来,一个与另一服务有关或由另一服务实现的服务不一定自动成为GATS目的中的服务。综上所述,专家组得出结论,液化天然气服务不包含在管道运输服务的范围内。

接下来,专家组需要确定俄罗斯是否已经表明克罗地亚、匈牙利和立陶宛在各自减让表的11.G部门下对有关服务作出的承诺。为此,首先需要审查有关减让表中的"管道运输服务"列中的条款,然后分别审查俄罗斯在本次争端中指出的克罗地亚、匈牙利和立陶宛的市场准入和国民待遇承诺。欧盟指出,克罗地亚、匈牙利和立陶宛减让表中的相关条目仅涉及通过管道从生产点到将气体转入本地配送系统供应客户的天然气运输,11.G部门不包括气体的生产和供应或销售,也不包括除管道以外的其他运输方式。总之,争论的焦点在于对三国具体承诺减让表中的"pipeline transport"的具体承诺的解释,俄罗斯认为其范围较广,而欧盟则主张其范围较窄。

专家组注意到:三个国家具体承诺减让表中的"pipeline transport"都在11.G部门下,考虑到三个条目的相似性,专家组将对其进行整体分析。首先,专家组对"pipeline transport"的普通含义进行审查。俄罗斯认为,根据广泛接受的普通含义以及能源和交通服务部门中相关术语的普遍理解,"pipeline transport"的使用意图是涵盖本案中涉及的天然气管道运输服务,即天然气的传输和供应,包括液化天然气(LNG)以及与天然气传输和供应等相关的服务。欧盟认为,基于词典定义和行业特定描述,"pipeline transport"的普通含义不涉及气体的生产和处理,也不涉及向消费者供应（即销售）气体。欧盟还排除了通过其他运输方式而非管道进行的运输。本案例中引用的词典定义表明，"pipeline transport"一词的普通含义是指通过长管道（通常位于地下）在长距离上运送油、气或其他产品。其中"transport"的意思是将人或物品从一个地方运送到另一个地方。该短语的普通含义表明：该领域不生产有形产品。"pipeline transport"后面跟着"services"一词。"services"一词的普通含义是指满足消费者需求但不生产有形产品的经济部门，如银行或旅游业。需要注意的是，匈牙利和立陶宛的减让表中并没有在"pipeline transport"之后加上"services"一词，但由于在三个减让表中该短语都在11.G部门之下，因此，无论副标题是否明确提到"services"一词，不对减让表所作出的实质承诺造成影响。

各方在讨论"pipeline transport"的普通含义时，还引用了更具体的术语表。根据"中国-电子支付服务"案的裁定，检查行业来源作为确定GATS减让表术语的普通含义的潜在证据是适当的。因此，专家组将审查由各方提供的行业来源和专业出版物中"Pipeline Transport [Services]"术语的含义。《石油和天然气术语手册》和《运输统计图解词汇表》将"pipeline"定义为用于运输石油、天然气的管道或管道系统，以及带有泵、阀和控制装置的封闭管道，用于通过泵送或压缩输送流体、气体或精细分离的固体。"gas pipeline"的定义包括将天然气和补充气体从一个点输送到另一个点的设备，通常是从生产现场或加工厂内部或外部的点到另一个管道或利用点。"pipeline transport"是指原油、精炼液体石油产品或者气体在一定的管道网络中的运输。根据词典定义、行业来源和专业词汇表，"管道运输服务"的一般含义不包括"供应"和"供应服务"的概念。通常意义上的"Pipeline Transport [Services]"不包括液化天然气服务。因此，可以得出结论，通常意义上的"Pipeline Transport [Services]"并不是指LNG服务。

三个国家具体承诺减让表中对"pipeline transport"的描述内容，如表9-2所示。

表9-2 三个国家具体承诺减让表中对"pipeline transport"的描述

Sector or Subsector		
克罗地亚	匈牙利	立陶宛
11. Transport Services ... G. Pipeline Transport Services（CPC 713）	11. Transport Services ... G. Pipeline Transport	11. Transport Services ... G. Pipeline Transport（CPC 713）

资料来源：WTO专家组报告。

专家组继续考虑条款在其上下文情境中的一般含义，包括文本措辞、序言及其附件。GATS减让表的上下文包括成员减让表的其余部分、实质性条款。值得注意的是，在克罗地亚和立陶宛的附表中，"Pipeline Transport [Services]"一词之后紧接

笔记

"（CPC 713）"字样，专家组认为必须赋予其意义和效力。在"欧盟-香蕉"案中，欧盟具体承诺减让表中的"批发贸易服务"条款后有"（CPC 622）"字样，专家组得出结论，在确定欧盟在批发服务方面的承诺范围的任何法律定义都应基于CPC对该部门及其涵盖的活动的描述。因此，专家组认为克罗地亚和立陶宛在关于"Pipeline Transport [Services]"的承诺范围的法律定义应基于CPC 713找到解释。在考察具体承诺减让表的上下文时，专家组注意到：克罗地亚的减让表涵盖了与"其他商务服务"下的"能源分销相关服务（CPC 887）"相关的承诺，CPC 887进一步明确指出"通过收费或合同基础上的石油和天然气管道运输服务被归类为子类71310"，从而将能源分销服务与管道运输服务区分开来。同样的观察也可以应用于匈牙利和立陶宛，它们在1.F部门的"其他商务服务"下承担了关于"能源分销相关服务（CPC 887）"的部分承诺，匈牙利还在"与采矿相关的咨询服务（除CPC 883）"方面有承诺。CPC的相关定义将"与采矿相关的服务"定义为"在油气田按费用或合同基础提供的服务"。因此，与天然气生产相关的服务不属于11.G部门。专家组继续审查三份承诺减让表的其他部分时，注意到三个成员都在"分销服务"上作出了具体承诺，主要表现为"整体贸易服务"（4.B部门）和"零售服务"（4.C部门）。因此，对涉及燃气的不同服务承诺表明，在GATS框架下，"pipeline transport"一词不能涵盖与天然气相关的所有服务，天然气的批发和零售服务不包含在11.G部门内。

虽然三个时间表中都没有提及液化天然气服务，但根据互斥性原则，如果认为液化天然气服务应属于"Pipeline Transport [Services]"，理由是重新气化的目的是通过管道运输天然气，那么液化天然气服务也可以认为属于"液体或气体散装运输（CPC 72122）"，理由是液化促进了液化天然气在海上油船中的运输。因此，专家组只能得出液化天然气服务必须在其他地方进行分类的结论。根据上述情况，专家组认为克罗地亚、匈牙利和立陶宛在其减让表中作出的具体承诺中不涵盖"供应"或"供应服务"，也不涵盖液化天然气服务。

2. 拆分措施是否违反了GATS第XVI：2条

俄罗斯认为，克罗地亚、匈牙利和立陶宛所实施的拆分措施与GATS第XVI：2（e）和（f）条不一致，克罗地亚和立陶宛实施的拆分措施与GATS第XVI：2（a）条不一致。此外，克罗地亚、匈牙利和立陶宛的公共机构措施和第三方认证措施、GATS第XVII条款不一致。根据GATS第XVI：2条，作为申诉方必须首先证明被申诉方在市场准入方面作出了相关承诺，以建立违反GATS的初步证据。同样，根据GATS第XVII条款，为维持对有关措施违反GATS的指控，申诉方必须首先证明被申诉方在国民待遇方面作出了相关承诺。俄罗斯提出，克罗地亚、匈牙利和立陶宛在其各自的减让表中针对11.G部门的"管道运输服务"已经作出具体的市场准入和国民待遇承诺。此外，俄罗斯还确认，其在本次争端中根据GATS提出的每一项索赔都涉及模式3，即商业存在方式。

针对市场准入方面的承诺，俄罗斯认为克罗地亚和立陶宛在11.G部门的模式3中列为"none",意味着它们没有对通过模式3提供管道运输服务设置任何限制。至于匈牙利,俄罗斯认为其在市场准入方面是全面承诺的,因为在俄罗斯看来,匈牙利在模式3的市场准入列中并没有实质性限制其市场准入承诺的短语,它不符合GATS第XVI：2条所列的任何限制。欧盟对克罗地亚和立陶宛的市场准入承诺没有提出具体论点。但针对匈牙利,欧盟提出其对模式3作出了具体限制,即这些服务只能通过国家或地方当局授予的特许合同提供。其应该适用于GATS第XVI：2（a）条。专家组认为,由于匈牙利的分拆措施与其减让表中的题词没有直接关系,因此没有必要确定题词是否构成第XVI：2（a）条意义范围内的限制。匈牙利使用"unbond"一词,则其对模式3作出了市场准入承诺。又因为该题词并不针对法人实体、合资企业、境外资本,匈牙利没有在GATS第XVI：2（e）或（f）条含义范围内就商业存在的供应方式（模式3）作出任何限制。如表9-3所示,为三国具体承诺减让表中对市场准入的承诺。

表9-3 三国具体承诺减让表中对市场准入的承诺

Limitations on Market Access		
克罗利亚	匈牙利	立陶宛
1）None 2）None 3）None 4）Unbound, except as indicated in the horizontal section	1）Unbound 2）None 3）Services may be provided through a contract of concession granted by the state or the local authority. 4）Unbound, except as indicated in Part I	1）Unbound 2）None 3）None 4）Unbound, except as indicated in Part I

资料来源：WTO专家组报告。

至于国民待遇义务的具体承诺,俄罗斯认为,克罗地亚、匈牙利和立陶宛已承诺不受限制地允许其他成员的服务供应商通过在其领土上的商业实体提供管道运输服务。模式3国民待遇一栏中列出"none"一词,表示该成员承诺根据GATS第XVI：2条和第XVII条给予完全国民待遇,即克罗地亚、匈牙利和立陶宛必须在11.G部门平等对待来自其他成员的服务供应商与本国的服务供应商。克罗地亚、匈牙利和立陶宛附表中的横向承诺需要与部门条目一并考虑。然而,它们都不认为这些横向限制与俄罗斯的主张有关,在审查这些限制之后,得出的结论是,这些限制并不改变这些国家作出的全面国民待遇承诺。因此,专家组认定,克罗地亚、匈牙利和立陶宛已经在"Pipeline Transport [services]"部门承担了模式3的全面国民待遇承诺。表9-4所示为三国具体承诺减让表中对国民待遇的承诺内容。

表9-4　三国具体承诺减让表中对国民待遇的承诺内容

	Limitations on National Treatment	
克罗利亚	匈牙利	立陶宛
1) None 2) None 3) None 4) Unbound, except as indicated in the horizontal section	1) Unbound 2) None 3) None 4) Unbound, except as indicated in Part I	1) Unbound 2) None 3) None 4) Unbound, except as indicated in Part I

资料来源：专家组报告。

俄罗斯主张克罗地亚和立陶宛国家层面实施法律中的拆分措施违反了GATS第ⅩⅥ：2（a）条的规定，以不一致的方式对服务供应商数量进行了限制。根据GATS第ⅩⅥ：2条的法律标准，为了建立对GATS第ⅩⅥ：2（a）条的侵犯的初步证明，俄罗斯接下来需要证明：克罗地亚和立陶宛国家层面实施法律中的拆分措施以垄断或独家服务供应商的形式对服务供应商数量施加了的数量限制，即违反了GATS第ⅩⅥ：2（a）条的规定。俄罗斯认为克罗地亚和立陶宛在实施其拆分措施时，对各自领土内的供应管道运输服务的服务供应商数量采取的数量限制以垄断、专营服务供应商的形式存在。专家组在考虑了GATS第ⅩⅩⅧ（h）条和第Ⅷ：5条中"垄断"和"专营服务供应商"的定义后指出，第ⅩⅥ：2（a）条中对服务供应商数量的限制应被解读为包括形式上或实质上的限制。第ⅩⅥ：2（a）条中的"以……形式"的措辞并不意味着数量限制必须明确以数字形式表达。但从整体来看，第ⅩⅥ：2（a）条所强调的重点在于其数量或定量性质。在"中国-电子支付服务"案中，专家组强调，在评估措施是否与GATS第ⅩⅥ：2（a）条一致时，重点应放在措施是否"构成数量和定量性质上的限制"或者是否"起到定额的作用"。因此，根据之前上诉机构和专家组报告的指导，专家组的分析必须集中于评估措施是否构成定量性质上的限制。换句话说，俄罗斯是否证明了这些措施是以将克罗地亚和立陶宛的管道运输服务供应商数量限制为一个或少数的方式进行的。

专家组对俄罗斯提交的证据及主要观点展开审查。首先，对于克罗地亚实施的分拆措施，专家组得出的结论是俄罗斯没有足够的证据来证明克罗地亚在《天然气市场法》中的分拆措施对服务供应商的数量施加了限制。对于俄罗斯认为Plinacro已被确立为垄断供应商的观点，专家组指出Plinacro目前是克罗地亚管道运输服务的唯一供应商这一事实并不自动使它成为垄断供应商，俄罗斯也没有解释为什么其他供应商不能在分拆措施下进入克罗地亚市场。专家组在审查《天然气市场法》后，没有发现分拆要求限制服务供应商数量的迹象。因此，俄罗斯没有成功证明克罗地亚的分拆措施违反了GATS第ⅩⅥ：2（a）条。其次，对于立陶宛实施的拆分措施，俄罗斯认为Amber Grid是其管道运输服务的唯一供应商，Lietuvos duju tiekimas为其天然气供应服务的唯一供应商。专家组承认 Amber Grid 拥有并运营立陶宛的天然气输送系统，但发现没有确凿的证据支持 Amber Grid 是唯一供应商的说法。俄罗斯没有提供证据或解释为什么其他供应商不能根据分拆措施在立陶宛提供管道运输服务。专家组审查了立陶宛关于分拆措施的法律，没有发现任何迹象表明该措施限制了服务供应商的数量。最后，对俄罗斯关于 Lietuvos duju tiekimas 是天然气供应服务的唯一供应商的指控不予考虑，因为这些服务不包括在立陶宛减让表的有关部门中。根据上述分析，专家组得出结论认为，俄罗斯没有证明立陶宛的分拆措施违反了GATS第XVI：2（a）条。

专家组继续就俄罗斯称三个国家实施法律中的分拆措施违反了GATS第XVI：2（e）条的主张进行审查。据相关法律标准，俄罗斯需要证明两个要素，以便构成三个国家对GATS第XVI：2（e）条的违反的初步证据。其一，需要证明克罗地亚、匈牙利和立陶宛在相关领域和方式上承诺了市场准入承诺；其二，需要证明这些国家实施的分拆措施构成了GATS第XVI：2（e）条所规定的不允许的限制。就第一个要素而言，前面得出结论认为克罗地亚和立陶宛在11.G部门的模式3上作出了完全的市场准入承诺，匈牙利承诺不会在GATS第XVI：2（e）条的意义上设置任何限制。然而，在其减让表的水平承诺中，匈牙利增加了一个限制，要求在匈牙利设立商业机构的服务供应商"应以有限责任公司、股份有限公司或代表处的形式进行"，并且"不允许作为分支机构进行初始进入"，这个限制可能与GATS第XVI：2（e）条下俄罗斯的索赔有关。俄罗斯和欧盟的分歧围绕GATS第XVI：2（e）条中"特定类型法律实体"的含义和范围展开。GATS第XVI：2（e）条限制或要求属于法律范围内的法律实体的措施，该条还提到合资企业是一种特殊类型的法律实体，不受第XVI：2（e）条规定的措施的限制或要求。针对克罗地亚，俄罗斯声称《天然气市场法》第14条与GATS第XVI：2（e）条不一致，因为该条规定了输气系统运营商必须作为一个独立于天然气行业的其他活动的法人实体组织。但欧盟认为，该条并未限制法律实体的具体形式，只要输气系统运营商独立于天然气行业的其他活动即可。在专家组看来，《天然气市场法》第14（3）条和14（4）条规定了输气系统运营商与生产或供应企业之间的独立性要求，但并未涉及法律实体的具体形式。如果接受了俄罗斯的观点，即通过禁止企业提供某些服务的措施间接地"限制了特定类型法律实体"从而影响提供该服务，那么任何影响通过商业存在方式提供服务的措施都可能适用于GATS第XVI：2（e）条。专家组认为，市场准入义务的范围并不普遍扩展到所有影响服务供应的措施，而是适用于六个精确定义的措施类别。因此，专家组不同意俄罗斯的观点。

克罗地亚的国内法律分别规定了ISO（independent system operator，独立系统运营商）模式、ITO（independent transmission operator，独立传输运营商）模式以及OU（ownership unbounding，完全所有权分拆）模式。俄罗斯分别针对上述三种模式提出索赔。首先，俄罗斯认为《天然气市场法》第14条所规定的"TSO必须是传输系统的所有者，并应作为独立于天然气部门其他活动的法人实体组织"从根本上限制了该法人实体的组织方式，与GATS第XVI：2（e）条不一致。专家组驳回了这一观点。

根据克罗地亚《天然气市场法》第14条，相关法规并未限制或要求管道输送系统运营商以特定的法律实体形式提供服务，即TSO（传输系统运营商）可以采用任何合法形式，只要它独立于天然气行业的其他活动即可。仅仅声称TSO是一个"法律实体"并不能证明克罗地亚《天然气市场法》第14条的OU模式在GATS第XVI：2（e）条的意义下"限制或要求服务供应商那个通过特定类型法律实体"，这更意味着没有具体类型的法律实体受到限制或要求。进一步来说，俄罗斯在其提交的报告中列举出克罗地亚《天然气市场法》第14（3）条和第14（4）条，但并未证实这些具体规定如何违反GATS。

专家组注意到，第14（3）条强制了TSO与生产或供应企业之间的独立要求。根据该规定，TSO的独立性"应以禁止同一人或多人同时执行"某些活动为前提，第14（4）条将第14（3）条中的禁止规定适用于投票权的使用、任命监事会成员、管理层成员或其他代表法律实体的机构成员或拥有多数股份的股东。因此，这两个条款涉及的是一个实体可以或不能同时进行的各种活动以防止一个实体控制（或"执行其他权利"）另一个实体。然而，这些条款并未涉及任何实体的法律形式。因此，在克罗地亚，《天然气市场法》第14（3）条和第14（4）条没有涉及"限制或要求服务供应商通过特定类型法律实体"，供应商可以通过哪种法律形式提供管道输送服务。"特定类型法律实体"和"商业实体形式"这两个概念并不是同义词，不能互相替换使用。根据适用成员法律，GATS第XVI：2（e）条不涵盖任何影响法律实体的措施。仅仅因为一个实体可能（或可能不）拥有或控制另一个实体，并不足以使前者实体（或后者）成为第XVI：2（e）条所指的"特定类型的法律实体"，因为仅仅拥有或控制本身并不能说明任何实体的法律形式。基于上述理由，专家组认为俄罗斯未能证明克罗地亚国内法所实施的OU模式限制或要求服务供应商通过特定类型的法律实体提供管道运输服务。综上所述，俄罗斯未能证明克罗地亚国内法中实施的解除绑定措施与GATS第XVI：2（e）条相悖。

俄罗斯在讨论匈牙利的分拆措施与GATS第XVI：2（e）条不一致性时同样从国内法律（《天然气法》）限制或要求特定类型的法律实体的角度展开，认为匈牙利违反了GATS第XVI：2（e）条。根据俄罗斯的观点，《天然气法》中实施三种拆分模式的规定，每种模式都有具体的限制或要求"法律实体的类型"。对于这一指控，专家组以俄罗斯没有证明这些规定如何违反GATS而驳回，因为上诉方仅仅提交一份完整的立法文件而期待专家组自己作出发现是远远不足的。关于OU模式，俄罗斯声称《天然气法》第121/H节"禁止VIU通过任何类型的法人实体或形式在匈牙利提供服务"，但没有进一步阐述其法律立场。在这一主张中，专家组认为俄罗斯基于与克罗地亚《天然气市场法》中OU模式相同的命题进行主张，因此，对克罗地亚OU模式的结论同样适用于此，即俄罗斯未能证明匈牙利实施的OU模式与GATS第XVI：2（e）条不一致。关于ISO模式，俄罗斯声称匈牙利《天然气法》第121/I条要求通过独立于VIU的独立法律实体提供服务。但是，俄罗斯没有提供充分的证据来支持它的立场。独立法律实体的要求并不适用于ISO的法律形式，因此俄罗斯未能证明匈牙利的ISO模式与第XVI：2（e）条之间的不一致。关于ITO模式，俄罗斯认为，第 121/B-121/G 条中的 ITO 条款对法律实体的类型施加了限制，要求虚拟实体通过单独的子公司或以 ITO 形式存在的其他形式的商业提供服务。但是，单凭这项指控并不能证明该措施违反了 GATS 第 16：2（e）条，俄罗斯未解释其如何实施 ITO 模式或其他模式。总之，俄罗斯未能证明匈牙利在其国内法中实施的分拆措施不符合 GATS 第 XVI：2（e）条。

立陶宛只实施了 OU 模型，俄罗斯对实施 OU 模型的立陶宛《天然气法》第 8 章第 40 至 43 条提出怀疑，特别是要求将天然气的生产和供应与运输相分离的条款。立陶宛《天然气法》第 40 条要求 TSO 和生产、供应企业之间的资产分离。《天然气法》第 41（1）条规定，同一人或若干人不能同时控制生产、供应经营和 TSO。《天然气法》第 41（2）条与第 41（1）条有类似的要求，但进一步澄清，这一禁令也适用于与立陶宛输送系统相连的其他国家的生产、供应企业。《天然气法》第 41（4）条进一步规定了同一个人或若干个人根据第 41（1）条和第 41（2）条不能行使的权利。此外，俄罗斯对《天然气法》第 41（2）条中的"附加要求"提出异议，该要求禁止任何向立陶宛供应天然气的第三方对传输系统运营商（TSO）行使控制权或其他权利。专家组认为，为了评估与第 XVI：2（e）条的兼容性，第 41（2）条是否是指令中未发现的额外要求的问题并不相关，因为俄罗斯的挑战是针对立陶宛的《天然气法》，任务是评估立陶宛法律与第 XVI：2（e）条的一致性，而不是其与指令的一致性。俄罗斯认为，立陶宛法律限制了 VIU 可以提供传输服务的法律实体类型。尽管俄罗斯提供了证据，但其反对立陶宛实施 OU 模式的理由似乎与反对克罗地亚和匈牙利的理由相似。专家组根据之前的分析，认为俄罗斯没有证明立陶宛的 OU 模式与 GATS 第 XVI：2（e）条之间存在不一致。

此外，俄罗斯声称克罗地亚、匈牙利和立陶宛的国内法律中的分拆规则都明确禁止供应企业在 TSO 或输送系统中拥有多数股份，这与 GATS 第 XVI：2（f）条"限制境外股权最高百分比"不一致。而欧盟认为 GATS 第 XVI：2（f）条所禁止的措施本质上是数量性质的，必须对境外投资设定定量的最高限度才能适用于该条款的范围。专家组回顾了 GATS 第 XVI：2（f）条的文本措辞，认为一项措施必须同时满足两个条件才能构成该条款所不允许的限制，包括措施必须为对外资参与的限制以及该措施必须采取该条规定的两种形式之一，即境外投资者可持有的资本的最大百分比和境外投资的总额。对于第一个条件，专家组所面临的问题是 GATS 第 XVI：2（f）条是否禁止由于资本的境外来源而限制境外资本的参与，或者这项规定是否包括对资本参与的限制。这是一个新的问题，此前并没有相关专家组或上诉机构的指导意见。专家组首先就 GATS 第 XVI：2（f）条得出结论：该条款涵盖了因资本的境外来源而对境外资本产生负面影响的限制，但不涵盖适用于国内外资本一视同仁的限制。俄罗斯所列举的条文禁止生产企业拥有"多数股份""任何股份""直接或间接持股"，均带有中立的性质。鉴于上述情况，专家组认为俄罗斯未能证明所涉措施限制了 GATS 第 XVI：2（f）条中"境外资本参与"的范围。既然所涉措施不构成 GATS 第 XVI：2（f）条下"对境外资本参与的限制"，评估这些措施是否符合该条款所规定的两种形式之一就不再有必要了。

综上所述，俄罗斯未能证明克罗地亚和立陶宛国家层面实施法律中的拆分措施与GATS第XVI：2（a）条不一致。此外，俄罗斯未能证明克罗地亚、匈牙利和立陶宛国家层面实施法中的拆分措施与GATS第XVI：2（e）和（f）条不一致。

三、案件评述

欧盟所进行的第三次能源改革以分拆措施为核心，其目的是打破国别障碍并推动欧盟单一能源市场的建设。同时，能源改革关注来自非欧盟国家的能源收购行为，要求非欧盟国家的企业在欧盟内满足拆分要求，并进行安全测试。这增加了非欧盟国家控制欧盟电网或天然气管道的难度，进一步削弱欧盟国家对外的能源依赖。俄罗斯作为欧盟第一大能源供应国，是受第三次能源改革影响最大的非成员国国家。欧盟在削减能源一体化企业对网络运营商的控制的同时，也使得俄方今后的能源生产企业进入欧盟市场时无法控制输送网络并陷入被动局面。专家组在本案中对欧盟第三次能源改革的合法性予以确认，为其他深受别国操纵能源产业的国家摆脱能源依赖和提升能源独立创造了可供借鉴的政策思路。《欧盟第三次能源改革方案》中的能源立法为中国能源产业的发展贡献了有效范式，中国作为世界工业大国，必须从根本上摆脱对其他的国家能源供应的依赖。对此，我国应构建多层次、全方位的能源供应网络，对我国能源产业的发展提供政策和法律支持，从而保障能源安全。

案例思考

1. GATS框架下对能源部门服务贸易的规制及其对成员能源政策的影响有哪些？

2. 评价GATS第XVI：2条和第XVII条在确保成员能源服务市场准入和国民待遇方面的适用性。

3. 分析WTO争端解决机制在处理能源服务贸易争端中的挑战和机遇，以及对中国参与国际贸易的启示。

数字资源9-2
相关协议条款

专业词汇

- 服务贸易
- 跨境交付
- 境外消费
- 商业存在
- 自然人流动

- 一般义务和纪律
- 具体承诺

思考题

1. 服务贸易规则与货物贸易规则的区别体现在哪些方面？
2. 《服务贸易总协定》中非歧视和透明度等基本原则具体体现为哪些规定？
3. 讨论金融服务在服务贸易中的重要地位，并分析其开放与规范对全球金融市场的潜在影响。
4. 如何理解服务贸易自由化对全球经济的影响，特别是在促进经济增长、技术转移和就业等方面的作用？

第十章

WTO 与贸易有关的知识产权规则及案例

《与贸易有关的知识产权协定》(*Agreement on trade-related aspects of intellectual property rights*，TRIPS 协议）是 WTO 框架下重要的国际条约，它全方位地提升了全球知识产权保护水平，涵盖了知识产权贸易的广泛领域，成为迄今对各国知识产权法律和制度影响最大的国际条约，有效减少了国际贸易中的扭曲和障碍，促进了对知识产权的充分有效保护。本章将深入探讨 WTO 知识产权贸易规则，揭示知识产权在全球贸易中的重要地位及复杂多变的贸易环境。

章首案例：申锡公司胜诉美国专利侵权案

申锡机械集团有限公司（以下简称申锡公司）是国内高空吊篮行业的龙头企业，具有年产高空作业机械逾万台的综合生产能力，拥有 34 项国家专利，并荣获行业内唯一的中国驰名商标。2008 年 3 月，申锡公司在参加美国拉斯维加斯工程机械展会时，突然收到世界高空作业机械龙头企业赛开利公司和达克泰集团通过当地州立法院发出的起诉传票，主诉申锡公司制造的吊篮核心部件——提升机，涉嫌外观侵权和不公平竞争。

原告所诉侵权的提升机，是申锡公司技术团队自主研发的第三代产品，不存在侵权之说。申锡公司在美国聘请律师团队积极应诉，拿出科研开发的 1900 多页原始记录，说明产品研发的实证。2010 年 8 月 17 日庭审时，美国内华达州地方法院作出了驳回原告赛开利公司及达克泰集团状告申锡公司商业外观侵权和不公平竞争的诉讼请求。

这是我国高空作业机械行业首次在国际侵权诉讼中获胜。然而，赛开利公司和达克泰集团并未就此罢休,继续通过诉讼途径试图阻碍申锡公司进入美国市场。原告在一审败诉后不服判决,向美国加利福尼亚州上诉法院提起上诉。在随后的一年半时间里,原告并未提出新的更有力的证据。

2012年2月7日,美国加利福尼亚州法院作出二审判决,维持内华达州地方法院2010年8月17日的驳回原告诉讼请求的判决,同时判决原告方向被告方赔付83万美元的律师费用。至此,这起耗时将近4年、前后两次开庭总共耗费230多万美元的业内首例国际诉讼以我国申锡公司的完胜宣告彻底结束。

资料来源:国家知识产权局.我高空作业机械行业首次在国际侵权诉讼中获胜[EB/OL].[2024-11-23].https://www.cnipa.gov.cn/art/2010/10/8/art_2041_144650.html 部分节选,有改动。

第一节 WTO与贸易有关的知识产权规则解读

一、知识产权和知识产权贸易

知识产权是指公民或法人对其在科学、技术、文化、艺术等领域的发明、成果和作品依法享有的专有权,即人们对自己通过脑力劳动创造出来的智力成果所依法享有的权利,是工业产权和版权(著作权)等的总称。工业产权主要是指发明的专利权、外观设计专利权、集成电路布图设计和未披露信息的专有权、商标专用权(包括服务商标)、厂名商号、地理标识等专用权以及制止不正当竞争权。版权是指对文学艺术和科学作品及计算机软件等的专有权。

狭义的知识产权贸易是指以知识产权为标的的贸易,主要包括知识产权许可、知识产权转让等内容,即企业、经济组织或个人之间,按照一般商业条件,向对方出售或从对方购买知识产权使用权的一种贸易行为。广义的知识产权贸易还包括知识产权产品贸易,是指含有知识产权的产品(知识产权产品、知识产品),特别是附有高新技术、高附加值的产品,如集成电路、计算机软件、多媒体产品、视听产品、音像制品、文学作品等的贸易行为。TRIPS协议涵盖了广义的知识产权贸易范围。

专栏 10-2

TRIPS协议产生的背景

20世纪末,全球经济的迅速发展和贸易自由化进程的加速,使得国际社会对知识产权保护的需求日益迫切。知识产权保护与贸易之间的密切联系，促使各国在这一领域寻求更高的统一标准，以应对跨国贸易中的各种知识产权问题。

早在19世纪末，国际社会就开始制定保护知识产权的国际协定，如《保护工业产权巴黎公约》和《保护文学艺术作品的伯尔尼公约》，以解决知识产权保护不均衡和执法标准缺乏的问题。然而，这些早期的协定在覆盖范围、执行标准以及争端解决机制方面存在显著缺陷，导致保护力度不足，且非成员国常常成为知识产权侵权的温床。

进入20世纪80年代，随着科技进步和经济全球化的深入，知识产权在国际贸易中的重要性日益突出。1986年，乌拉圭回合谈判启动，谈判的主要议题之一就是加强知识产权保护。发达国家，特别是美国，推动将知识产权保护纳入多边贸易协定的讨论中，认为知识产权保护不足导致了贸易扭曲和障碍。例如，未经授权的复制品对合法产品的出口和国内销售造成冲击，削弱了发明者和创造者从事研发和贸易投资的积极性。同时，一些国家利用知识产权保护作为贸易壁垒，阻碍进口并鼓励低效的本地生产。

TRIPS协议的谈判旨在解决这些问题。尽管发展中国家最初反对将知识产权保护纳入乌拉圭回合议程，但最终认识到，与被迫在双边压力下改进知识产权保护相比，多边协定更为有利。TRIPS协议设立了各成员必须遵守的知识产权最低保护标准，涵盖版权、商标、专利、地理标志、工业设计、布图设计以及未公开信息（商业秘密）等领域。

TRIPS协议的目标是减少国际贸易中的扭曲和障碍，促进知识产权的有效和充分保护，同时确保执行措施不成为合法贸易的障碍。多哈回合谈判进一步强化了TRIPS协议在公共健康领域的灵活性，通过多哈宣言，WTO成员得以在保护公共健康的前提下灵活应用TRIPS协议的规定。TRIPS协议不仅规范了知识产权保护，还通过设立严格的执行标准和争端解决机制，确保各成员在遵守协议的同时能够有效保护自身的知识产权。这一协议的实施对全球知识产权保护体系的完善和国际贸易环境的改善起到了重要作用。

资料来源：Taubman A，Wager H，Watal J.Introduction to the TRIPS Agreement（I）-A Handbook on the WTO TRIPS Agreement[M]. Cambridge：Cambridge University Press，2012.

二、TRIPS协议的主要内容及特点

TRIPS协议又称《知识产权协定》，有七个部分共73条内容。该协定的宗旨是减

少国际贸易中的扭曲和障碍，促进对知识产权充分、有效的保护，同时保证知识产权的执法措施与程序不至于变成合法的障碍。

除了WTO基本原则，TRIPS协议额外规定了其他基本原则：对权利合理限制原则，权利的地域性独立原则，专利、商标申请的优先权原则，版权自动保护原则，对行政终局决定的司法审查和复审原则，承认知识产权为私权的原则，权利穷竭原则等。其中部分原则来自TRIPS协议要求遵守的国际公约。

TRIPS协议三大特点

在1883年之前，知识产权的国际保护主要是通过双边国际条约的缔结来实现。1883年《保护工业产权巴黎公约》（以下简称《巴黎公约》）问世后，《保护文学艺术作品的伯尔尼公约》（以下简称《伯尔尼公约》）、《商标国际注册马德里协定》等相继缔结。在一个世纪左右的时间里，世界各国主要靠这些多边国际条约来协调各国之间差距很大的知识产权制度，减少国际交往中的知识产权纠纷。

1994年缔结的TRIPS协议是迄今为止对各国及地区知识产权法律和制度影响最大的国际条约。与过去的知识产权国际条约相比，该协议具有以下三个突出特点。

第一，它是第一个涵盖了绝大多数知识产权类型的多边条约，既包括实体性规定，又包括程序性规定。这些规定构成了WTO成员必须达到的最低标准，除了在个别问题上允许最不发达国家成员延缓施行之外，所有成员均不得有任何保留。这样，该协议就全方位地提高了全世界知识产权保护的水准。

第二，它是第一个对知识产权执法标准及执法程序作出规范的条约，对侵犯知识产权行为的民事责任、刑事责任以及保护知识产权的边境措施、临时措施等都做了明确规定。

第三，它引入了WTO的争端解决机制，用于解决各成员之间产生的知识产权纠纷。过去的知识产权国际条约对参加的成员在立法或执法上违反条约并无相应的制裁条款，TRIPS协议则将违反协议规定直接与单边及多边经济制裁挂钩。

三、TRIPS协议的基本原则

TRIPS协议提出和重申了保护知识产权的基本原则。主要包括以下四个方面。

(一) 国际知识产权公约与《关税与贸易总协定》均有的基本原则

国际上对知识产权的保护历史悠久，签署了不少国际公约，并有广泛的成员。TRIPS 协议以这些公约为基础，在许多方面又有突破。TRIPS 协议确认《关税与贸易总协定》的基本原则和国际知识产权公约的有关原则适用于该协定，并必须得到遵守。

1. 国民待遇原则

国民待遇原则是在《巴黎公约》中首先提出的，《关税与贸易总协定》也有此原则，TRIPS 协议再次要求其成员承诺在保护知识产权方面必须给予其他成员的国民不低于本成员国民的优惠待遇，但在《巴黎公约》《伯尔尼公约》《罗马公约》《华盛顿公约》中各自的例外规定除外。某些司法和行政程序也可以作为国民待遇的例外。

2. 保护公共秩序、社会公德、公众健康原则

TRIPS 协议第 8 条第 1 款、第 27 条第 2 款等条款进一步作了明确和强调，对于违背这一原则的智力成果可以排除在知识产权保护之外。

(二) 国际公约的基本原则

TRIPS 协议确认国际知识产权公约的有关原则适用于该协定，并必须得到履行。

1. 对权利合理限制原则

国际知识产权公约对知识产权所有人的权利规定了合理限制原则。知识产权如同其他权利一样，是相对的，不是绝对的，应该有合理的、适当的限制。TRIPS 协议第 8 条第 2 款提出"可采取适当措施防止权利持有人滥用知识产权"的权利限制原则。在第 13 条、第 16 条第 1 款、第 17 条、第 24 条第 8 款、第 26 条第 2 款、第 30 条中分别提出对版权、商标权、工业品外观设计权和发明专利给予一定权利限制的前提条件：一是要保证第三方的合法利益，二是不能影响合理利用，三是不能损害权利所有人的合法利益。

2. 权利的地域性独立原则

知识产权保护具有地域性，各国的知识产权法是相对独立的。在 TRIPS 协议第 1 条再次强调了这一原则。

3. 专利、商标申请的优先权原则

专利、商标申请的优先权原则是在《巴黎公约》中首先被提出的，TRIPS协议再次加以肯定和强调。

4. 版权自动保护原则

版权自动保护原则是在《伯尔尼公约》中首先被提出的，TRIPS协议再次加以肯定和强调。

（三）《关税与贸易总协定》的基本原则

TRIPS协议确认《关税与贸易总协定》的基本原则适用于该协定，并必须得到执行。

1. 最惠国待遇原则

TRIPS协议把《关税与贸易总协定》对货物贸易的原则延伸到知识产权保护领域。TRIPS协议规定在知识产权保护方面，任何成员对另一成员的国民所给予的优惠特权及豁免应立即无条件地给予其他成员的国民。这是国际知识产权协议的创新条款。TRIPS协议规定了4种例外情况不在当事成员的义务范围内，具体如下。

（1）源于关于司法协助或一般性质的法律实施的国际协定（包括双边和多边的）而不特别限于知识产权保护方面的待遇。

（2）按照《伯尔尼公约》《罗马公约》规定给予的互惠性保护，它们授权所给予的待遇不是国民待遇性质，而是另一国给予的待遇。

（3）知识产权协定下未做规定的有关表演者、唱片制作者以及广播组织的权利。

（4）源于在《建立世界贸易组织的协议》生效前已有的有关知识产权保护的国际协定的待遇，只要该类国际协定已被通知给知识产权理事会，并对其他成员的国民不造成武断或不公正的歧视。

世界知识产权组织主持订立的、有关取得或维持知识产权的多边协定中规定的程序不适用最惠国待遇和国民待遇原则。

2. 透明度原则

《关税与贸易总协定》有关贸易政策透明度的原则被引入了TRIPS协议，TRIPS协议第63条规定，其目的是防止成员之间出现歧视性行为，便于各成员对相互保护知识产权的措施尽快了解，以便加强保护。

3. 争端解决原则

TRIPS协议第64条确认《关税与贸易总协定》争端解决原则运用于解决知识产

权争端，并把解决贸易争端的规则程序直接引入解决知识产权争端，可以利用贸易手段，甚至交叉报复手段确保知识产权保护得以实现。

中国首例WTO知识产权争端：DS362案

2007年4月10日，美国依据《关于争端解决规则与程序的谅解》（DSU）及TRIPS协议第64条，以中国若干知识产权保护和执法措施违反其在TRIPS协议的义务为由，向中国提出磋商请求，这一案件被称为"中国–影响知识产权的保护与执行的相关措施"案（DS362）。这是中国自2001年加入WTO以来，首次面对的知识产权相关争端。

案件历经近两年，最终在2009年3月20日，WTO争端解决机构（DSB）审议通过了专家组的报告。在专家组报告中，主要争议点集中在三个方面：一是《中华人民共和国著作权法（2001年修正）》第4条第1句规定的作品不受著作权法保护是否符合TRIPS协议的相关规定；二是中国海关对侵权产品的处理措施是否符合TRIPS协议关于边境措施的相关规定；三是中国关于知识产权犯罪的刑事程序及处罚的门槛是否符合TRIPS协议的相关规定。

专家组在报告中得出结论：《中华人民共和国著作权法（2001年修正）》第4条第1句不符合TRIPS协议第9.1条及《伯尔尼公约（1971）》第5.1条的规定，也不符合TRIPS协议第41.1条的规定；海关对侵权产品的某些处理措施不符合TRIPS协议的要求，但美国未能证明中国有关拍卖规定影响了海关销毁货物的权力；美国未能提供充分证据证明中国知识产权犯罪刑事门槛不符合TRIPS协议的规定。

这一案件的处理，标志着中国在应对WTO知识产权争端方面迈出了重要一步。通过这一过程，中国不仅在国际法律框架下有效维护了自身利益，也积累了宝贵的经验，为未来可能面临的更多WTO争端做好了准备。

资料来源：王超.WTO知识产权争端解决程序概览——以DS362案为例[J].科技与法律，2009（6）：74-78，部分节选，有改动。

（四）TRIPS协议新提出的基本原则

TRIPS协议除继承了原有国际公约和《关税与贸易总协定》的原则以外，还提出了一些新的原则，主要有以下几点。

1. 对行政终局决定的司法审查和复审原则

TRIPS协议第62条第5款明确规定对于知识产权有关程序的行政终局决定，均应接受司法或准司法当局的审查，或者有机会提交司法当局复审（第41条第4款）。对于发明专利的撤销和无效决定，应提供机会给予司法审查（第32条），但对于异议不成立或行政撤销不成立，只要该程序的依据在无效诉讼中能够得到处理，不必对该决定提供司法审查（第62条第5款）。

2. 承认知识产权为私权的原则

在TRIPS协议前言中明确提出"承认知识产权为私权"的原则，应该适用于各类知识产权。

3. 权利穷竭原则

TRIPS协议第6条谈到了知识产权的权利期满问题，规定在争端解决时对期限届满事项的解释应符合国民待遇和最惠国待遇规定的前提下进行，不得借助本协定的任何条款去涉及知识产权用尽问题。知识产权保护期限届满，就是权利已经穷竭，不再受到保护。

知识产权平行进口的法律冲突与调控

平行进口是指在国际贸易中，未经知识产权人或独占许可证持有人的许可，第三方将受知识产权保护的产品进口并销售的行为。这种行为在理论上主要涉及知识产权的权利用尽原则和地域性原则的冲突。权利用尽原则认为，知识产权产品在首次合法销售后，权利人即丧失对其控制权，任何合法取得该产品的人都可以自由地使用和销售。反之，地域性原则强调，知识产权在不同国家的法律保护是独立的，一国取得的知识产权不自动延伸至其他国家，这要求知识产权人在每个国家分别申请保护。

世界各国对平行进口的立法和司法实践不尽统一。在专利和版权领域，多数国家倾向于采用地域性原则，禁止平行进口，以保护知识产权人及其许可人的利益，防止未经授权的产品进入市场。然而，在商标领域，许多国家采用权利用尽原则，有条件地允许平行进口，以促进市场竞争，防止商标权人滥用其权利形成市场垄断。

总之，平行进口问题的解决需要平衡知识产权保护与市场竞争之间的关系。通过合理的法律调控，既要保护知识产权人的合法权益，又要防止市场垄断，促进公平竞争，最终实现社会公共利益的最大化。

资料来源：孙颖.平行进口与知识产权保护之冲突及其法律调控[J].政法论坛，1999（3）：61-66，部分节选，有改动。

四、知识产权的范围、效力和保护标准

1. 版权及相关权利

版权是指作者对其创作的文字、艺术和科学作品依法享有的署名、发表、出版、获得报酬等专有权利。相关权利是指与作品传播有关的权利，如表演者、录音录像制品制作者和传播媒体许可或禁止对其作品复制的权利，又称邻接权。版权及相关权利保护的范围包括文学艺术作品、计算机软件、表演者、录音录像制品制作者和传媒。

2. 商标

任何标记或标记的组合，只要能够将一企业的货物和服务区别于其他企业的货物和服务，即能够构成商标。一项注册商标的所有人对其注册商标享有独占权，任何他人未经注册商标所有人许可，不得在相同或者相类似的货物和服务的经营活动中，使用与注册商标相同或者相类似的商标，以避免导致可能产生的混淆。驰名商标还应受到特别的保护。

3. 地理标识

地理标识是指识别一货物来源于一成员领土或该领土内一地区或地方的标识，该货物的特定质量、声誉或其他特性主要归因于其地理来源。各成员应对地理标识提供保护，如应对葡萄酒和烈酒地理标识进行附加保护，只有原产地的真实产品能够使用该地理标识，以防止假冒原产地的产品欺骗公众。但不是所有的产地名称都受协议保护，只有某种产品的质量、声誉或其他特征与产地有重点联系时，该产地名称才符合本定义。

4. 工业设计

各成员应对新的或原创性的独立创造的工业设计提供保护，但该保护不应延伸至主要出于技术或功能上的考虑而进行的设计。受保护的工业设计的所有权人有权阻止第三方未经所有权人同意而生产、销售或进口所载或所含设计是一受保护设计

的复制品或实质上是复制品的物品，如此类行为为商业目的而采取。但如果工业设计不能显著区别于已知的设计或已知设计特征的组合，则不属新的或原创性设计。工业设计的有效保护期至少为10年。

5. 专利

专利保护应当适用于所有技术领域的任何有关产品或方法的发明，只要其具备新颖性、创造性和工业实用性即可。一项专利应授予专利权人的独占权主要包括：对于产品专利，专利权人有权制止他人未经许可制造、使用、推销、销售和为上述目的进口专利产品；对于方法发明，专利权人有权制止他人未经许可使用该专利方法，也可制止他人使用、推销、销售，或者为这些目的进口至少是由该专利方法直接获得的产品。但专利权人有权转让或者通过继承方式转让专利权，同他人订立许可合同，许可他人实施专利。对几乎所有技术领域的产品及生产过程的一切发明给予不应少于自申请日起20年的专利保护。

6. 集成电路布图设计

集成电路是指一种产品，它的最终形态或中间形态是将多个元件，其中至少有一个是有源元件，和部分或全部互联集成在一块半导体材料之中以执行某种电子功能。集成电路布图设计是指由多个元件，其中至少有一个有源元件，连同集成电路全部或者部分连线组成的三维配置，或者为集成电路的制造而准备的前述三维配置。协定规定各成员应禁止未经权利持有人许可的下列行为：为商业目的进口、销售或以其他方式发行受保护的集成电路布图设计，为商业目的进口、销售或以其他方式发行含有受保护的布图设计的集成电路，为商业目的进口、销售或以其他方式发行含有上述集成电路的物品，但对集成电路及其物品的善意使用不构成违法。集成电路布图设计保护期应不少于10年。

7. 未披露信息

未披露信息包括商业秘密和未披露的试验数据、技术诀窍。具有商业价值的未披露信息必须得到保护，使其免受泄露秘密或其他违反诚实商业做法行为的损害，但必须已经采取保护商业秘密的合理措施。合法拥有该信息的企业和个人，有权防止他人未经许可以违背诚实商业行为的方式披露、获得或使用该信息。

8. 协议许可的反竞争行为

涉及知识产权许可做法或条件被滥用，许可合同中的条件可能会限制竞争或妨碍技术转让与传播，有关成员政府应磋商并采取适当的救济措施防止反竞争性许可做法，在控制这些行为方面进行合作。

五、TRIPS 协议与其他知识产权公约的关系

TRIPS 协议将保护知识产权的主要国际条约——《保护工业产权巴黎公约》（以下简称《巴黎公约》）、《保护文学艺术作品的伯尔尼公约》（以下简称《伯尔尼公约》）、《保护表演者、音像制品制作者和广播组织的罗马公约》（以下简称《罗马公约》）、《关于集成电路的知识产权条约》的实体性条款纳入其中，形成了一个综合的知识产权保护条约体系。通过引入其他知识产权协定的条款，TRIPS 协议拓展了 WTO 知识产权保护的法律渊源，加强了知识产权国际保护体系的完整性和协调性。TRIPS 协议在第 2 条中规定了其与《巴黎公约》等 4 个主要知识产权国际条约的关系，即就本协议第 2、第 3 及第 4 部分而言，全体成员均应符合《巴黎公约》1967 年文本第 1 条至第 12 条及第 19 条之规定；本协议第 1 至第 4 部分的所有规定，均不得有损于成员之间依照《巴黎公约》《伯尔尼公约》《罗马公约》《关于集成电路的知识产权条约》已经承担的现有义务。另外，在 TRIPS 协议第 9 条和第 14 条等处又分别提到与《伯尔尼公约》《罗马公约》的关系。

TRIPS 协议把已有的保护知识产权的国际条约分为以下三类。

一是基本完全肯定、要求全体成员必须遵守并执行的国际条约。这类国际条约共有 4 个，即《巴黎公约》《伯尔尼公约》《罗马公约》《关于集成电路的知识产权条约》。TRIPS 协议对这 4 个国际条约的个别条款做了修改和保留，它要求 WTO 全体成员要遵守和执行上述四个条约。

二是基本完全肯定、要求全体成员按对等原则执行的国际条约，这类国际条约共有十余个，主要是《巴黎公约》的子条约。

三是不要求全体成员遵守并执行的国际条约。凡是 TRIPS 协议没有提到的、也不属于上述两类的国际条约，均不要求全体成员遵守并执行，主要有《世界版权公约》等。本节主要介绍 TRIPS 协议与《巴黎公约》《伯尔尼公约》《罗马公约》《关于集成电路的知识产权条约》的关系。

专栏 10-6

《保护文学艺术作品的伯尔尼公约》

《保护文学艺术作品的伯尔尼公约》是 1886 年签订的第一个保护文学艺术作品的多边公约。该公约详细规定了作品享有版权的条件，不依赖任何手续（如注册登记、缴纳样本等），且保护期较长。公约的基本原则包括以下三点。

（1）国民待遇原则：任何一成员国的公民作者，或在任何一成员国首

次发表其作品的作者，其作品在其他成员国应受到与本国国民作品相同的保护。

（2）自动保护原则：根据该公约受保护的作品的作者，自动享有各成员国法律现在和将来给予其国民的权利和该公约规定的权利，无须履行任何手续。

（3）独立保护原则：作品在各成员国受到保护不以作品在起源国受保护为条件。

专栏 10-7

《保护表演者、音像制品制作者和广播组织的罗马公约》

《保护表演者、音像制品制作者和广播组织的罗马公约》，是保护版权邻接权的主要国际公约之一。该公约于1961年在意大利罗马缔结，并于1964年5月生效。该公约规定如下。

表演者的专有权包括：准许或禁止他人广播或转播其表演实况；准许或禁止他人录制其表演实况；准许或禁止他人复制其表演实况的录制品。

录制者的专有权包括准许或禁止任何直接或间接地复制其录制品的行为。

广播组织的专有权包括：准许或禁止他人转播该组织的广播节目；准许或禁止他人录制该组织的广播节目；准许或禁止他人复制该组织的节目录制品；准许或禁止在收费入场情况下公开播放该组织的电视与广播节目。

表演者、录制者及广播组织的专有权保护期为20年。该公约还规定了专有权的例外情况，如个人学习或娱乐、时事报道、编排节目或教学及研究等情况下，可以转播、录制或复制相关表演、录制品或广播节目。此外，该公约允许各成员国在合理情况下颁发强制许可证。

六、知识产权保护的实施

1. 一般义务

各成员应保证及时有效地阻止对受本协定保护的知识产权的侵权行为。知识产权的实施程序应公平合理，不应存在毫无必要的烦琐、费时情况，也不应受不合理的时限及无保证的延误的约束。对一个案件的裁决应根据各方有机会了解的证据作出，最好用书面形式并陈述理由，应在合理的时间内告知争议各方。案件的最终行政裁决及所有的初步司法裁决，诉讼当事方应有机会根据国内法律的规定提请司法当局进行审议。若在刑事案件中被判无罪时，无义务提供审议机会。

2. 民事、行政程序及救济

对于民事、行政程序及救济应制定公平公正的程序，出示充足的证据，由司法机关履行告知义务并责令当事方停止侵权、作出赔偿、采取其他补救措施。

3. 临时措施

司法当局有权采取及时、有效的临时措施防止知识产权侵权行为的发生，特别是阻止有关货物进入商业渠道；保存关于被指控侵权的有关证据。

4. 边境措施

各成员应在符合规定的情况下，按规定采取程序，使有正当理由怀疑假冒商标或盗版货物的进口有可能发生的权利持有人，能够向行政或司法主管机关提出书面申请，要求海关中止放行此类货物进入自由流通。

5. 刑事程序

各成员应规定至少将适用于具有商业规模的蓄意假冒商标或盗版案件的刑事程序和处罚。可使用的救济应包括足以起到威慑作用的监禁和罚金，并应与适用于同等严重性的犯罪所受到的处罚水平一致。在适当的情况下，可使用的救济还应包括扣押、没收和销毁侵权货物，以及主要用于侵权活动的任何材料和工具。

6. 知识产权的取得和维护及相关程序

如果知识产权的取得是以知识产权被授予或注册为准，各成员应依据取得知识产权的实质性要件，确立授予或注册的程序；有关知识产权符合获得权利的实质条件，应在一个合理的时间内获得授予或注册，以避免保护期限被不适当地剥夺。

7. 过渡期安排

过渡期安排是对发展中国家成员的灵活差别对待。发达国家成员有义务援助发展中国家成员、最不发达国家成员，向它们提供技术和资金，以帮助其建立和健全知识产权保护、执法及防止知识产权滥用的国内立法，建立健全与此有关的国内官方及代理机构，培训人员等。

第二节　TRIPS 协议与中国

一、中国知识产权贸易现状与趋势

我国是全球知识产权引进大国。据中国海关统计，2002—2020 年我国知识产权进口年均增长 15%，2020 年进口额达 378 亿美元，占同期我国服务贸易进口的 10%。美国、德国和日本是我国知识产权的主要进口地，来自美国的进口以通信技术、汽车技术为主，来自德国、日本的进口以汽车技术为主，并且很大一部分进口的市场主体是外商投资企业，这也符合双边资源要素分布和经贸投资结构。我国以规模巨大的国内市场和严格的知识产权保护，对促进全球知识产权流动和经济合作发挥了重要作用。

我国在全球知识产权市场已从以进口引进为主转向进出口双向增长。2015 年之前，我国知识产权出口额每年不足 10 亿美元，2015 年开始显著增长，2015—2020 年年均增长 51%，2020 年出口额达 86 亿美元。我国知识产权出口已遍布全球各地，其中，美国是最重要的出口市场，表明经济全球化时代国际合作与知识共享是发展趋势。

目前，全球知识产权贸易额最高的是美国，其次是荷兰、日本、德国和中国。我国已成为全球知识产权贸易的重要参与者，积极推进知识产权领域国际合作与竞争。1997 年我国知识产权进出口规模不足 10 亿美元，到 2020 年已增长至 463 亿美元，占同期国际服务贸易总额的 8%。

随着全球经济的不断发展和国际贸易的深入合作，知识产权保护将继续成为国际贸易领域的重要议题。我国作为世界上最大的发展中国家和贸易大国，在知识产权保护方面承担着重要的责任和义务。未来，我国将继续加强知识产权保护制度的完善、国际合作与交流，推动全球知识产权保护水平的提高；同时，我国也将积极参与国际知识产权规则的制定和改革进程，为我国对外贸易的持续健康发展提供坚实的法律保障。

专栏 10-8

美国关税法"337 条款"简介

美国关税法"337 条款"是美国联邦政府在国际贸易中保护本国工业的重要法律工具之一。它通过严格的法律条文和执行机制，旨在防止外国产品对美国本土工业造成威胁或损害。该条款不仅涵盖了知识产权的保护，还涉及非知识产权的公平竞争行为，因此在国际贸易中具有重要的影响力。

"337条款"主要针对两类行为：侵犯知识产权和不公平竞争。在知识产权方面，如果进口的产品侵犯了美国的专利、著作权、商标权或半导体芯片模板的权利，并且该产品在美国有同类企业在生产或筹建中，即构成违反"337条款"的行为。具体而言，判断是否存在同类产业时，美国国际贸易委员会（ITC）会考虑企业在厂房、设备、劳动力和资金等方面的投资情况。在专利侵权案件中，只需起诉方提供专利注册号及相关材料便可立案；而在著作权侵权案件中，起诉人需要证明著作权的存在和侵权事实，因而相对较少。同样，商标和半导体芯片模板的侵权案件也不多，主要集中在专利方面。

在非知识产权方面，违反"337条款"的行为包括不公平的竞争方法和不公平的进口与销售行为。这些行为必须对美国同类工业构成威胁或造成实际损害。判断标准包括进口数量、市场份额、销售价格、雇员数量、市场需求等多个因素。ITC的调查范围广泛，包括欺骗性进口行为、行贿行为、限制商业竞争行为、冒名顶替行为、原产地造假行为以及不公平模仿和商业秘密盗用等。

若美国企业认为进口产品违反了"337条款"，可以向ITC提起诉讼。诉状需要详细列明被告信息、事实依据和请求的保护措施（如全面禁止进口或禁售已进口产品等）。ITC不主动提起调查，但一旦受理，便会指定调查律师代表公众利益参与调查和诉讼。被告需要对诉状作出详细答辩，否则可能被视为默认。诉讼程序包括调查、审理和判决阶段，通常为期12~18个月。这期间，ITC可以根据初步调查结果决定是否采取临时保护措施。ITC在审理案件时，还需要考虑公众利益、对健康和安全的影响、对经济竞争力的影响、对同类产品的影响及消费者的利益。即便作出禁止进口的判决，ITC主席仍可基于公共政策原因否决此决定。当案件事实成立且无法调解时，ITC可支持原告的请求，被告可上诉至美国联邦巡回法院。

二、TRIPS协议对我国对外贸易的影响

加入TRIPS协议对我国对外贸易产生了深远的积极作用，也带来了一定的挑战。在积极影响方面，TRIPS协议的实施为我国吸引外资提供了有利条件，这对于作为发展中国家的我国来说至关重要。随着经济全球化的加速，我国经济建设对外资的依赖性在一定程度上增强，尤其是在技术引进和产业结构调整方面。TRIPS协议确立的知识产权保护机制，不仅增强了境外投资者的信心，也为我国企业提供了学习和吸收境外先进技术的机会，从而加速了产业升级和经济增长。

此外，TRIPS协议强化了知识产权的国际保护，为我国拥有自主知识产权的产品进入国际市场提供了保障。这有利于改变以往我国出口以劳动密集型产品为主的局面，提升我国产品在国际市场上的竞争力和附加值，激发了企业创新和研发的积极性，推动知识产权密集型产品的出口增长。

然而，TRIPS协议也给我国带来了挑战和风险。由于该协议主要是由发达国家推动和制定，因此在一定程度上可能不利于发展中国家的利益。在知识产权保护标准提高的背景下，我国企业在自主知识产权的研发和保护方面面临更大的挑战。同时，TRIPS协议的实施也加剧了国际贸易中的知识产权竞争。我国企业在参与国际市场竞争时，不仅要应对技术落后的问题，还要面对来自发达国家的知识产权竞争压力，这可能会限制我国企业的市场准入和发展机会。另外，TRIPS协议增加了知识产权纠纷的风险。由于国际贸易中知识产权保护标准的提高，我国企业在出口过程中更容易遭遇知识产权侵权的指控，特别是来自发达国家的调查和诉讼，这不仅给企业带来了法律风险，也增加了贸易成本，影响了我国对外贸易的稳定发展。

我国需要在继续利用TRIPS协议带来的机遇的同时，加强自主创新能力，提高知识产权保护和管理水平，以更好地应对国际市场的竞争和挑战。

面对美国"337调查"，平衡车何以接连胜诉

2014年，平衡车作为一种新兴的交通工具迅速崛起，引起了全球市场的关注。然而，中国企业在进入国际市场时遇到了重大的法律挑战，尤其是美国对中国平衡车企业发起的"337调查"。杭州骑客智能科技有限公司（以下简称骑客）在这场法律风波中，成为应对"337调查"的典型代表，其应对策略和最终胜利为中国企业提供了宝贵的经验。

"337调查"是美国国际贸易委员会（ITC）根据《1930年关税法》第337条款对进口产品是否侵犯美国知识产权进行调查的一种法律程序。这类调查主要针对专利、商标、版权等知识产权侵权行为，一旦成立，相关产品将被禁止进入美国市场。平衡车作为新兴产品，迅速占领了市场，但也因此成为专利纠纷的高发区。美国锐哲公司和赛格威公司指控包括骑客在内的多家中国平衡车企业侵犯其专利权，要求ITC进行调查。

面对指控，骑客没有选择回避，而是积极应诉。骑客认为，一旦放弃应诉，不仅会失去美国市场，还会影响企业的国际声誉。骑客聘请了专业的美国飞翰律师事务所团队进行辩护，确保法律程序的专业性和有效性。

同时依托自身的专利储备，建立了强大的专利池，为应对诉讼提供了有力的支持。专利储备不仅是企业技术创新的体现，更是应对国际专利诉讼的有力武器。在应诉过程中，骑客与律师团队紧密配合，针对原告的专利提起了多项无效抗辩，逐一击破原告的专利主张。同时，骑客还积极收集和提供大量的证据，证明其产品并未侵犯原告的专利权。在长达多年的法律攻防中，骑客表现出高度的专业性和坚韧不拔的精神，最终在ITC的裁决中获胜，判定没有侵犯原告专利权。这一结果不仅保住了骑客的美国市场，也为整个中国平衡车行业提供了宝贵的应对经验。

骑客的成功应对策略给其他企业带来了诸多启示。首先，面对国际法律纠纷，企业应积极应诉，维护自身合法权益。其次，专业的法律团队和充足的专利储备是企业应对国际市场挑战的重要保障。企业在注重产品创新的同时，应积极进行专利布局，建立完善的专利保护体系。此外，行业内的协同合作也非常重要，通过行业协会或联盟的形式，共同应对国际市场的挑战，可以增强企业的整体竞争力。

资料来源：吴晓文.面对美国"337调查"，平衡车何以接连胜诉[EB/OL].[2025-01-19].https: //news.hbtv.com.cn/p/933402.html，部分节选，有改动。

华大智造与因美纳境外系列知识产权案

华大智造（MGI）是中国基因测序设备生产商，因美纳（Illumina）则是总部位于美国的全球最大的基因测序设备生产商。自2019年以来，因美纳及其子公司在全球范围内对华大智造发起了一系列专利、商标侵权诉讼。这些诉讼案件涉及美国、德国、法国、英国、瑞士、西班牙、比利时、丹麦、芬兰等多个国家或地区，总计超过20起，涵盖了专利侵权、商标侵权和不正当竞争等知识产权相关争端。

2022年7月15日，华大智造及其关联公司宣布，与因美纳就美国境内的所有未决诉讼达成和解。根据和解协议，双方不再对加州北部地区法院和特拉华州地区法院的诉讼判决结果提出异议。因美纳向华大智造子公司CG支付3.25亿美元的净赔偿费，同时，华大智造将撤销在加州北部地区法院对因美纳的反垄断诉讼。因美纳将获得华大智造及其子公司CG的"双色测序技术"系列专利授权。双方还同意，未来三年内在美国境内不再就专利侵权以及违反美国反垄断法或不正当竞争对对方及其客户提起诉讼，也不对现有测序平台可能造成的损失进行索赔。

华大智造与因美纳在美国市场的和解，充分展示了中国企业在拓展海外市场过程中所面临的挑战和应对策略。企业不仅需要拥有自主知识产权，还要提前做好海外知识产权布局，积极应对可能发生的海外知识产权纠纷。这一案例为其他中国企业提供了宝贵的经验，强调了在全球化竞争中，知识产权保护与布局的重要性，以及通过法律手段维护自身权益的必要性。

第三节 案例精解一：美国诉中国影响知识产权保护和执行的措施（DS362）

一、案件引入

申诉方：美国。

被申诉方：中国。

第三方：阿根廷、澳大利亚、巴西、加拿大、欧盟、印度、日本、韩国、墨西哥、中国台北、泰国、土耳其。

《中华人民共和国著作权法》（以下简称《著作权法》）于1990年9月7日第七届全国人民代表大会常务委员会第十五次会议通过，根据2001年10月27日第九届全国人民代表大会常务委员会第二十四次会议《关于修改〈中华人民共和国著作权法〉的决定》修正，并于公布之日开始施行，其中第四条规定：依法禁止出版、传播的作品，不受本法保护。美国认为，中国拒绝对未获授权的、在中国境内出版或发行的作品提供保护使得中国在知识产权领域存在不公平贸易的嫌疑。此外，美国还认为《中华人民共和国刑法》《最高人民法院、最高人民检察院关于办理侵犯知识产权刑事案件具体应用法律若干问题的解释》《最高人民法院、最高人民检察院关于办理侵犯知识产权刑事案件具体应用法律若干问题的解释（二）》中对商业规模的定义和门槛设定可能过于宽泛或不足以有效打击故意假冒商标或盗版行为；《中华人民共和国知识产权海关保护条例》《中华人民共和国海关关于〈中华人民共和国知识产权海关保护条例〉的实施办法》《中华人民共和国海关总署公告第16号》所规定的没收侵权货物的措施与TRIPS协议所规定的义务不一致。

2007年4月10日，美国就中国所实施的某些有关知识产权保护和执行的措施提出WTO争端解决机制项下的磋商请求。2007年8月13日，美国要求成立专家组。2007年9月25日，专家组正式成立。2007年12月3日，专家组组成。2009年1月26日，专家组报告分发给各方。

二、专家组的分析与结论

1. 根据《伯尔尼公约（1971）》第2条第6款提出的索赔，并纳入TRIPS协议第9条第1款

美国根据《伯尔尼公约（1971）》第2条第6款①提出索赔，并将其纳入TRIPS协议第9条第1款的适用范围。美方认为，中国的行为造成版权法中的排除规定，导致某些作品无法获得版权保护，这违反了《伯尔尼公约（1971）》的规定。专家组认为，美国提出的《伯尔尼公约（1971）》第2条第6款项下的索赔未能明确列出，也未能在争端解决程序中得到澄清。因此，专家组认为此索赔不属于其职权范围。

2. 根据《伯尔尼公约（1971）》第5条第1款②提出的索赔，并纳入TRIPS协议第9条第1款

美国认为《著作权法》从形式上否定了对特定类别作品给予"立即、自动"的保护，进而使得此类作品无法享有《著作权法》第10条所列举的权利以及《著作权法》第46条和第47条依法规定的救济方法。中国首先反驳称：美国的说法是基于一种错误的观点。

专家组首先审查了《著作权法》第一章法律文本的有关措辞。《著作权法》第1条规定了本法的目的，包括保护文学、艺术和科学作品作者的著作权以及与著作权有关的权益。《著作权法》第2条第1款与第2款分别说明了该法律对中国公民、法人或非法人及对外国公民适用情况。其中，《著作权法》第2条第2款与第4条第1款之间存在明确联系，第2条第2款规定：外国人、无国籍人的作品首先在中国境内出版的，依照本法享有著作权；而第4条第1款在使用相同措辞的基础上增加了否定词，规定某些作品"不受本法保护"，这表明第4条第1款否定了第2条第2款所授予的权利。《著作权法》所提供的保护在第二章第一节"著作权人及其权利"得以体现，其中包括第10条所列的所有权利。因此，专家组支持美国的观点，认为《著作权法》第4条第1款否认第10条对某些作品的保护。

专家组认为这一解释与中国最高人民法院在1998年国内诉讼过程中所表达的观点一致，证据来自中国最高人民法院在2000年公布的发给省级高级人民法院的信函。信函内容澄清了第4条第1款适用于因内容而禁止出版和传播的情况。《内幕故事》原刊于《炎黄春秋》杂志1994年第2期，其出版违反了行政法规，但其内容并未违

---

① 该条款规定：本条所提到的作品在本同盟所有成员国内享受保护。此种保护系为作者及其权利继承人的利益而行使。

② 该条款规定：就享有本公约保护的作品而论，作者在作品起源国以外的本同盟成员国中享有该国法律现在给予和今后可能给予其国民的权利，以及本公约特别授予的权利。

反任何法律。因此，法院的判决书认定一审和二审法院对其进行著作权法保护是正确的。因此，《著作权法》第4条所称"依法禁止出版、传播的作品"，是指内容非法（反动、淫秽、迷信）的作品。在第二次实质性会议后，中国提出《著作权法》第4条第1款否定了"保护"，但基本的"版权享有"或"权利"仍将继续存在。《著作权法》第4条第1款并没有导致对"版权"的否定，而只是对"版权保护"的否定。该条款的作用不是消除版权，而是否认私人版权执行的特定权利。美国则反驳称这种区别是人为的。专家组认为中国所做将"版权"与"版权保护"区分开来的论点是不恰当的。首先，中国将第4条第1款的"保护"等同于执行权，但没有提供适当依据将其局限于《著作权法》保护的一部分。其次，专家组认为即使这种划分在形式上的价值可接受，依旧很难想象在有关机关基于作品性质和《著作权法》否定对作品的版权保护之后，版权会不受干扰地继续存在。最后，中国在否定《著作权法》第4条第1款下的版权保护后，并未解释作者在何种意义上享有著作权或者作品中的版权存在。在这种情况下，如果根据《著作权法》第2条存在版权，那么它只是一种无法被证明存在的虚幻权利。因此，在本案中专家组无法支持中国的观点，将"版权"与"版权保护"区分开来。综上所述，专家组认为中国的辩驳和所提交的证据均不足以改变其根据《著作权法》得出的结论。

美国根据《伯尔尼公约（1971）》第5条第1款[①]提出索赔，并将其纳入TRIPS协议第9条第1款的适用范围。因此专家组首先评估了该案涉及有关知识产权的哪些权利。《伯尔尼公约（1971）》第5条第1款强调了公约保护的两组权利，即"它们各自的法律现在或今后可能赋予其国民的权利"以及"本公约特别赋予的权利"。对于后者，该公约中没有给出明确定义，涉及权利规定的具体条款有：第6条之二、第8条、第9条、第11条之二、第11条之三、第12条、第14条之二和第14条之三。由于《伯尔尼公约（1971）》运作必须遵守TRIPS协议第9条第1款的规定，因此被纳入《伯尔尼公约（1971）》第5条第1款的"本公约特别授予的权利"不包括《伯尔尼公约（1971）》第6条之二所提及的权利。专家组回顾其在前面的裁定，即根据《著作权法》第4条第1款被拒绝保护的作品类别包括未通过内容审查的作品，以及在构成版权作品的情况下，为满足内容审查而编辑的作品的删除部分。此外，在专家组阐释第4条第1款中对"作品"的定义时，特别回顾了我国《著作权法》第3条，最终经审定，专家组认为该法律所称的作品不完全包括文学、艺术、自然科学、社会科学和工程技术作品等，我国《著作权法》第4条第1款所适用的"作品"比《伯尔尼公约（1971）》第2条和第2条之二的其他规定可以拒绝或限制保护的"作品"更为广泛。基于上述原因，专家组认为我国《著作权法》第4条第1款在形式上足以被证明与《伯尔尼公约（1971）》第5条第1款不一致。

① 该条款规定：本条所提到的作品在本同盟所有成员国内享受保护。此种保护系为作者及其权利继承人的利益而行使。

3. 我国《著作权法》是否违反了TRIPS协议第41条第1款

美国认为中国未能确保其版权执行程序可用，因此违反了TRIPS协议第41条第1款的要求。中国回应称其版权执行程序是可施行的，由《著作权法》第五章贯彻实施。

专家组认为，美国基于TRIPS协议第41条第1款提出的索赔是由于中国对针对受《伯尔尼公约（1971）》保护的作品的侵权行为缺乏强制执行程序。而在《伯尔尼公约（1971）》框架下的侵犯版权行为被视为侵犯TRIPS协议所涵盖的知识产权的行为。TRIPS协议第41条第1款要求各成员确保有执行程序防止侵权，并在不对合法贸易造成障碍的情况下起到威慑作用。我国《著作权法》第五章概述针对版权侵权的执法程序，包括停止侵权的命令、损害赔偿、没收侵权产品和临时措施。我国《著作权法》第五章的第46条和第47条，规定侵权行为的民事责任，然而，其范围不及TRIPS协议第三部分所规定的广泛。TRIPS协议第三部分规定的执行程序包括一系列救济措施，当《著作权法》第4条第1款规定的版权保护被拒绝时，权利人无法使用有关救济措施。而各成员必须使TRIPS协议第三部分规定的执行程序可供权利持有人使用，无论它们选择实施任何其他程序。因此，专家组得出结论认为，我国《著作权法》与TRIPS协议第41条第1款规定的义务不一致。

4. 是否违反了TRIPS协议第61条

美国声称中国不适用刑事程序和处罚的蓄意商标侵权和版权盗版案件属于"商业规模"。该主张基于两个"根本问题"，一是中国所采取的措施在特定程度上消除了整个类别的商标侵权和盗版行为面临刑事起诉和定罪的风险；二是执法官员无视商标侵权和盗版的其他迹象。考虑到美国的主张，专家组的审查将分为两个方面进行：一方面，专家组将审查中国的处罚"门槛"是否过高，以至于无法对所有符合"商业规模"的案件起到威慑作用；另一方面，专家组将评估美国所提出的其他因素是否能被中国的处罚"门槛"考虑进去，如果不能，那么中国所采取的措施是否符合TRIPS协议第61条的要求。专家组认为，尽管中国的刑事措施在侵权行为未达到一定金额的营业额、利润、销售量或侵权产品数量的数值门槛时，排除了某些版权和商标侵权的刑事责任，但仅凭这一事实并不足以认定违反了TRIPS协议所规定的义务，特别是考虑到TRIPS协议第61条的内涵，即不要求各成员将所有版权和商标侵权都定为刑事犯罪。此外，专家组认为，TRIPS协议第61条中的"商业规模"意味着"与特定市场上某种产品相关的典型或常见商业活动的大小或程度"。美国提供的事实证据不足以显示当该标准应用于中国市场时，被排除在刑事责任之外的案件是否符合TRIPS协议对"商业规模"的标准。

■ 三、案件评述

本案是TRIPS协议框架下中国作为被诉方的第一例案件，争端涉及的主要措施为：一是，中国刑法以及有关最高人民法院解释对侵犯知识产权的行为的处罚；二是，《中华人民共和国知识产权海关保护条例》及相关实施办法对海关没收的侵权货物的处理；三是，中国《著作权法》拒绝对未经授权的作品进行保护或允许其在中国境内分销。专家组对 TRIPS 协议第 59 条作出裁定，认为中国的海关措施不适用于 TRIPS 协议第 51 条至 60 条所规定的出口部分。而对于进口来说，虽然拍卖货物并未被第 59 条禁止，但专家组认定中国海关拍卖这些货物的方式与第 59 条不一致。针对 TRIPS 协议第 9 条第 1 款和 TRIPS 协议第 41 条第 1 款的分析，专家组发现，由于中国没有保护因非法内容被禁止的作品的版权，使得被禁止的版权无法得到执行，这一措施与《伯尔尼公约（1971）》第 5 条第 1 款的规定、TRIPS 协议第 9 条第 1 款以及第 41 条第 1 款的规定不一致。但专家组也同时认为，美国未能证明中国有关拍卖规定影响了海关销毁货物的权力，且美国未能提供充分证据证明中国知识产权犯罪刑事门槛不符合 TRIPS 协议的规定。

美国诉中国影响知识产权保护和执行的措施（DS362）案是中美贸易关系中的一个关键节点，它不仅凸显了中国在知识产权保护方面所面临的挑战，也反映了国际社会对知识产权保护的共同关注。虽然本案专家组最后所作出的裁决不完全有利于中国，但我国仍可以从专家组所遵循的裁决思路中吸取教训，以此增进对有关国际法的理解，以积极的态度迎接未来文化贸易纠纷的挑战。该案促使中国加强了知识产权法律体系的建设，提高了法律的透明度和执行力度，同时也推动了国际知识产权保护标准的提升。

案例思考

1. 如何理解《伯尔尼公约（1971）》第 2 条第 6 款与 TRIPS 协议第 9 条第 1 款之间的关系？

2. 专家组为什么认为美国提出的《伯尔尼公约（1971）》第 2 条第 6 款的索赔不属于其职权范围？

3. 专家组是如何评估我国《著作权法》第五章与 TRIPS 协议第 41 条第 1 款的一致性的？

数字资源 10-1
相关协议条款

第四节　案例精解二：卡塔尔诉沙特阿拉伯有关知识产权保护的某些措施（DS567）

一、案件引入

申诉方：卡塔尔。

被申诉方：沙特阿拉伯。

第三方：澳大利亚、巴林王国、巴西、加拿大、中国、欧盟、印度、日本、韩国、墨西哥、挪威、俄罗斯、新加坡、中国台北、土耳其、乌克兰、阿联酋、美国、也门。

beoutQ是一家总部位于沙特阿拉伯的盗版卫星电视平台。2017年以来，beoutQ开始非法转播国际体育赛事，包括足球、篮球、网球等各种体育项目。尽管其提供了高质量的转播内容，但beoutQ没有获得任何正式授权，也没有支付版权费用，因此其活动被广泛认为是侵权行为。beIN是一家总部位于卡塔尔的体育媒体公司，其业务涉及体育转播、付费电视和数字媒体服务。beIN在全球范围内拥有广泛的体育转播权，包括世界杯、欧洲足球联赛、国际篮球联赛等顶级赛事。beIN通过卫星和有线电视网络向观众提供高质量的体育内容，并与许多体育组织、俱乐部和联盟建立了合作关系。由于beoutQ以未经授权的方式进行电视转播，严重损害了卡塔尔beIN的利益，引起了卡塔尔的不满。

2018年10月1日，卡塔尔要求就沙特阿拉伯未能提供充分的知识产权保护的争端与沙特阿拉伯进行磋商。2018年11月9日，卡塔尔请求成立专家组。2018年12月4日，DSB推迟了专家组的成立。2018年12月18日，专家组成立。2019年2月18日，总干事专家组组成。2020年6月16日，专家组报告向各方传达。2020年7月28日，沙特阿拉伯通知DSB，其决定就专家组报告中某些法律问题和法律解释向上诉机构提起上诉。2021年12月29日，沙特阿拉伯通知DSB，确认暂停本争端案件的上诉程序。根据2021年1月5日签署的《阿尔乌拉宣言》，沙特阿拉伯暂停采纳专家组报告的程序。2021年12月31日，卡塔尔向DSB表示，卡塔尔已收到沙特阿拉伯于2021年12月29日的信函，要求暂停本争端案件的上诉程序，并同意根据《阿尔乌拉宣言》的规定暂停上诉程序。

二、专家组的结论与建议

1. TRIPS协议第一、第二和第三部分的索赔

关于TRIPS协议第一部分，卡塔尔根据TRIPS协议第3.1条和第4条提出索赔，侧重于民事和刑事执法方面的歧视性待遇。在卡塔尔看来，由于沙特阿拉伯所采取的有关措施对卡塔尔公民执行知识产权的能力限制极为严重，实际上剥夺并消除了beIN在TRIPS协议第二部分下的实质性权利。对于TRIPS协议第三部分，卡塔尔提出：TRIPS协议的第42条和第61条涵盖了知识产权执行的不同方面（即民事/行政执法与刑事执法），内含着成员需要遵守的不同义务。卡塔尔主张，根据TRIPS协议第三部分的违规裁定与针对第一部分的索赔不重复，专家组不仅需要考虑TRIPS协议第二部分和第三部分的索赔，还要考虑TRIPS协议第一部分的独立索赔。除TRIPS协议第61条外，沙特阿拉伯没有对卡塔尔在第一、第二和第三部分提出的索赔进行回应。相反，沙特阿拉伯表示，只有在有充分证据和需要的情况下，才会执行知识产权法。在没有证据和相关权利持有人合作的情况下，不能指望成员对刑事指控采取行动。

专家组认为，双方达成共识的观点是，沙特阿拉伯的版权法和实施的条例确保

了与本案相关的TRIPS协议第二部分中规定的所有专有权；卡塔尔的索赔更多地涉及TRIPS协议第三部分中的执法义务，而不是第二部分中的义务。因此，专家组的审查将从TRIPS协议第三部分的索赔开始，然后根据对第三部分的调查结果来处理第一部分和第二部分的索赔。关于卡塔尔在第三部分提出的三个不同主张的分析，专家组将重点讨论根据TRIPS协议第41.1条和42条提出的主张，因为两者都针对阻碍了beIN访问民事执行程序的措施。接着，专家组将处理根据TRIPS协议第61条提出的关于商业规模上故意侵犯版权而不适用刑事程序和罚款的主张。

专家组首先指出，就TRIPS协议第41.1条和42条的目的而言，beIN无疑是一个"权利持有人"。beIN在获取由主要国际权利持有人制作的内容的许可证方面进行了大量投资，并获得了在中东北非地区（包括沙特阿拉伯）广播主要体育赛事的独家权利，授予他人广播的权利。此外，beIN被授权的体育广播构成《伯尔尼公约（1971）》中的"受保护作品"，并且属于《沙特阿拉伯版权法》第1条对"视听作品"的定义范围，在版权法下受到保护。此外，beIN通常也拥有由beIN制作的比赛/活动评论、采访、beIN标志和音乐作品等的版权，以及广播组织享有的相关权利。在特定情况下，即使beIN不是权利持有人也有权根据《沙特阿拉伯版权法》采取行动。

专家组首先对beIN和beoutQ与本案相关的事实进行审查。专家组注意到，沙特阿拉伯在辩驳卡塔尔的控诉时指出卡塔尔仅凭断言，而无法证实拥有某些内容的广播权利的事实。但专家组回顾了首次提交中卡塔尔方的相关证据，包括但不限于以下几点。第一，beIN作为权利所有者的受保护作品或相关权益的例子；第二，许可协议的例子，使得beIN能够根据《沙特阿拉伯版权法》对所称侵权作品或相关授权权益采取行动；第三，关于特定广播中侵犯的受保护作品或相关权益类别的解释，如beoutQ对2018年世界杯比赛的播放；第四，对beIN首次播放后立即被beoutQ盗版并重新播放的部分体育赛事或电视节目的并排屏幕截图。因此，专家组认为，卡塔尔所提交的相关证据已经补充完整。同时，沙特阿拉伯采取了直接或间接的措施，导致beIN无法在沙特的法院和仲裁庭前通过民事强制程序维护其知识产权。由于beIN符合TRIPS协议第42条的权利持有人定义，所以沙特阿拉伯的行为与第42条中的"独立的法律顾问代表出庭"相矛盾。基于这些理由，专家组得出结论，沙特阿拉伯违反了TRIPS协议第42条的规定。

卡塔尔还对TRIPS协议第41.1条提出了额外的索赔。专家组认为，违反TRIPS协议第42条规定的义务，即允许当事方"由独立法律顾问代表"，导致了对TRIPS协议第41.1条规定"保证其国内法中包括关于本部分规定的实施程序"的义务的连带违反。综上所述，沙特阿拉伯采取了直接或间接导致beIN无法在沙特阿拉伯法院和仲裁庭进行民事执行程序来维护其知识产权的措施，违反了TRIPS协议第42条和第41.1条所规定的义务。

对于TRIPS协议第61条，卡塔尔主张沙特阿拉伯违反了"各成员应规定至少将适用于具有商业规模的蓄意假冒商标或盗版案件的刑事程序和处罚"条款下的义务。在专家组看来，TRIPS协议第61条的义务并不能仅通过制定正式书面法律来履行，更需要各成员采取对故意商业盗版进行刑事程序和处罚的行动。当另一个成员的书面法律规定了对故意侵犯版权案件采取刑事处罚和程序，但在实际中其当局实施法律的方式上与第61条的规定不一致时，上诉方承担举证责任。

专家组认为，beoutQ的行为构成"具有商业规模的蓄意假冒商标或盗版"的行为。beoutQ最初在网上播放盗版内容，然后扩展到在沙特阿拉伯和其他国家零售beoutQ品牌的机顶盒以接收盗版内容的卫星广播；还提供访问IPTV应用程序的机会，提供全球数以千计的盗版电影、电视节目和电视频道。有报道称，beoutQ机顶盒和订阅服务已经在沙特零售市场广泛普及。除了销售机顶盒和提供订阅服务以外，beoutQ在其10个盗版频道上出售广告时段，有着高昂的广告费。卡塔尔提交的证据显示，自2018年3月12日以来，beoutQ盗版并重播了33488项体育赛事和3447集电视节目；15个体育赛事或电视节目仅在beIN上播放几秒后就被beoutQ重播；在某些视频中，仍可以看到beIN标志的水印。

首先，专家组将beoutQ的行为定性为"蓄意"，因为考虑到侵权人的意图方面，beoutQ唯一的业务是以商业规模提供非法盗版内容，不能被认为以无意的方式侵犯第三方版权。而后，专家组对沙特阿拉伯是否提供了"刑事程序和处罚"进行裁定。专家组发现，沙特阿拉伯尚未确定将对beoutQ商业规模的侵权行为实施惩罚。沙特阿拉伯对此的解释是，当局之所以没有采取行动，是因为它们没有收到可靠的证据。然而，专家组认定，卡塔尔已经建立起了初步证据，证明beoutQ是由受沙特阿拉伯刑事管辖的个人或实体经营的。此外，专家组发现，beIN和其他外国权利持有人多次向沙特阿拉伯当局发送详细证据，告知beoutQ涉嫌盗版。而沙特阿拉伯当局不仅没有采取行动对beoutQ适用刑事程序和处罚，还通过播放beoutQ未经授权的2018年世界杯比赛来促进公众集会。专家组注意到，正如某些媒体报道所反映的，沙特阿拉伯声称其当局已采取行动查封beoutQ的机顶盒，从而承认beoutQ正在从事非法活动。但沙特阿拉伯并没有提出此类扣押是TRIPS协议第61条意义上的"刑事程序和处罚"，也没有表示该行动与beoutQ的盗版行为有关。相反，此行动据沙特阿拉伯称，其当局查封beoutQ的依据与当局查封beIN的依据相同，即它们没有执照。因此，专家组认为，这种扣押不可能履行根据TRIPS协议第61条规定的对beoutQ商业规模的盗版行为适用刑事程序和处罚的义务。

在审议完前述的所有证据后，专家组得出结论，沙特阿拉伯的行为不符合TRIPS协议第61条下的义务。

卡塔尔在其最初的书面陈述中对TRIPS协议第3.1条和第4条进行解释，还详细分析了《伯尔尼公约（1971）》第9条、第11条、第11条之二和第11条之三以及TRIPS协议第14.3条所规定的义务。然而，专家组提醒，WTO争端解决机制的目的不是在解决具体争端的范围之外制定新的法律或澄清WTO协定的现有条款，而是只需处理解决手头问题所必需的索赔。卡塔尔在第一部分下的额外索赔是基于卡塔尔国民据称无法获得民事和刑事补救措施来执行其知识产权权利。但是，卡塔尔和其他缔约方没有解释，如果沙特阿拉伯遵守TRIPS协议第三部分关于反同情措施和不适用刑事程序和处罚的义务，第3条和第4条规定的任何潜在歧视将如何继续存在。由于专家组已经认定反同情措施、不适用刑事程序和处罚违反了 TRIPS 协议第 41.1 条、第 42 条和第 61 条，因此专家组认为没有必要对卡塔尔关于这些措施违反 TRIPS 协议第 3.1 条和第 4 条的额外主张作出调查结果。

2. 有关事项是否符合 TRIPS 协议第 73（b）（ⅲ）条中的安全例外

沙特阿拉伯援引了 TRIPS 协议第 73（b）（ⅲ）条中的安全例外进行辩驳。根据前面专家组的分析结论，在接下来的审查中，专家组将分析导致 beIN 无法在沙特阿拉伯法院通过民事执行程序维护其知识产权（即反同情措施）和沙特阿拉伯拒绝对 beoutQ 采取刑事程序和惩罚的措施，是否构成"在战时或国际关系中的其他紧急情况下采取的行动"。

沙特阿拉伯指出，其已经与上诉方断交，并中断了所有的外交和经济联系，这是国际关系紧急情况存在的终极表达方式；自 2017 年 6 月以来，由于卡塔尔背弃《利雅得协议》并继续采取被该协议认定为威胁海湾合作委员会成员安全和稳定的行动，外交关系（国际关系）紧急情况一直存在。此外，还有其他国家承认存在这种国际关系紧急情况，并对上诉方采取了类似措施。卡塔尔不同意沙特阿拉伯关于存在"国际关系紧急情况"的论点，认为 2017 年 6 月断交事件"仅仅是政治或经济"争端，并不足以构成紧急情况；对于沙特阿拉伯辩称 2017 年 6 月断交本身引发了理由充分的"紧急情况"，从而使得全部外交和经济联系的断裂，这种论点是不合逻辑的，并且会使 TRIPS 协议第 73（b）（ⅲ）条规定的条件变得多余。

TRIPS 协议第 73（b）（ⅲ）条的措辞与 GATT 1994 第 XXI（b）（ⅲ）条完全相同，该条款首次在"俄罗斯-过境交通"案中得到解释，同时"俄罗斯-过境交通"案为该条款的解释搭建了一个基本分析框架。具体而言，专家组可以通过以下几个方面对 TRIPS 协议第 73（b）（ⅲ）条的一致性问题进行评估。其一，是否处于 TRIPS 协议第 73（b）（ⅲ）条"在战时或国际关系中的其他紧急情况"，在"俄罗斯-过境交通"案中，专家组认为，术语"国际关系中的紧急情况"通常指的是，武装冲突、潜在武装冲突的局势，或高度紧张、危机的局势，或笼罩、围绕一个国家的普遍不稳定局势。这些情况会给成员带来特定类型的利益，"政治"和"经济"冲突有时可能在政治意义上被认为是"紧急"和"严重"的，但除非这些冲突引起防御和军事利益、维护法律和公共秩序利益，否则这些冲突将不会成为 GATT 1994 第 XXI（b）（ⅲ）条所指的国际关系中的紧急情况。其二，相关行动是否是"在战时或国际关系中的其他紧急情况"采取的；"俄罗斯-过境交通"案专家组审查了第（b）款的引语"行动"与第（ⅲ）款中"在战时或国际关系中的其他紧急情况"之间的连接，即该引语"要求在战争或其他紧急国际关系期间采取行动"。其三，援引方是否充分阐明其相关的"根本安全利益"，在"俄罗斯-过境交通"案中，专家组需要评估被诉方是否已充分说明其对第（b）款总则中所指的"根本安全利益"的看法。另外，根本安全利益一般涉及与国家的基本职能有关的利益，即保护领土和人民免受外部威胁以及维护内部的法律和公共秩序。一般而言，各成员都有权界定其认为是其本质安全利益的内容。但自由裁量权受制于其以善意解释原则和GATT 1994第XXI（b）（iii）条的义务。其四，相关行动是否与"战时或国际关系中的其他紧急情况"过于疏远或无关。在"俄罗斯-过境交通"案中，专家组指出，善意原则不仅适用于被诉方对根本安全利益的阐述，还适用于相关措施与这些利益之间的关联。专家组必须确定争议措施与紧急情况之间是否独立或无关，以至于不可能认为被诉方采取这些措施是为了保护其基本安全利益。

在本案中，争议双方与多个第三方对于上述分析框架中的首要步骤达成了共识。评估专家组需要评估是否已确定TRIPS协议第73（b）（iii）条中"在战时或国际关系中的其他紧急情况"的存在性问题。在该专家组看来，评估被诉方是否满足第（iii）款中的情况必须"客观进行"，而不是由成员自行决定。

第一个要素的审议包括考虑两个问题：一是，争端双方是否存在国际关系紧急情况；二是，反同情措施、不适用刑事程序和处罚是否是在这种紧急情况下采取的。专家组将依次讨论TRIPS协议第73（b）（iii）条的这两个问题。

首先，专家组认为本争议情况下存在国际关系紧急的情况，并且与沙特阿拉伯的国防和军事利益、维护法律和公共秩序利益，即根本安全利益有关。专家组认为，自2017年6月5日起至今持续存在的国际关系紧急情况，这一结论是综合如下理由得来的。第一，2017年6月5日，沙特阿拉伯宣布与卡塔尔断交并终止双方的所有经济贸易关系。同天，沙特阿拉伯新闻通讯社报道了该行动及其原因为"根据国际法保障的主权权利和为了保护国家安全免受恐怖主义和极端主义威胁的影响"。专家组同意沙特阿拉伯的观点，即一个成员与另一个成员断绝所有外交和经济联系可以被视为国际关系紧急情况存在的终极表达，沙特阿拉伯与卡塔尔断交本身就显示了情况的严重性。第二，专家组回顾了两国断交的背景。沙特阿拉伯将其归咎于卡塔尔违背了旨在解决地区安全与稳定问题的《利雅得协议》，支持恐怖主义和极端主义，并干涉其他国家的内政。专家组对这些指控不表明立场，但这些指控的性质进一步证明了双方关系的严重恶化和断裂，并明确与沙特阿拉伯的安全利益相关。因此，专家组不接受卡塔尔认为导致断交事件的事态可以被描述为仅仅是政治或经济争端的观点。第三，专家组针对卡塔尔和日本提出的论点作出裁定，即将沙特阿拉伯与卡塔尔在2017年6月5日的断交事件视为既构成国际关系紧急情况，又构成沙特阿拉伯所认为的，为保护其基本安全利益所必要的行动可能导致循环推理并使其中一个元素变得多余。

其次，专家组认为，无须裁决是否某行动或事实情况能同时构成国际关系紧急情况和为保护基本安全利益所必要的行动，以及在该紧急情况下采取的程序问题。在本案中，根据TRIPS协议第73（b）条总则下的规定，审查的"行动"并非指发生在2017年6月5日的断交事件，而是指沙特阿拉伯具体的行为和过失。沙特阿拉伯被归责为与TRIPS协议不一致的行动包括：直接或间接导致beIN无法获得沙特阿拉伯合法顾问来执行其知识产权的民事执行程序；对beoutQ未采取刑事程序和处罚。

最后，卡塔尔提出的、各种形式尚处于存续阶段的合作，同沙特阿拉伯与卡塔尔之间的国际关系紧急情况并不矛盾。从2017年6月至今，外交、领事和经济关系的完全中断的基本情况未发生本质变化。因此，基于本争端的事实确定，本案存在"在战时或国际关系中的其他紧急情况"。

关于TRIPS协议第73（b）（iii）条的第二要素，由于自2017年6月5日以来，国际关系紧急情况一直存在，在专家组看来，只需指出beoutQ直到2017年8月才开始运营，使得在总则项下需要审查的行动是在国际关系紧急情况下采取的。事实的确如此。因此，专家组得出结论：争端事项确实是在"在战时或国际关系中的其他紧急情况"下采取的。

专家组注意到，沙特阿拉伯在这起争端中的立场是寻求保护沙特阿拉伯公民、政府、领土免受恐怖主义和极端主义威胁。沙特阿拉伯通过终止与卡塔尔以及两国人口和机构之间的任何直接或间接互动来实现这些重要的安全利益保护。沙特阿拉伯为此采取的一个行动是拒绝在WTO争端解决程序中与卡塔尔互动。另一个行动是终止或防止沙特阿拉伯公民与卡塔尔公民之间的任何直接或间接互动和接触。而对于导致beIN无法在沙特阿拉伯法院和法庭通过民事执行程序来执行其知识产权的措施，专家组面临的问题是反同情措施是否达到了最低限度的合理要求。因此，专家组必须审查反同情措施是否与国际关系紧急情况相关。

阻止卡塔尔beIN通过沙特阿拉伯法院获得民事救济的措施可以被视为沙特阿拉伯阻止与卡塔尔公民任何形式的互动为目标的综合政策的一部分。事实上，沙特阿拉伯可能会采取各种正式和非正式措施，以拒绝沙特阿拉伯律师代表与卡塔尔公民进行任何互动，这一点体现在2017年6月5日的"旅行禁令"中，该禁令旨在阻止卡塔尔公民进入或途经沙特阿拉伯，它属于沙特阿拉伯综合措施的一部分。作为附属考虑因素，专家组还注意到卡塔尔阻止律师代表beIN的反同情措施与2017年6月5日采取的综合措施之间的直接联系。沙特阿拉伯坚持认为，这些综合措施是其认为对根本安全利益进行保护所必需的行动，卡塔尔对此没有异议。基于上述考虑，专家组认为反同情措施在提供的保护根本安全利益的理由上满足最低合理性要求，即它们作为保护这些利益的措施是合理的。然而，就沙特阿拉伯当局对beoutQ不适用刑事程序和处罚与沙特阿拉伯当局根本安全利益之间的联系，却无法得出同样的结论。与反同情措施不同，专家组无法找到任何依据来断定将刑事程序和处罚应用于beoutQ需要来自沙特阿拉伯的实体与beIN或其他卡塔尔公民进行任何形式的互动。因此，沙特阿拉伯当局不对beoutQ采取刑事程序和处罚的做法与国际关系紧急状态之间的关系太过疏远或无关，以至于难以相信沙特阿拉伯实施这些措施是为了保护其根本安全利益。

综上所述，专家组认为，反同情措施与TRIPS协议第73（b）（iii）条是一致的，而沙特阿拉伯不适用刑事程序和处罚而引起的与TRIPS协议第61条的不一致，不符合援引TRIPS协议第73（b）（iii）条的要求。

三、案件评述

卡塔尔 beIN 是中东地区最大且最具有影响力的体育媒体品牌，长期以来享有包括欧洲杯、英超、法甲等体育赛事的垄断播放权。2017 年，沙特阿拉伯与卡塔尔两国外交关系恶化，地缘政治冲突升级。本案实质上是两国外交争端的延伸。沙特阿拉伯 beoutQ 与卡塔尔 beIN 协商破裂后，在未经授权的情况下，前者开始窃取 beIN 网站中的视频并进行电视转播。对于卡塔尔来说，这严重侵害其在 TRIPS 协议框架下的贸易权益。

在本案中，专家组裁定沙特阿拉伯与卡塔尔之间的关系符合 GATT 1994 第 21 条中所描述的"国际关系中的紧急情况"。本案中对"国际关系中的紧急情况"的判定沿用"俄罗斯-过境交通"案专家组的逻辑，考察是否因国际关系中的紧急情况产生了基本安全利益和争议措施是否与基本安全利益之间具有最低限度的合理性。此外，成员有权自行对"国际关系中的紧急情况"进行解释，但这种自由裁量权受到善意原则与 GATT 1994 第 21 条义务的限制，其客观性由专家组审查裁定。本案的裁决带来了重要启示，即各成员可以充分利用国际争端解决机制提供的机会，针对"国际关系中的紧急情况"提出符合世界贸易客观形势的解释方案，以推动未来更公平、更合理的贸易秩序的构建。

案例思考

1. 根据专家组的结论，沙特阿拉伯在哪些方面违反了 TRIPS 协议第 41.1 条和第 42 条？

2. 专家组是如何评估沙特阿拉伯对 beoutQ 不采取刑事程序和处罚是否违反 TRIPS 协议第 61 条的？

3. 沙特阿拉伯援引的安全例外条款，即 TRIPS 协议第 73（b）（ⅲ）条是否成立？专家组是如何分析这一问题的？

数字资源 10-2
相关协议条款

专业词汇

- 知识产权
- 工业产权
- 版权
- 《与贸易有关的知识产权协定》
- 商标
- 地理标识
- 工业设计

- 集成电路
- 集成电路布图设计
- 未披露信息
- 反竞争行为

思考题

1. 自行了解《与贸易有关的知识产权协定》遵循的基本原则，思考其用意。

2. 深入探究知识产权的范围、效力和保护标准，思考知识产权贸易与服务贸易和货物贸易的主要区别。

3. 对于发展中国家而言，加强知识产权保护可能带来的好处和挑战分别是什么？发展中国家应如何制定适合自己的知识产权保护策略？

4. 在保护知识产权的同时，如何避免对知识产权的过度保护而阻碍科技进步和创新？你认为应该采取哪些措施来平衡知识产权保护和科技进步的关系？

第十一章

数字贸易规则及其发展动态

在全球化的浪潮中,数字贸易如同一股不可阻挡的潮流,正在重塑着世界经济的版图。然而,对比数字经济的蓬勃发展,贸易规则的发展却显得步履蹒跚。本章将带领读者深入探讨WTO框架下的数字贸易规则,以及《全面与进步跨太平洋伙伴关系协定》(CPTPP)、《美墨加协定》(USMCA)等区域性贸易协定如何为数字贸易的未来描绘蓝图。

章首案例:DEPA与数字贸易规则

《数字经济伙伴关系协定》(Digital economy partnership agreement,DEPA)由新加坡、新西兰和智利三个国家签署,致力于解决数字化和数字贸易带来的新问题,促进无缝的端到端数字贸易,允许可信任的数据流动,构建数字系统的信任等。与传统的区域性贸易协定不同,DEPA的目的在于建立一种新型的数字经济参与形式,其本质是一个专注于数字经济领域的多边协定。作为首个专门的数字经济治理协定,它的存在可能涵盖传统自由贸易协定未涵盖的新兴领域,包括人工智能、可信数据流、端到端数字贸易、在线安全、数字身份等。

DEPA的条款包括商贸便利化、数字产品待遇及相关问题、数据问题、更广泛的信任环境、商业和消费者信任、数字身份、新兴趋势和技术、创新和数字经济、中小企业合作、数字包容、透明度和争议解决等多项内容。

中国正在积极推动加入DEPA的进程,这既将极大推动中国国内在数据流动、电子商务、知识产权保护等领域的改革,又将推动中国积极参与到数字经济国际规则的制定中,提升在数字经济全球治理中的影响力和话语权。中国于2021年11月1日正式提出加入DEPA的申请,2022年8月成立中国加入DEPA工作组。截至2024年2月,DEPA谈判方面已经完成了所有条款的初步探讨。总体来看,进展稳健。

第一节 WTO数字贸易规则的发展

自1995年成立以来,世界贸易组织(WTO)被视为全球贸易体系的核心机构,负责制定和执行国际贸易规则,促进成员之间的贸易自由化以及解决贸易争端。WTO通过其多边贸易谈判、争端解决机制和贸易政策审查机制,致力于推动全球经济一体化的稳定发展;同时,帮助发展中国家成员和最不发达国家成员通过贸易促进经济增长和社会发展,从而实现全球经济的均衡和包容性增长。2019年12月,WTO争端解决机制因上诉机构法官人数不足被迫陷入停摆;伴随2020年11月30日上诉机构最后一名成员任期届满离任,WTO恢复运行进一步受阻,多边贸易谈判陷入困境。[①]

WTO对数字贸易的讨论始于1996年新加坡部长级会议通过的《关于信息技术产品贸易的部长宣言》,该宣言明确提出各成员将逐步取消数字产品和服务电子传输的关税。从1996年至今,WTO就数字贸易和电子商务的议题进行过多轮谈判。[②] 但从历史进程和发展态势来看,WTO关于数字贸易的谈判进展缓慢且实质性产出较少,多边贸易体制下数字贸易规则的发展落后于数字贸易快速增长的实践。然而,尽管WTO没有就数字贸易达成新的协议,但是其现有的许多协议都可适用于数字贸易。[③]

《1994年关税与贸易总协定》(GATT 1994)作为WTO法律体系的基础性文件,可以为电子商务相关问题的探讨提供逻辑框架。将数字贸易视为货物贸易,则其部分适用GATT 1994,主要体现在如下几个方面。第一,市场准入、非歧视原则与国民待遇,GATT 1994要求成员对境外产品和服务提供市场准入并给予国民待遇,即不得对进口产品和服务实施比境内产品和服务更不利的待遇。这同样适用于电子商务交易,确保境外电子商务提供商不会受到不公平的待遇。第二,透明度原则,GATT 1994要求成员在制定和实施贸易政策时保持透明度,这意味着电子商务领域的相关法规和措施也应当公开透明,以便其他成员了解和遵守。第三,技术中立原则,

---

① 陈珂.世贸组织向何处去?[J].中国报道,2022(1):57-59.
② 在WTO的谈判实践中,电子商务与数字贸易的概念互通,并不做严格区分。
③ 汤霞.WTO数字贸易国际规则制定的最新态势及中国因应[J].大连理工大学学报(社会科学版),2023(6):85-92.

GATT 1994的规则通常被认为是技术中立的，这意味着协定中的承诺和义务适用于所有类型的技术，包括电子商务。因此，成员在电子商务领域的措施也必须遵守GATT 1994的规定。

《服务贸易总协定》（GATS）适用于电子商务的前提是将电子商务视为服务贸易，在这种情况下，GATS中电子商务法律规则主要包括以下方面。第一，电子商务的范围，电子商务适用GATS中的四种服务提供模式，即跨境交付、境外消费、商业存在和自然人流动四种模式。但从现实来看，电子商务作为一种新兴贸易形态，与服务贸易的框架并不完全重合，这使其进行模式的选择时常常十分困难，从而陷入自我矛盾之中。第二，最惠国待遇和国民待遇，GATS第2条和第17条分别规定了最惠国待遇原则和国民待遇，作为WTO贸易协定的一般义务和纪律，这些条款同样适用于电子商务实践。但两条规则所面临的共同问题是如何在网络环境下对"相同服务"进行界定（李晶，2022）。第三，透明度原则，GATS第3条"透明度"要求成员在服务贸易中承担信息披露和对机密信息进行保护的义务。在电子商务领域，成员应公布影响数字贸易的措施。第四，境内法规，GATS第6条"境内法规"适用于电子商务领域。要求成员确保其境内法规不会构成对服务贸易的不必要障碍。第五，一般例外和安全例外。GATS第14条提供了在特定情况下偏离GATS规定的灵活性，允许成员在保护公共道德、维持公共秩序、保护个人数据隐私等特定情况下采取限制性措施。这可以有效地保护隐私权并预防欺诈行为的发生。①

《与贸易有关的知识产权协定》（TRIPS协议）并未直接针对数字贸易设计专门的知识产权规则，但其部分条款可以适用于电子商务领域，这主要体现在以下几个方面。第一，版权保护，电子商务涉及大量的数字内容交易，如音乐、电影、软件、书籍等。TRIPS协议第10条明确要求成员对包括计算机程序和数据汇编的文学和艺术作品提供版权保护，并在此基础上规定了一系列的排他性权利与打击侵权行为的措施。第二，对域名的保护，域名与商标在法律上有一定的相似性。TRIPS协议第15条明确规定，任何标记或标记的组合，只要能够将一企业的货物或服务区别于其他企业的货物或服务，即能够构成商标。虽然域名与商标有区别，但立足于两者的相似性并结合TRIPS协议附件第7条允许成员"对协议进行修改或审查"，可以看出TRIPS协议从制度层面为数字贸易背景下知识产权保护条款的修订预留了空间。

《信息技术协定》（ITA）旨在降低信息技术产品的关税。ITA主要关注信息技术产品的贸易壁垒。它对电子商务领域有着直接影响，具体体现在：ITA规定对电子传输免征关税，这直接降低了电子商务平台及其用户在进行跨境电子商务时面临的成本障碍。

---

① 吕国民，莫万友. GATS中的电子商务法律规则研究[J]. 山西财经大学学报，2003（5）：108-112.

在WTO关于电子商务的谈判中，确定电子商务在WTO结构下的恰当分类是一个关键性议题。各成员基于自身的重点关切和实际利益选择各自谈判立场，存在较大分歧。本书基于各条款的特点将各成员的主要观点梳理如下：其一，以美国为代表的观点认为，电子商务主张适用于GATT 1994。一方面，美国认为GATT 1994的自由化程度较高，相比于其他贸易规则有利于贸易自由化，比如GATT 1994规定的贸易强制性适用国民待遇、禁止采取数量限制并包含较成熟的反倾销、反补贴和保障措施；另一方面，应用GATT 1994有助于确保WTO协定下的技术中立性原则得到遵守，并保持产品与服务分类的一致性。其二，以欧盟为代表的观点认为，电子商务主张适用GATS。一方面，欧盟认为GATS框架允许按不同分销模式进行自由贸易的特性，使得该框架在长远中更利于数字贸易的自由发展；另一方面，GATT 1994对货物分类所采用的"产品描述和代码的协调体系"不能为数字产品提供恰当的类别。其三，以日本为代表的观点主张混合管理。混合式方法主张数字化产品贸易适用GATS，但享有GATT 1994的市场准入待遇，各成员希望通过这种折中方案可以加快电子商务谈判进程。然而，在实际操作层面，GATT 1994与GATS的条款之间进行转换与对接时，存在较大的可行性问题。①②③

国际组织的数字贸易概念框架

2020年3月，经济合作与发展组织（OECD）、世界贸易组织（WTO）、国际货币基金组织（IMF）联合发布《数字贸易测度手册》（以下简称《手册》），首次正式确定数字贸易的统计定义，结合数字订购贸易和数字交付贸易两个关键标准，将数字贸易定义为"所有通过数字订购和数字交付的贸易"。2023年7月28日《数字贸易测度手册（第二版）》[以下简称《手册（第二版）》]对这一概念进行了补充说明，特别强调以下三点。

（1）如果一笔交易被认定为数字订购，那么无论交易产品是否具有数字特性，以及无论产品是否为数字化交付，交易的全部价值都应计入数字贸易的度量中。

（2）对于数字贸易，产品或服务的支付和最终交付不必须在线进行。

---

① 王贵国.贸易数字化对国际经贸秩序的挑战与前瞻[J].求索，2021（4）：133-144.
② 吕国民.WTO对数字化产品贸易的规制问题探析[J].河北法学，2006（8）：38-41.
③ 周念利，李玉昊，刘东.多边数字贸易规制的发展趋向探究——基于WTO主要成员的最新提案[J].亚太经济，2018（2）：46-54，150.

（3）数字贸易可以包含所有部门的参与者（如企业、政府、家庭以及为家庭服务的非营利性机构等）。

《手册（第二版）》指出，数字贸易交易是现有贸易交易的一个子集，以国际产品贸易统计和国际服务贸易统计来衡量。就数字贸易的性质与地位而言，其是在传统货物贸易和服务贸易基础上的贸易形态而非新增贸易。《手册（第二版）》将数字贸易分为数字订购贸易和数字交付贸易两类，数字贸易的统计本质上是以数字交付和数字订购为标准，从现有的全球贸易总额中进行剥离。

专栏 11-3

WTO电子商务谈判的历程与进展回顾

1996年新加坡第一届部长级会议：通过《关于信息技术产品贸易的部长宣言》并达成协议，各签署方逐步取消数字产品和服务电子传输的关税，以促进全球信息技术产品贸易的自由化。

1998年日内瓦第二届部长级会议：通过《全球电子商务宣言》，进一步明确各方应避免对数字贸易征收关税的规定。

2015年内罗毕第十届部长级会议：通过首个关税减让的协议，即《信息技术协定》扩围协议。

2016年美国、日本和欧盟联合推动在WTO框架下进行数字贸易谈判，遭到非洲及最不发达国家成员的强烈反对，其认为，除非多哈回合谈判取得进展，否则WTO不应就数字贸易进行谈判。

2017年布宜诺斯艾利斯第十一届部长级会议：71名成员共同发布第一份《关于电子商务的联合声明》，宣布就电子商务议题的谈判开启探索性工作，为数字贸易谈判注入新动力。

2019年电子商务非正式部长级会议：76名成员签署《关于电子商务的联合声明》确认有意在WTO现有协定和框架基础上，启动与贸易有关的电子商务议题谈判。

2020年WTO电子商务谈判合并案文出台：精简和汇总了成员提交的提案，包括7个章节数十项议题。

2022年日内瓦第十二届部长级会议：达成《关于电子商务的工作计划》，继续不对电子传输征收关税的做法。

资料来源：李晶.数字贸易国际规则的新发展[M].北京：北京大学出版社，2022，部分节选，有改动。

第二节　CPTPP数字贸易规则的发展

《全面与进步跨太平洋伙伴关系协定》（CPTPP）是由加拿大、澳大利亚、文莱、智利、日本、马来西亚、墨西哥、新西兰、秘鲁、新加坡和越南签署的综合性贸易协定。该协定内容覆盖了传统的贸易议题，如关税减免、市场准入等，同时也包括了劳工、环境、监管一致性和反腐败等其他自由贸易协定未曾包含的多项议题，是一项高标准、全面的经贸自由机制。[①]

随着数字贸易的兴起，CPTPP经济体电子商务迎来蓬勃发展。根据Statista数据库的估算，2017—2025年，CPTPP地区的电子商务销售额每年增长26%，未来几年还将在日本和英国的带动下进一步扩大。数字贸易的迅速增长，得益于完善的数字规则体系为其保驾护航。CPTPP是全球首批将电子商务和数字贸易发展纳入重点考量的自由贸易协定之一，随着全球数字化进程的加速，CPTPP在数字贸易领域的影响力持续增强。[②]

CPTPP的第14章"电子商务"专门对数字贸易进行了详尽的规定。在该章节中，CPTPP各方充分肯定了电子商务带来的经济增长机会以及增强消费者对电子商务的信心的重要性，并致力于避免对电子商务的运行和发展设置不必要的障碍。该章节规定了适用于一方采取或维持的影响数字贸易的措施。除去第14.1条对条款所使用的关键术语进行定义、第14.2条指明条款的适用与不适用范围，第14.18条涉及针对马来西亚和越南的争端解决的特殊安排之外，第14.3条至14.17条从多个维度为各缔约方的数字贸易发展建立了一个统一的规则框架。本节将基于这些条款内容进行分析。[③]

在提升数字贸易自由化、便利化水平方面，CPTPP第14.3条和第14.4条为基本的贸易便利化政策。第14.3条"海关关税"与WTO对电子商务关税的豁免一致，禁止对电子传输征收关税，但其允许"如果税费要求与本协定一致，则不得妨碍一方对电子传输的内容征收内部税费"。第14.4条强调了数字产品的非歧视待遇，对所有成员的数字产品给予平等的市场准入和竞争条件。第14.10条"关于接入和使用互联网开展电子商务的原则"规定在适用的政策、法律和法规下，成员应准许消费者有选择接入互联网和获取应用、服务的自由。第14.13条对"计算设施的位置"作出规定，肯定各缔约方都有各自关于使用计算设施的监管要求，但明确规定各缔约方不得将使用或设置计算设施的位置作为开展业务的条件。

[①] 博鳌亚洲论坛. 自由贸易协定：亚洲的选择[M]. 北京：对外经济贸易大学出版社，2020.

[②] 张义明，曾斌. CPTPP数字贸易规则的内容特征及中国应对策略[J]. 信阳师范学院学报（哲学社会科学版），2024（3）：22-27.

[③] Government of Canada. Comprehensive and Progressive Agreement for Trans-Pacific Partnership[EB/OL]. [2024-12-22]. https://www.international.gc.ca/trade-commerce/trade-agreements-accords-commerciaux/agr-acc/cptpp-ptpgp/text-texte/cptpp-ptpgp.aspx?lang=eng.

数字贸易的国内法律框架体现在第14.5条，CPTPP明确要求各国保持其法律框架"与联合国贸易法委员会《1996年电子商务示范法》或2005年11月23日签订于纽约的《联合国关于在国际合同中使用电子通信的公约》的原则相一致"。"每一缔约方应努力：（a）避免对电子交易施加任何不必要的监管负担；（b）在制定电子交易的法律框架过程中便利利害关系人提出建议。"

鉴于贸易数字化的特殊形式，CPTPP第14.6条"电子认证和电子签名"强调了电子签名的法律效力并鼓励电子交易双方采取双方可交互操作的认证方法。第14.9条"无纸化贸易"规定每一方应努力使贸易管理文件以电子形式公开，并接受以电子形式提交的贸易管理文件作为文件纸张版本的法律等效物。第14.11条"通过电子方式跨境传输信息"规定允许跨境信息的电子传输，包括个人信息，有利于电子商务的全球运作。第14.12条"互联网互联费用分摊"指出各方都应认识到寻求国际互联网连接的供应商应能够与另一方的供应商在商业基础上进行谈判。

保护消费者权益是数字贸易领域中至关重要的组成部分。第14.7条"线上消费者保护"要求各缔约方采取措施打击在线欺诈和欺骗行为，保护消费者权益。第14.8条"个人信息保护"也提到保护电子商务用户个人信息的重要性，并要求各缔约方建立相应的法律框架。第14.14条"非应邀商业电子信息"对商业垃圾信息的传播进行规定，提出"各缔约方应规定对违约的信息提供者进行追索"。

数字贸易强调国际合作的重要性。第14.15条"合作"和第14.16条"网络安全事项合作"分别从帮助中小企业克服使用障碍和交换信息、使用现有的协作机制合作识别和减轻影响各方电子网络的恶意入侵或恶意代码传播两个维度强调了国际合作的重要性。

CPTPP作为第一个明确规范源代码的贸易协定，第14.17条"源代码"是数字贸易规则的核心条款。该协定禁止将源代码的转让或访问作为软件进口和使用的条件，但"仅限于大众市场软件或含有此类软件的产品，不包括用于关键基础设施的软件"。

专栏 11-4

CPTPP的发展历程

《全面与进步跨太平洋伙伴关系协定》（CPTPP），前身是《跨太平洋战略经济伙伴关系协定》（TPP），最早是由新西兰、新加坡、智利和文莱四国发起的多边自由贸易协定，旨在促进亚太地区的经济一体化。

2008年，美国宣布加入TPP，并逐渐在其谈判中发挥主导作用。

2017年1月23日，美国总统特朗普上任后签署行政令，正式宣布美国退出TPP。

2017年11月11日,日本与越南召开新闻发布会,正式宣布除美国外的11国就继续推进TPP正式达成一致,在TPP的基础上形成CPTPP。

2018年3月,CPTPP在智利圣地亚哥签署,经过各缔约方的国内批准程序后,CPTPP于2018年12月30日对首批六个成员国(澳大利亚、加拿大、日本、墨西哥、新西兰和新加坡)生效。

2021年9月16日,中国正式提出申请加入CPTPP。

2023年7月16日,CPTPP在新西兰召开部长级会议,与英国签订了加入协定书,英国的加入标志着CPTPP的经济区首次跨越太平洋扩展至欧洲。

第三节 USMCA数字贸易规则的发展

《美墨加协定》(USMCA)是美国、墨西哥和加拿大于2020年7月1日正式生效的自由贸易协定。USMCA的签订取代了自1994年1月起生效的《北美自由贸易协定》,成为北美地区贸易合作的新框架。对比《北美自由贸易协定》,USMCA在多个领域进行更新和扩展,加入数字贸易、良好监管实践、中小企业等新章节,是三国共同应对全球贸易新形势、新挑战的制度层面的回应。

USMCA第19章"数字贸易"对各缔约方的数字贸易活动进行了详尽的规定。由于USMCA与CPTPP在内容上多有重合,本节将重点基于两个协定的不同之处展开分析。①

首先,在结构上,USMCA将19.1条"定义"和第19.2条"范围与一般规定"作为前言章节,第19.3至19.18条为条款正文,另有一章附录对第19.17条在墨西哥的适用情况以及与墨西哥法律的兼容性问题进行讨论。从宏观上来看,CPTPP与USMCA都涉及关税、电子认证和电子面签、无纸化贸易、非歧视待遇、在线消费者保护、非应邀商业电子信息、接入和使用互联网开展电子商务的原则、通过电子方式跨境传输信息、计算设施的地理位置、源代码、合作和网络安全等议题。此外,USMCA还特别强调交互式计算机服务和开放政府数据等领域。但对比CPTPP,USMCA并没有就互联网互联费用分摊的问题作出规定。②

USMCA第19.17条"交互式计算机服务"明确了交互式计算机服务供应商和用户的责任界定,指出除非供应商或用户亲自创建或开发了信息内容,否则不应将其视为信息内容提供者,并因此承担与信息相关的损害责任。接着规定了供应商或用户不应承担责任的两种情形:其一,自愿采取行动限制他们认为有害或令人反感的

---

① 资料来源:United States Trade Representative. Agreement between the United States of America, the United Mexican States, and Canada. In USMCA Agreement Text.

② 于跃.CPTPP、USMCA、RCEP数字贸易规则的对比及我国的因应[J].西部学刊,2024(2):47-50.

内容的访问或可用性。其二，提供技术手段，帮助信息内容提供者或其他人限制他们认为有害或令人反感的内容的访问。同时，该条款不适用于知识产权的相关措施，也不影响一方保护和执行知识产权的能力，以及阻止一方执行刑事法律。

USMCA 第 19.18 条规定了开放政府数据的内容，条款明确提出：第一，各缔约方认可促进公众获取和使用政府信息有助于促进经济和社会发展、提升竞争力和创新水平。第二，一方选择向公众提供包括数据在内的政府信息时，应努力确保这些信息以机器可读和开放格式存在，并可被搜索、检索、使用、重复使用和重新分发。第三，各方应加强合作，识别出各方可以扩大对已公开的政府信息（包括数据）访问和使用的方式，目的是增强和创造经济机会，特别是为了服务中小企业。

其次，就具体条款而言，根据 USMCA 官方网站，其在"数字贸易"章节主要申明了以下几点内容。

（1）禁止对以电子方式分发的数字产品（如电子书、视频、音乐、软件和游戏等）征收关税和其他歧视性措施。

（2）确保数据能够跨越国界进行传输。

（3）促进不同个人信息保护方法之间的兼容性，并认可亚太经济合作组织跨境隐私规则体系作为有效机制，以促进在保护个人信息的同时进行跨境信息传输。

（4）通过允许使用电子认证和电子签名来促进数字交易，同时保护消费者和企业机密信息，并确保可执行的消费者保护措施适用于数字市场。

（5）打击用于限制数据存储和处理地点的数据本地化措施，增强和维护全球数字生态系统。

（6）促进在应对网络安全挑战方面的协作。

（7）防止专有计算机源代码和算法被强制披露。

（8）促进政府生成的公共数据的开放获取。

（9）通过限制第三方内容的民事责任，除知识产权执法外，增强依赖于用户交互的互联网平台的可行性。

（10）确保可执行的消费者保护措施适用于数字市场，包括针对隐私和非应邀商业电子信息的措施。

最后，尽管 USMCA 与 CPTPP 在框架上有许多相似之处，两者在具体内容和要求上却有着明显的区别。在个人信息保护方面，USMCA 要求各缔约方建立法律框架以保护数字贸易用户的个人信息，虽然没有具体规定必须采取的规则或措施，但提供了比 CPTPP 更多的指导，包括引用 APEC 和 OECD 的相关原则和指南。在跨境数据流动限制方面，USMCA 规定各缔约方应确保对个人信息跨境流动的限制是必要和相称的，这为数据保护立法或法规限制数据流动提供了一定限制，而 CPTPP 中没有这样的标准。在源代码的条款中，USMCA 取消了 CPTPP 中关于源代码的某些例外，并提供了条款允许监管机构或司法机构要求提供源代码或算法以供特定调查或法律程序使用，但 USMCA 没有包含 CPTPP 中关于允许请求修改源代码的规定。

在数据本地化处理上，USMCA 与 CPTPP 在数据本地化方面的规定不同，USMCA 不允许各缔约方以"合法的公共政策目标"为由要求企业在本国领土内使用或定位计算设施，除非是为政府提供数字产品或服务。①

专栏 11-5

数字贸易领域的监管问题

随着数字贸易的兴起给世界各国政府带来了难度升级的监管挑战，各国正寻求在促进数字经济增长和应对监管复杂性之间取得平衡。数字贸易带来的监管难题主要有以下几点。

第一，追踪跨境数据流动。数字化浪潮的显著特征是各经济体内部和各经济体之间的数字数据流量显著增加。2022 年，国际带宽数据传输速率达到 1200 太比特/秒，比 2016 年增长了 6 倍。跨境数据流动不断引发隐私、消费者保护、竞争和网络安全等政策问题，促使各经济体要么限制数据流动，要么强制要求国内数据存储。同时，全球数据流监管的碎片化阻碍了数据保护和数字贸易，凸显了加强国际合作的必要性。近年来，数据治理的问题在国际贸易的合作与谈判中取得进展。区域贸易协定为特定类型的数据转移制定了具体规则，如亚太经济合作组织（APEC）的跨境隐私规则（CBPR）等。

第二，针对数据平台的竞争政策。数字贸易的核心增长动力来自数字平台，这些平台包括市场平台（如阿里巴巴和亚马逊等）、应用程序商店（如苹果应用商店等）、社交网站（如 LinkedIn 和 TikTok 等）和搜索引擎（如百度、必应和谷歌等）。数字平台的反竞争行为超越国界，需要一种涵盖竞争、消费者保护、数据保护和产业政策的整体协作方法。这些平台在享受较高的市场占有率的同时，也面临着市场进入壁垒和潜在的反竞争行为等挑战。各国政府正在寻求监管数字经济的方法，使其立法框架适应与数字相关的竞争问题，并加强对反竞争行为的执法。

第三，消费者保护问题。在数字贸易中缺乏消费者保护将导致消费者信任度丧失，阻碍数字贸易的增长。虽然数字贸易为消费者带来了极大的便利，但也带来了欺诈、误导性广告、不公平的条款、不安全的产品以及垃圾邮件等风险。根据经济合作与发展组织（OECD）政策规定，消费者保护政策应以不同的方式适应数字贸易的特点，包括针对在线欺骗行为的规

---

① Leblond P. Uploading CPTPP and USMCA Provisions to the WTO's Digital Trade Negotiations Poses Challenges for National Data Regulation: Example from Canada[M]//: Burri M. Big Data and Global Trade Law. Cambridge: Cambridge University Press, 2021.

定、关于销售条款和退货政策的披露要求、在线中介机构的责任制度、在线交易的争议解决机制以及有效的补救机制。通过制定类似的政策，在线消费者保护政策需要确保数字领域的消费者获得与传统商业领域消费者相同的保护水平。

WTO框架下的数字贸易规则呈现出碎片化、模糊化、发展滞后的特点，缺乏统一的规则将导致不同国家之间的贸易壁垒增加，数字产品与服务的跨境流动受到限制；同时，规则的不明确性也给企业带来了合规风险，增加了交易成本和市场不确定性。此外，随着数字经济的快速发展，WTO现有规则往往难以适应新兴技术带来的变化，需要不断更新和完善以适应新的贸易实践和全球经济发展的需求。因此，国际社会需要加强合作，推动建立更加公平、透明、可预测的数字贸易规则体系，以促进全球数字贸易的健康发展。

WTO数字贸易规则体系的缺位与组织本身的停摆极大地影响了世界各国使用多边贸易体系推动数字贸易发展的意愿和信心。为抢抓数字贸易发展新机遇、及时解决数字贸易带来的新挑战，各国纷纷绕开WTO，通过参与区域性贸易组织等途径构建国际贸易的新秩序。CPTPP和USMCA是目前数字贸易规则构建的两个重要范本，都在积极推动数字经济的开放和发展。CPTPP设置了高标准的数字贸易规则，其不仅具有美式规则的特征，还对欧式规则范本产生源源不断的影响；USMCA首次专章提出用"数字贸易"取代传统自由贸易协定中的"电子商务"章节，旨在建立一个安全、可靠的数字贸易环境。①两个协定都体现了对数字贸易自由化和便利化的重视，为其他国家和地区提供了数字贸易规则制定的参考，有助于推动全球数字贸易规则的统一和协调。

随着数字贸易规则的不断完善，我们正站在一个新时代的门槛上。在这个充满变数的数字世界中，让我们一起揭开规则之舞的序幕，迎接数字贸易的新纪元。

专业词汇

- 跨境数据流动
- 数据本地化
- 数字贸易
- 交互式计算机服务
- 贸易便利化
- CPTPP

---

① 孙南翔.CPTPP数字贸易规则：制度博弈、规范差异与中国因应[J].学术论坛，2022（5）：44-53.

- USMCA
- DEPA

思考题

1. 监管机构在数字贸易快速发展背景下的角色，其是如何平衡促进创新与控制风险两大任务的。并提出一些可能的策略和方法来应对数字贸易带来的监管挑战。

2. 未来数字贸易规则的制定将是一个涉及多层面的复杂过程，请详细说明未来数字贸易规则的制定将更多地受到哪些因素的影响。

3. 在数字贸易的浪潮中，中小企业面临着前所未有的机遇与挑战。为了把握机遇并有效应对挑战，中小企业应当采取怎样的策略和措施？

4. CPTPP 和 USMCA 都是数字贸易规则的重要范本，请基于两者的条款内容回答：USMCA 和 CPTPP 在数字贸易方面有哪些显著的规则差异？这些差异反映了哪些不同立场？

参考文献

[1] Feichtner I. Subsidiarity in the World Trade Organization: The Promise of Waivers[J]. Law and Contemporary Problems, 2016(79): 75-97.

[2] Lanz R, Roberts M, Taal S. Reducing Trade Costs in LDCs: The Role of Aid for Trade[R]. WTO Working Paper ERSD-2016-05, World Trade Organization, 2016.

[3] Matsushita M. A View on Future Roles of the WTO: Should There be More Soft Law in the WTO[J]. Journal of International Economic Law, 2014(3): 701-715.

[4] Zhou W H, Peng D L. Australia-Anti-Dumping Measures on A4 copy paper[J]. American Journal of International Law, 2021(1): 94-101.

[5] 崔晓静, 丁颖. WTO非歧视原则在国际税法领域的适用——评阿根廷金融服务案[J]. 国际税收, 2016(8): 42-46.

[6] 房东. WTO《服务贸易总协定》法律约束力研究[M]. 北京: 北京大学出版社, 2016.

[7] 胡加祥. 从WTO争端解决程序看《多方临时上诉仲裁安排》的可执行性[J]. 国际经贸探索, 2021(2): 99-112.

[8] 李冬冬. 从安全例外到规制合作——数字贸易中网络安全问题治理范式之转型[J]. 国际经贸探索, 2023(10): 107-118.

[9] 马光, 方敏. 韩日含放射性核素食品的进口措施案评析[J]. 东南法学, 2020(2): 135-155.

[10] 缪东玲, 李淑艳. 美加木材反补贴贸易争端及其对中国的影响与启示[J]. 北京林业大学学报（社会科学版）, 2009(4): 78-82.

[11] 世界贸易组织乌拉圭回合多边贸易谈判结果法律文本[M]. 中华人民共和国商务部世界贸易组织司, 译. 北京: 中国商务出版社, 2011.

[12] 王永杰.《反倾销协定》中的特殊市场状况规则研究[J].浙江理工大学学报（社会科学版），2023（5）：601-609.

[13] 杨荣珍.世界贸易组织规则精解[M].北京：人民出版社，2001.

[14] 杨淑君.浅谈TBT国民待遇原则——美国丁香烟案解析[J].世界贸易组织动态与研究（上海对外贸易学院学报），2013（4）：51-61.

[15] 左海聪.1994年关贸总协定逐条释义[M].长沙：湖南科学技术出版社，2006.

[16] 郑佳琦.对GATT第21条安全例外适用范围的理解[J].竞争政策研究，2023（5）：70-77.

[17] 周林彬，郑远远.WTO规则例外和例外规则[M].广州：广东人民出版社，2001.

[18] 朱晶，张瑞华，谢超平.全球农业贸易治理与中国粮食安全[J].农业经济问题，2022（11）：4-17.

[19] 世界贸易组织.案例相关报告[EB/OL].[2025-01-16].https：//docs.wto.org/dol2fe/Pages/SS/directdoc.aspx?filename=q：/WT/DS/533R.pdf&Open=True.

与本书配套的二维码资源使用说明

本书部分课程及与纸质教材配套数字资源以二维码链接的形式呈现。利用手机微信扫码，成功后提示微信登录，授权后进入注册页面，填写注册信息。按照提示输入手机号码，点击获取手机验证码，稍等片刻收到4位数验证码的短信，在提示位置输入验证码,成功后再设置密码，选择相应的专业，点击"立即注册"，则注册成功（若手机已经注册，则在"注册"页面底部选择"已有账号？立即注册"，进入"账号绑定"页面，直接输入手机号和密码后登录）。接着提示输入学习码，须刮开教材封面防伪涂层，输入13位数字的学习码（正版图书拥有的一次性使用学习码），输入正确后提示绑定成功，即可查看二维码数字资源。手机第一次登录查看资源成功以后，再次使用二维码资源时，在微信端扫码即可登录进入查看（如申请二维码资源遇到问题，可联系宋焱：15827068411）。